Durch Corona in die Neue Weltordnung

1. Auflage Februar 2021

Copyright © 2021 bei
Kopp Verlag, Bertha-Benz-Straße 10, D-72108 Rottenburg

Alle Rechte vorbehalten

Lektorat, Satz und Layout: Helmut Kunkel
Umschlaggestaltung: Stefanie Beth

ISBN: 978-3-86445-807-1

Gerne senden wir Ihnen unser Verlagsverzeichnis
Kopp Verlag
Bertha-Benz-Straße 10
72108 Rottenburg
E-Mail: info@kopp-verlag.de
Tel.: (0 74 72) 98 06-10
Fax: (0 74 72) 98 06-11

Unser Buchprogramm finden Sie auch im Internet unter:
www.kopp-verlag.de

Peter
Orzechowski

Durch
Corona in die
Neue Weltordnung

KOPP VERLAG

Inhalt

VORWORT
Durch Corona in die Neue Weltordnung 9
- »Hasserfüllte technologische Tyrannei« 14

DER MASTERPLAN
Die Weltregierung der globalen Konzerne 19
- In 4 Jahren mit Riesenschritten in die Neue
  Weltordnung 19
- Chaos bleibt das Ordnungsprinzip 22
- Die Abschaffung der Nationalstaaten 23
- Der »Große Neustart« 25
- Ein offen ausgesprochenes Ziel 26
- Von langer Hand geplant 28
- Gab es Covid-19 Test Kits schon 2017? 34
- Die dauerhafte Überwachung 35
- Das Ende des Bargelds 36
- Die weltweite Zwangsimpfung 36
- Das Ermächtigungsgesetz vom 18. November 2020 38

STAATSSTREICH
Wie der Tiefe Staat die alte Ordnung zerstört 41
- Ein mysteriöser Buchstabe 41
- Obamas Coup 44
- Die Keule »Verschwörungstheorie« 46
- Fragwürdige Tests 50
- Die Machtübernahme der Staatsmedien 53
- Kritik aus der deutschen Wissenschaft 56
- Manipulation durch die Macht der Bilder 57
- Ein politisch unkorrekter Professor 60
- Wie kritisch Denkende zum Schweigen
  gebracht werden 64
- Weißrussland: Unruhen, Kredite und Corona 69

NEUSTART

Wie Vermögen umverteilt und die Weltwirtschaft neu gestartet wird ... 73

- Der kurze Weg zum »Großen Neustart« ... 74
- Der Krieg gegen das Bargeld ... 77
- Transhumanismus: Die Züchtung des neuen Menschen ... 78
- Die ökonomische Weltregierung ... 81
- Der »Globale Ökonomische Neustart« kommt 2021 ... 85
- Sanktionen gegen Gehorsamsverweigerer ... 87
- Wie die armen Länder ausgepresst werden ... 89
- Der Lockdown als Umverteilungskarussell ... 92

ZWANGSIMPFUNG

Der entscheidende Schritt zum globalen Bürger ... 95

- Forschung an Covid-19-Impfstoffen seit 2017 ... 96
- Sollen wir genetisch verändert werden? ... 98
- Kennedy gegen Pharma ... 100
- Die Impfagenda der EU ... 104
- Das ganz große Geschäft ... 108

BIG BROTHER

Auf dem geraden Weg in die Eine-Welt-Diktatur ... 111

- Das Ende des freien Flugverkehrs ... 111
- Auf dem Weg zur totalen Überwachung ... 114
- Wir wissen, wohin du fährst ... 115
- Der Rockefeller-Plan: Testen und Überwachen der gesamten Bevölkerung ... 118
- Die Bundeswehr als Test-Überwachungstruppe? ... 121
- Quarantänelager ... 124
- Der geplante Gesundheitspass ... 126

BEVÖLKERUNGSAUSTAUSCH

Der alte Plan vom Ende des weißen Mannes ... 129

- Die Agenda, die schon lange vorbereitet wurde ... 130
- Deutsch-französische Vordenker ... 134

- Die Rechtfertigung der Flüchtlingswelle 2015 136
- »Eine langfristige globale Ordnung« 139
- Die wirkliche Migrationskrise kommt erst 142
- 37 bis 60 Millionen Flüchtlinge durch die Kriege
  der USA 143

MACHTKAMPF
Der globale Krieg der Oligarchen 145
- Die Weltregierung der Global Players 146
- Die große Polit- und Militärshow als Ablenkung 150
- Donald Trumps außenpolitische Agenda 151
- Das verräterische Strategiepapier 154
- Die Aufrüstung der USA 157
- Die Einkreisung Russlands geht weiter 158
- Der Plan des Tiefen Staates für Russland 162
- Aufmarsch an Chinas Grenzen 164
- Der Krieg gegen China – Phase 1 167
- Die Sabotage der Neuen Seidenstraße 171
- Siegt die Landmacht über die Seemacht? 173
- Die globalen Projekte der beiden »Feindstaaten« 174
- Washington wird nervös 177
- Deutschland marschiert ganz vorne mit 179
- Der Krieg gegen China – Phase 2 183
- Gleichzeitiger Krieg gegen China und Russland 186

SCHLUSSWORT
Lassen wir die Neue Weltordnung scheitern! 191

ANHANG
- Literaturverzeichnis 197
- Verzeichnis der zitierten Websites 201
- Quellen und Anmerkungen 203

VORWORT

Durch Corona in die Neue Weltordnung

ERINNERN SIE SICH NOCH, wie alles anfing, zu Beginn des Jahres 2020? Die UNO rief den »internationalen Gesundheitsnotstand« aus, Bill Gates warnte vor einer Pandemie mit Millionen Toten – das Coronavirus ging um. Schuld sollten zwei Biowaffenlabore sein, die sich in der chinesischen Stadt Wuhan befinden. Bereits 2017 sollen Forscher außerhalb Chinas gewarnt haben, dass diese beiden Labore nicht sicher seien und dass ein Virus aus einer dieser Einrichtungen »entkommen« könnte.

Das waren damals die Narrative des Mainstreams. Mir kamen sie unwahrscheinlich vor, konstruiert, produziert. Ich machte mich im Internet auf die Suche … und entdeckte eine Reihe von Ungereimtheiten. Nennen wir sie »verblüffende Zufälle«.

Zufall 1: Die Defence Advanced Research Project Agency (DARPA) des Pentagons gab seit 2018 einen hohen zweistelligen Millionenbetrag für die Coronaviren-Forschung aus.[1] DARPA ließ Studien erstellen von so unterschiedlichen Forschungseinrichtungen wie dem chinesischen Ministerium für Wissenschaft und Technologie, der USAID – einer Organisation, die lange Zeit als verdeckter Arm des US-Auslandsgeheimdienstes CIA galt – und dem US National Institute of Health (NIH), das ebenfalls sowohl mit der CIA als auch mit dem Pentagon bei Infektionskrankheiten und in der Biowaffenforschung zusammenarbeitet.

Bei einer anderen Studie war die Duke University in North Carolina federführend. Duke arbeitet mit dem Institut für Medizinische Virologie der Universität Wuhan zusammen – und erhält Forschungsgelder von der DARPA.

Was aber wurde in diesen Studien erforscht? Bei einem Projekt der DARPA – mit 10 Millionen US-Dollar bezuschusst – ging es darum, »die komplexen Ursachen von durch Fledermäuse übertragenen Viren aufzudecken, die kürzlich den Sprung zum Menschen geschafft haben und bei Gesundheitsbehörden in aller Welt Besorgnis erregen«.[2]

In einem anderen Forschungsprojekt der DARPA untersuchten Wissenschaftler der Colorado State University das Coronavirus, das das Middle East Respiratory Syndrome (MERS) bei Fledermäusen und Kamelen auslöst, »um die Rolle dieser Wirte bei der Übertragung von Krankheiten auf den Menschen zu verstehen«.[3]

Eine weitere vom US-Verteidigungsministerium finanzierte Studie, die 89 neue Stämme des »neuartigen Fledermaus-Coronavirus« entdeckte, wurde im April 2018 veröffentlicht. Sie konzentrierte sich auf Fledermauspopulationen, die zwischen Zentralasien und China wandern.[4]

Ich musste lachen, als ich in den Mainstream-Medien nichts von diesen Forschungen des Pentagons finden konnte, dafür aber das Narrativ, das Coronavirus stamme aus Fledermäusen und diese seien in der chinesischen Stadt Wuhan auf einem Fischmarkt verkauft worden. Durch deren Verzehr habe sich das Virus auf den Menschen übertragen. Sogenannte »nasse« Märkte wie der in Wuhan seien schon früher für tödliche Ausbrüche von Coronaviren in China verantwortlich gemacht worden, beispielsweise beim Ausbruch des Schweren Akuten Respiratorischen Syndroms (SARS) im Jahr 2003.

> **Zufall 2:** Ich entdeckte im Pentagon-Magazin *The Stars and Stripes* in einer Ausgabe aus dem Jahr 2018[5] einen Bericht über die plötzliche Besorgnis im Ministerium, dass Fledermäuse als biologische Waffen eingesetzt werden könnten, insbesondere zur Verbreitung von Coronaviren und anderen tödlichen Krankheiten.

Die *Washington Post* behauptete damals, das Pentagon habe den möglichen Einsatz von Fledermäusen zur Verbreitung tödlicher Krankheiten untersuchen wollen, weil Russland angeblich versucht habe, das Gleiche zu tun.[6]

Da hat die *Washington Post* wohl zu tief im Archiv gegraben: Tatsächlich hatte die Sowjetunion in den 1980er-Jahren verdeckte Forschungen mit dem Marburg-Virus durchgeführt. Aber egal – es gab also plötzlich eine Bedrohung durch russische, von Fledermäusen verbreitete Biowaffen.

Dumm nur, dass unabhängige Wissenschaftler im Magazin *Newsweek* das Pentagon, insbesondere seinen Forschungszweig DARPA, beschuldigten, seine Forschung sei keineswegs defensiv, sondern in Wirklichkeit offensiver Natur.[7]

Die seit 2018 aufgewendeten Millionen dienten also offenbar genau jenem Zweck, den das Pentagon den Russen vorwarf: der Erforschung von Fledermäusen, von tödlichen Viren, die sie beherbergen können, und wie diese Viren von Fledermäusen auf den Menschen übertragen werden. Warum die Kollegen vom Mainstream wohl solche Quellen nicht finden?

Zufall 3: Drei Monate vor dem Ausbruch des Virus wurde vom Johns Hopkins Center for Health Security, der Bill & Melinda Gates Foundation und dem World Economic Forum eine »Pandemiesimulation« namens »Event 201« durchgeführt.[8] Die Übung ging von einer Ausbreitung des Coronavirus in Südamerika aus, ausgelöst durch die Übertragung von Fledermäusen auf Hausschweine und dann auf Menschen. Die Simulation berechnete weltweit 65 Millionen Todesopfer. »Event 201« wurde fast genauso durchgeführt, wie der aktuelle Fall in China abläuft. Interessanterweise schlug ein Vertreter des Pharmariesen Johnson & Johnson während des »Event 201« vor, dass eine »zentralisierte« Weltwirtschaftsbehörde für die Finanzierung und Beschaffung von Impfstoffen für verschiedene Krisenstaaten zur Lösung der Pandemie geschaffen werden müsse. Ich werde weiter unten darauf zurückkommen.

Als diese Übung stattfand, im September 2019, hatte ich mir im Gegensatz zu Bill Gates und seinen Leuten nicht vorstellen können, dass unsere globale Weltgesellschaft innerhalb nur eines Jahres eine gänzlich andere sein könnte. Ich hätte nie gedacht, dass in nur

3 Monaten die Weltwirtschaft heruntergefahren und über 4 Milliarden Menschen einfach in den »Lockdown« geschickt werden könnten. Ich hätte es auch nie für möglich gehalten, dass fast die gesamte Menschheit den Anweisungen ihrer Regierungen gehorsam folgte und sich in den Hausarrest schicken ließ. Und ich hätte nicht im Entferntesten erwartet, dass die überwiegende Mehrheit der Deutschen die Einschränkung ihrer Grundrechte hinnehmen würde – dazu wurde mir in meiner Schulzeit Gott sei Dank oft genug die Bedeutung des Grundgesetzes eingebläut.

Dadurch, dass wir die Restriktionen und Grundrechtsbeschränkungen einfach akzeptierten, waren diese destruktiven Maßnahmen im Namen des vermeintlichen Schutzes und der angeblichen Lebensrettung erst durchsetzbar. Warum sind wir so willig gefolgt? Weil eine gewaltige globale Propagandaaktion uns eine massive Todesgefahr vor Augen führte. Auf diese Manipulation durch die Medien werde ich im Buch ausführlich zu sprechen kommen.

Als Journalist, der selbst einmal – wenn auch in demokratischeren Zeiten – dem Mainstream angehörte, wunderte ich mich allerdings gehörig, wie die heutige Journaille im Gleichschritt mit den Regierungen diese Propaganda durchzog und dies immer noch tut. Es gelang dem Mainstream, mindestens 80 Prozent der Weltbevölkerung mit dieser hochgefährlichen Pandemie-Story zu impfen. Die Menschen ließen sich durch ein künstliches Szenario derartig in Angst und Schrecken versetzen, dass sie allen Lösungen vorbehaltlos zustimmten. Und dass sie trotz Tausender Berichte und Analysen aus aller Welt, die das offizielle Corona-Märchen eindeutig entlarvt haben, immer noch die offiziellen Narrative glauben. Eine besondere Rolle spielen dabei die umstrittenen Tests, auf die ich ebenfalls noch ausführlich zu sprechen komme.

Bei all den Ungereimtheiten über Covid-19, die ich im Internet fand – so wie sie jeder finden kann, der sucht –, drängte sich natürlich die Frage auf: Wohin führt uns die nun installierte »neue Normalität« des Abstands voneinander (Social Distancing) und der Verhüllung (Maske)?

Zur Beantwortung dieser Frage habe ich nicht nur Albert Camus' Roman *Die Pest* nochmals zur Hand genommen und psychologische Beiträge über die Bewältigung von Seuchen und die von ihnen aus-

Durch Corona in die Neue Weltordnung 13

gelösten Ängste gelesen. Ich habe mir vor allem die Verlautbarungen einiger wirklich Mächtiger angesehen. Wer wissen will, wie unser zukünftiges Schicksal aussieht, der muss Leute wie Buffet, Rockefeller, Gates und Soros studieren. Denn sie sind es, die »entscheiden, obwohl sie nie gewählt wurden – im Gegensatz zu denen, die gewählt wurden, aber nichts zu entscheiden haben«, wie Horst Seehofer einmal sagte.[9] Ich nenne sie in diesem Buch »die Mächtigen«, »die Entscheider« oder auch »die Drahtzieher«.

Als ich deren Aussagen und Pläne für eine Neue Weltordnung las und mit den aktuellen Entwicklungen verglich, bin ich regelrecht erschrocken: Sie gehen in Riesenschritten auf die von ihnen neu geordnete Welt zu. Sie haben bereits begonnen, Grund- und Menschenrechte zum »Schutze des Allgemeinwohls« aufzuheben. Sie betreiben massive Propaganda für die Einführung einer digitalen Identität (ID2020, Covid-Pass etc.), über die das Leben sämtlicher Menschen lückenlos gespeichert, überwacht und manipuliert werden kann. Bis es so weit ist, nutzen sie die unbegrenzten Möglichkeiten der lückenlosen Überwachung. Sie machen Druck für eine Impfung der Weltbevölkerung, vor der Kritiker warnen, weil sie möglicherweise unsere DNA verändert. Von den nachlesbaren Äußerungen des Bill Gates zum Thema Bevölkerungsreduktion ganz zu schweigen.

Die nächste Frage, die auftauchte, als ich tiefer ins Thema einstieg, lautete: Was ist der Sinn des offenbar unnötigen wirtschaftlichen Lockdowns, der anlässlich einer angeblichen Pandemie verhängt wurde? Zur Beantwortung dieser Frage müssen wir uns die Fakten ansehen. Der Lockdown traf vor allem die bisher wirtschaftlich gesunde Mittelschicht, zu denen ich auch die Handwerker, Angestellten und Arbeiter zähle. Hingegen wurden bereits marode Großkonzerne mit Corona-Hilfspaketen saniert und gerettet, finanziert von uns Bürgern. Im Zuge der Corona-Krise findet offenbar wieder einmal eine gewaltige Umverteilung statt: Die Weltbevölkerung wird ihrer letzten Vermögenswerte beraubt – angeblich für den Schutz der Schwachen und Hilfsbedürftigen –, und diese werden an die superreiche Elite transferiert.

Bundestagspräsident Wolfgang Schäuble (CDU) hat den Umbau der bisherigen Ordnung in einem Interview am 20. August 2020 bestätigt. Die Corona-Krise sei eine große Chance, was den EU-Superstaat betrifft, weil der Widerstand gegen Veränderungen in der Krise geringer werde. »Wir können die Wirtschafts- und Finanzunion, die wir politisch bisher nicht zustande gebracht haben, jetzt hinbekommen«, erklärte er.[10]

Damit keine Kritik an dieser Entwicklung hochkommt und weil es vielen noch selbst denkenden Menschen immer klarer wird, dass mit der Pandemie ganz andere Ziele verfolgt werden, als uns offiziell erklärt wurde, griff die staatlich verordnete Zensurschere in den »sozialen Medien« Twitter, Facebook und YouTube um sich.

Gleichzeitig wird, wie schon seit Jahrzehnten – siehe dazu mein erstes Buch über die *Neue Weltordnung* –, Chaos erzeugt. Seit Juni 2020 werden in den USA die bereits existierenden Rassenspannungen durch False-Flag-Operationen geschürt und mit den gekauften Truppen von Antifa und Black Lives Matter – George Soros lässt grüßen (Open Society) – bürgerkriegsähnliche Zustände geschaffen.

»Hasserfüllte technologische Tyrannei«

Einen neuen Schub in meinen Recherchen gab mir der aufsehenerregende Appell namhafter Kardinäle, Bischöfe, hoher Geistlicher und prominenter katholischer Intellektueller aus aller Welt gegen den Missbrauch des Coronavirus.

In ihrem dramatischen Aufruf *Veritas liberabit vos* (»Die Wahrheit wird euch freimachen«) vom 8. Mai 2020 warnten Kardinäle wie Janis Pujats (Riga), Gerhard Müller (war bis 2017 Leiter der wichtigsten Dienststelle des Vatikans, der Glaubenskongregation) und Joseph Zen Ze-kiun (Hongkong) sowie Dutzende von Bischöfen, Priestern und Intellektuellen vor der Etablierung totalitärer Praktiken, die unter dem Vorwand der Covid-19-Eindämmung bereits herrschen oder die man plant einzuführen.

Um Ihnen, lieber Leser, einen authentischen Einblick in das Denken der kirchlichen Warner zu geben, gebe ich hier das Dokument gekürzt im Wortlaut wieder:

In einer Zeit schwerster Krise erachten wir Hirten der katholischen Kirche es, kraft unseres Auftrags, als unsere heilige Pflicht, einen Appell an unsere Mitbrüder im Bischofsamt, an den Klerus, die Ordensleute,

Durch Corona in die Neue Weltordnung   15

das heilige Volk Gottes und alle Männer und Frauen guten Willens zu richten. [...]

Die Fakten haben gezeigt, dass unter dem Vorwand der Covid-19-Epidemie in vielen Fällen unveräußerliche Rechte der Bürger verletzt und ihre Grundfreiheiten unverhältnismäßig und ungerechtfertigt eingeschränkt werden, einschließlich des Rechts auf Religionsfreiheit, auf freie Meinungsäußerung und auf Bewegungsfreiheit. Die öffentliche Gesundheit darf und kann kein Alibi werden, um die Rechte von Millionen von Menschen auf der ganzen Welt zu verletzen, geschweige denn, um die Zivilbehörden von ihrer Pflicht zu entbinden, mit Weisheit für das Gemeinwohl zu wirken. Das gilt umso dringlicher, je mehr Zweifel von verschiedenen Seiten an der tatsächlichen Ansteckungsgefahr, der Gefährlichkeit und der Resistenz des Virus laut werden: Viele maßgebliche Stimmen aus der Welt der Wissenschaft und der Medizin bestätigen, dass der Alarmismus der Medien wegen Covid-19 in keiner Weise gerechtfertigt zu sein scheint.

Wir haben Grund zur Annahme – gestützt auf die offiziellen Daten zur Epidemie in Bezug auf die Anzahl der Todesfälle –, dass es Kräfte gibt, die daran interessiert sind, in der Weltbevölkerung Panik zu erzeugen. Auf diese Weise wollen sie der Gesellschaft dauerhaft Formen inakzeptabler Freiheitsbegrenzung aufzwingen, die Menschen kontrollieren und ihre Bewegungen überwachen. Das Auferlegen dieser unfreiheitlichen Maßnahmen ist ein beunruhigendes Vorspiel zur Schaffung einer Weltregierung, die sich jeder Kontrolle entzieht.

Wir glauben auch, dass in einigen Situationen die Eindämmungsmaßnahmen, inbegriffen die Schließung von Geschäften und Betrieben, zu einer Krise geführt haben, die ganze Wirtschaftszweige zum Erliegen gebracht hat und die Einmischung fremder Mächte begünstigt, mit schwerwiegenden sozialen und politischen Auswirkungen.

Diese Formen der Gesellschaftsmanipulation müssen von jenen, die Regierungsverantwortung tragen, beendet werden, indem sie Maßnahmen zum Schutz der Bürger ergreifen, deren Vertreter sie sind und in deren Interessen sie gemäß ihrer ernsten Pflicht zu handeln haben. Sie müssen der Familie, der Keimzelle der Gesellschaft, helfen und vermeiden, schwache und ältere Menschen unangemessen zu benachteiligen und zu schmerzhaften Trennungen von ihren Angehörigen zu zwingen. Die Kriminalisierung persönlicher und sozialer Beziehungen muss als inakzeptabler Bestandteil eines Projekts verurteilt werden, mit dem die Isolation der Individuen gefördert werden soll, um sie besser manipulieren und kontrollieren zu können.

Wir fordern die Wissenschaftsgemeinschaft auf, dafür zu sorgen, dass die medizinische Behandlung von Covid-19 in aufrichtiger Sorge um das Gemeinwohl gefördert und damit sorgfältigst vermieden wird, dass zweifelhafte Geschäftsinteressen die Entscheidungen der Regierungen und internationalen Behörden beeinflussen. Es ist unvernünftig, Arzneimittel, die sich als wirksam erwiesen haben und oftmals kostengünstig sind, zu ächten, um stattdessen Behandlungen oder Impfstoffen Vorrang einzuräumen, die nicht gleich wirksam sind, aber Pharmaunternehmen höhere Gewinne garantieren, wodurch sich jedoch die Kosten für das öffentliche Gesundheitswesen erhöhen. Wir erinnern als Hirten ebenfalls daran, dass es für Katholiken moralisch inakzeptabel ist, sich mit Impfstoffen behandeln zu lassen, zu deren Herstellung Material von abgetriebenen Föten verwendet wird.

Wir fordern die Regierenden außerdem auf, dafür zu sorgen, dass Formen der Kontrolle über Menschen, sei es durch Systeme zur Bewegungsverfolgung, sei es durch irgendwelche anderen Arten der Lokalisierung, auf das Strengste vermieden werden. Der Kampf gegen Covid-19, so ernst er auch sein mag, darf nicht als Vorwand zur Unterstützung undurchsichtiger Absichten übernationaler Organisationen und Gruppen dienen, die mit diesem Projekt sehr starke politische und wirtschaftliche Interessen verfolgen. Insbesondere muss den Bürgern die Möglichkeit gegeben werden, derartige Einschränkungen der persönlichen Freiheiten abzulehnen, ohne dass dies irgendwelche nachteiligen Sanktionen für diejenigen zur Folge hätte, welche weder Gebrauch von Impfstoffen machen möchten noch Systeme zur Bewegungsverfolgung oder andere, ähnliche Instrumente nutzen wollen.

Man beachte auch die offensichtliche Widersprüchlichkeit jener, die einerseits eine Politik der drastischen Bevölkerungsreduzierung verfolgen und sich andererseits gleichzeitig als Retter der Menschheit darstellen, obwohl sie über keinerlei Legitimation verfügen, weder über eine politische noch über eine soziale. Letztendlich kann die politische Verantwortung derjenigen, die das Volk vertreten, auf keinen Fall »Experten« übertragen werden, die – und das ist fürwahr beunruhigend – für sich selbst Formen der strafrechtlichen Immunität beanspruchen.

Durch Corona in die Neue Weltordnung   17

Wir fordern die Medien mit Nachdruck auf, sich aktiv zu einer genauen Informationsweitergabe zu verpflichten und Dissens nicht zu bestrafen, indem sie, wie in den sozialen Medien, in der Presse und im Fernsehen mittlerweile weit verbreitet, Formen der Zensur ausüben. Korrekte Informationsweitergabe bedeutet, dass auch anderen, von der vorherrschenden Meinung abweichenden Stimmen Raum gegeben wird. Erst damit ermöglicht man den Bürgern, mit bewusstem Verstand die Wirklichkeit zu bewerten, ohne ungebührlich stark durch parteiische Eingriffe beeinflusst zu werden. Eine demokratische und ehrliche Debatte ist das beste Gegenmittel gegen die Gefahr subtiler Formen der Diktatur, vermutlich noch schlimmerer Formen als jene, die unsere Gesellschaft in der jüngeren Vergangenheit entstehen und vergehen sah.[11]

Die Warnung dieser ernst zu nehmenden Zeitgenossen motivierte mich, die von mir zusammengetragenen Fakten in diesem Buch zu veröffentlichen. Es soll aber nur ein Anstoß sein für Sie, lieber Leser, selbst weiter zu forschen, in Zweifel zu ziehen und zu hinterfragen – also genau das zu tun, was eigentlich Aufgabe einer aufgeklärten Wissenschaft und demokratischer Medien wäre. Leider werden in der heutigen Wissenschaft vom Mainstream abweichende Meinungen diffamiert und ihre Vertreter geächtet – für mich ein Rückschritt in jene Zeiten, als man noch auf dem Scheiterhaufen verbrannt wurde, weil man die Frage stellte, ob die Erde nicht rund sein könnte statt nur eine Scheibe.

Und was die Medien – mein ureigenes Feld – betrifft, so erinnert mich die heutige Berichterstattung eher an die gleichgeschalteten Verlautbarungen im Dritten Reich oder in der DDR. Wie damals muss man heute ausländische Quellen studieren, um der Wahrheit auch nur ansatzweise nahezukommen. In der früher kritischen Presse galt stets der Grundsatz: »Journalismus heißt, etwas zu drucken, von dem jemand will, dass es nicht gedruckt wird. Alles andere ist Public Relations.«[12]

Aus der Fülle von Fakten habe ich nur die in meinen Augen entscheidenden in diesem Buch aufgeführt – zu jedem der angeschnittenen Themen finden sich täglich mehr im noch nicht vollends zensierten weltweiten Netz. Mein Ziel dabei war, deutlich zu machen, dass der Plan, eine Neue Weltordnung zu errichten, keine Verschwörungstheorie verwirrter Aluhutträger ist, sondern sich aus den Fakten und den Äußerungen der Entscheider klar erkennen lässt. Dass dieser Plan der wirklich Mächtigen nicht in unseren Mainstream-Medien diskutiert wird, zeigt einmal mehr, wer ihre Finanziers sind.

* * *

Meine Bitte an Sie, lieber Leser, ist: Betrachten Sie meine Informationen kritisch, bleiben Sie skeptisch, zweifeln Sie, aber geben Sie ihnen wenigstens eine Chance, indem Sie einmal über sie nachdenken. Mit anderen Worten: Tun Sie bitte das, wozu Wissenschaft und Medien eigentlich verpflichtet wären – nämlich andere Sichtweisen zu betrachten und zu diskutieren.

DER MASTERPLAN

Die Weltregierung der globalen Konzerne

EINE GLOBAL ANGELEGTE, konzertierte Aktion – nämlich inszeniertes Chaos – wird die Menschheit in eine Neue Weltordnung (NWO) führen. Das war das Resümee meines vor 4 Jahren veröffentlichten Buches.[13] Den großen Entscheidern – also denjenigen, die den Regierungen dieser Erde diktieren, wohin die Reise geht – dauerte diese Methode offenbar zu lange, und sie zündeten sozusagen den Turbo, um die Welt in ihrem Sinne neu zu ordnen. Dieser Brandbeschleuniger ist die von der Weltgesundheitsorganisation (WHO) ausgerufene Pandemie. Sie soll laut der von der Pharmaindustrie finanzierten Organisation ausgelöst worden sein durch ein Virus, das die Menschen seither mit Angst und Schrecken erfüllt.

Vor 4 Jahren fragte ich, ob die global und zeitgleich stattfindenden Aktionen Teile eines großen Plans zu einer Neugestaltung der Welt sein könnten. Ich glaube, dieser Nachweis ist mir mit dem dann erschienenen Buch gelungen. Dass die Kritiker, die so gerne die Augen vor dem Offensichtlichen verschließen, dies als Verschwörungstheorie gebrandmarkt haben, war vorauszusehen und hat mich auch nicht sonderlich beeindruckt. Aburteilungen wie »Verschwörungstheoretiker« (oder »Klima-« oder »Corona-Leugner«) sind schnell dahergesagt – gegen die von mir aufgeführten Argumente gab es freilich kaum Widerspruch. Dazu hätte man sich dann ja auch intensiver mit den Fakten beschäftigen müssen.

In 4 Jahren mit Riesenschritten in die Neue Weltordnung

Sehen wir uns die Fakten kurz an, die ich im letzten Buch ins Feld führte, und überprüfen wir, was sich in den 4 Jahren seitdem verändert hat.

Im Kapitel »Globalisierung der Wirtschaft« hatte ich über die Sanktionen geschrieben, die die Konkurrenten der USA – wie China, Russland und die Europäische Union – schwächen sollten. Diese

20 Der Masterplan

Sanktionen wurden noch ausgeweitet, seit Donald Trump ins Weiße Haus eingezogen ist. Von der Entwicklung bestätigt wurde auch meine damalige Feststellung: »Gleichzeitig erschüttern US-Gerichtsverfahren gegen europäische Großunternehmen wie VW oder die Deutsche Bank als flankierende Maßnahme die Grundfesten der europäischen Volkswirtschaften. Schließlich wird das Projekt EU unterminiert durch die schrankenlose Gelddruckpolitik der Europäischen Zentralbank.« Genau diese Entwicklung ist durch die Ausrufung der Corona-Pandemie im Februar 2020 noch einmal beschleunigt worden, wie ich im Kapitel »Neustart« (S. 73 ff.) zeigen werde.

Ebenso hatte ich auf die gewaltige Bedeutung neuer Handelsabkommen hingewiesen, die den Rahmen des Völkerrechts und des Kapitalmarktes völlig verändern und die Grundpfeiler der heutigen Welt – wie die UNO, die Welthandelsorganisation (WTO), die Weltbank und den Internationalen Währungsfonds (IWF) – verdrängen würden. Diese Abkommen legen neue Rechte und Privilegien für globale Konzerne fest, darunter das Recht auf Schutz gegen staatliche Regelung. Dies bedeutet, dass verschiedene Staaten samt ihrer Bevölkerung dem Diktat von Konzernchefs unterworfen werden können. Solche Streitfälle werden heute vom internationalen Schiedsgericht in London und anderen Gerichtshöfen verhandelt. Sollte der jeweilige Staat den Streit vor Gericht verlieren, müssen die Steuerzahler die Kosten dafür tragen. Auf diese Weise können ganze staatliche Tätigkeitsbereiche privatisiert werden, so das Gesundheitswesen oder die Wohnungs- und Kommunalwirtschaft, in denen ohne Rücksicht auf die nationalen Traditionen Konzernstandards eingeführt werden.

Im Kapitel »Neustart« (S. 73 ff.) zeige ich am Beispiel der jüngsten Verfahren transnationaler Konzerne gegen Länder der Dritten Welt, wie diese Abkommen heute in die Tat umgesetzt werden.

Zurück zur Bilanz der letzten 4 Jahre. Damals sprach ich auch davon, dass die aufstrebenden Konkurrenten, die sogenannten Schwellenländer, durch Chaos bei den Rohstoffpreisen destabilisiert werden sollten. In Ländern wie Brasilien hat der Verfall der Notierungen für das schwarze Gold, wie auch für die meisten anderen Rohstoffe, dazu geführt, dass die Wirtschaft seit 2016 um je fast 4 Prozent geschrumpft ist. Den anderen erdölfördernden Schwellenländern geht es noch schlechter: Brasiliens Nachbar Venezuela versinkt immer tiefer im Chaos. In Nigeria kämpft die Regierung des 180-Millionen-Volkes nicht nur mit einer wirtschaftlichen Stagnation, sondern muss sich auch noch mit islamistischen Terroristen auseinandersetzen, beides nur mit bescheidenem Erfolg. Der Irak und Libyen, zwei weitere Ölstaaten, sind durch das inszenierte Chaos bereits zersetzt.

Selbst in den reichen Emiraten und Scheichtümern auf der Arabischen Halbinsel braut sich einiges zusammen. Saudi-Arabien erwirtschaftet seit 2016 Haushaltsdefizite von über 30 Prozent.

Im Kapitel »Die Destabilisierung Europas« hatte ich 2016 beschrieben, wie wirtschaftlich wichtige Konkurrenzstaaten durch einen Massenansturm von Flüchtlingen in Unruhe versetzt werden. Mein damaliges Resümee:

Mit dieser Migrationswaffe wird das Zentrum der EU – die wirtschaftlich stärkste Zone der alten EWG-Staaten Deutschland, Frankreich, Italien und Benelux – geschwächt und destabilisiert. Zusammen mit den Zuwanderern sickern Terroristen – oder besser: Söldner verschiedener Geheimdienste – in die schon instabilen Länder. Der Terror wird zum Alltag. Terroranschläge gefährden die innere Sicherheit. In Europa drohen Bürgerkrieg und Chaos wie in Nahmittelost.

Die Ereignisse der letzten 4 Jahre haben diese Aussage eindeutig bestätigt.

Interessant ist auch, wenn wir uns ansehen, was aus der in einem weiteren damaligen Kapitel beschriebenen Umzingelung Russlands geworden ist. »Es werden Kriegsvorbereitungen getroffen, um die beiden wichtigsten Herausforderer der US-Hegemonie, China und Russland, zu bedrohen und gegebenenfalls anzugreifen«, hatte ich behauptet. Heute, 4 Jahre später, wissen wir, wie sehr diese Aufrüstung gegen Russland und China vorangetrieben wurde. Ich werde im letzten Kapitel dieses Buches (S. 145 ff.) darauf eingehen.

Weitere Aktionen zur Errichtung einer Neuen Weltordnung waren die Zerstörung der alten Ordnung der nahmittelöstlichen Nationalstaaten, die Ausbeutung Afrikas und die Rückeroberung Südamerikas. Aus heutiger Sicht sind diese Aktionen zwar noch nicht abgeschlossen, aber sie sind in den vergangenen 4 Jahren ein gutes Stück vorangekommen.

22   **Der Masterplan**

Alle diese Aktionen zeigen, dass es einen Masterplan geben muss. Dieser Plan sieht vor, zuerst globales Chaos zu stiften. In dieser Phase befinden wir uns jetzt. Drahtzieher im Hintergrund sind die Netzwerke, die im Auftrag des Militärisch-Industriellen Komplexes die Regierung des Welt-Hegemons, also der USA, führen.

Ich denke, diese 2016 getroffene Schlussfolgerung hat bis heute Bestand. Weiter schrieb ich damals:

Die zweite Phase des Masterplans ist im Übrigen noch nicht eingetreten. Sie wäre erreicht, wenn neue Staatengebilde und Einheiten entstehen, die bisherige nationalstaatliche Strukturen ablösen. Am Ende der Entwicklung stünde die Eine-Welt-Regierung.

Mit dem vorliegenden Buch möchte ich den Nachweis führen, dass wir jetzt in der zweiten Phase dieser Entwicklung angekommen sind. Die bisherigen nationalstaatlichen Strukturen werden sich in den nächsten Monaten und Jahren mehr und mehr auflösen. Die Globalisten, also die wenigen hundert Entscheider in den weltweit operierenden Banken und in den globalen Unternehmen, werden immer offener ihren Machtanspruch geltend machen.

Chaos bleibt das Ordnungsprinzip

Das Mittel des Chaos wird dabei weiter zum Einsatz kommen: am augenscheinlichsten durch die unkontrollierte Zuwanderung, die neuerdings in Deutschland und in Österreich durch das Entstehen von Subkulturen (Clans und Gangs) zu bürgerkriegsähnlichen Zuständen geführt hat. Ebenso durch die Entstehung rechtsfreier Räume, weil sich die Polizei aus ganzen Stadtvierteln zurückzieht.

Chaos wird weiterhin gefördert durch das blitzartige Aussetzen von bestehenden Gesetzen ohne irgendwelche Fristen, wie wir das während des Corona-Lockdowns erlebt haben. Verunsicherung durch Chaos wurde ferner auch während der Corona-Pandemie getestet, zum Beispiel durch das Unterbrechen globaler Lieferketten und durch die wirtschaftliche Ruinierung von Teilen der Industrie und des Mittelstandes.

Die Weltregierung der globalen Konzerne   23

Was vermutlich noch auf uns zukommen wird, ist die bereits eingeleitete Destabilisierung der Stromversorgung: Durch den Ausbau fluktuierender Stromerzeugung (Windkraft und Photovoltaikanlagen) bei gleichzeitiger Forcierung neuer Verbraucher (Wärmepumpen, Elektrofahrzeuge und die »Digitalisierung«) drohen Stromnetze zusammenzubrechen. Dadurch könnten gleichzeitig alle wichtigen Dienstleistungen unserer modernen Gesellschaft auf unbestimmte Zeit unterbrochen werden, mit unkalkulierbaren Folgen.

Nicht zuletzt wird auch Chaos in unserem Denken erzeugt durch die sogenannte Political Correctness und die Propagierung absurder »Wertvorstellungen« wie Genderismus. Bestehende Wertvorstellungen sollen aufgelöst und alternative »Lebensformen« etabliert werden.

Die Abschaffung der Nationalstaaten

Ein entscheidender Schritt zur Errichtung einer Neuen Weltordnung ist die Abschaffung der Nationalstaaten. Ohne sie spielt das Schicksal der Bevölkerung ganzer Regionen bei politischen oder wirtschaftlichen Entscheidungen keine Rolle mehr. Wenn es den Nationalstaat nicht mehr gibt, kann er auch die Interessen seiner Bevölkerung nicht mehr durchsetzen.

Ein Meilenstein auf dem Weg zu diesem Ziel sind die von der UNO unter der Leitung ihres Generalsekretärs António Guterres am 1. Januar 2016 festgelegten 17 Ziele für nachhaltige Entwicklung (Sustainable Development Goals).[14]

In Deutschland firmiert der Plan unter der Bezeichnung »Transformation unserer Welt: Die Agenda 2030 für nachhaltige Entwicklung«, kurz: »Agenda 2030«. Nahezu alle Länder der Welt haben dieses Papier im Jahr 2016 unterzeichnet.

Die 17 Punkte dieser Agenda zeigen die Richtung vor:

❶ *Keine Armut* – Armut in all ihren Formen und überall beenden.
❷ *Kein Hunger* – Den Hunger beenden, Ernährungssicherheit und eine bessere Ernährung erreichen und eine nachhaltige Landwirtschaft fördern.
❸ *Gesundheit und Wohlergehen* – Ein gesundes Leben für alle Menschen jeden Alters gewährleisten und ihr Wohlergehen fördern.

24   Der Masterplan

❹ *Hochwertige Bildung* – Inklusive, gerechte und hochwertige Bildung gewährleisten und Möglichkeiten des lebenslangen Lernens für alle fördern.

❺ *Geschlechtergleichheit* – Geschlechtergleichstellung erreichen und alle Frauen und Mädchen zur Selbstbestimmung befähigen.

❻ *Sauberes Wasser und Sanitäreinrichtungen* – Verfügbarkeit und nachhaltige Bewirtschaftung von Wasser und Sanitärversorgung für alle gewährleisten.

❼ *Bezahlbare und saubere Energie* – Zugang zu bezahlbarer, verlässlicher, nachhaltiger und zeitgemäßer Energie für alle sichern.

❽ *Menschenwürdige Arbeit und Wirtschaftswachstum* – Dauerhaftes, breitenwirksames und nachhaltiges Wirtschaftswachstum, produktive Vollbeschäftigung und menschenwürdige Arbeit für alle fördern.

❾ *Industrie, Innovation und Infrastruktur* – Eine widerstandsfähige Infrastruktur aufbauen, breitenwirksame und nachhaltige Industrialisierung fördern und Innovationen unterstützen.

❿ *Weniger Ungleichheiten* – Ungleichheit in und zwischen Ländern verringern.

⓫ *Nachhaltige Städte und Gemeinden* – Städte und Siedlungen inklusiv, sicher, widerstandsfähig und nachhaltig gestalten.

⓬ *Nachhaltige/r Konsum und Produktion* – Nachhaltige Konsum- und Produktionsmuster sicherstellen.

⓭ *Maßnahmen zum Klimaschutz* – Umgehend Maßnahmen zur Bekämpfung des Klimawandels und seiner Auswirkungen ergreifen.

⓮ *Leben unter Wasser* – Ozeane, Meere und Meeresressourcen im Sinne nachhaltiger Entwicklung erhalten und nachhaltig nutzen.

⓯ *Leben an Land* – Landökosysteme schützen, wiederherstellen und ihre nachhaltige Nutzung fördern, Wälder nachhaltig bewirtschaften, Wüstenbildung bekämpfen, Bodendegradation beenden und umkehren und dem Verlust der biologischen Vielfalt ein Ende setzen.

⓰ *Frieden, Gerechtigkeit und starke Institutionen* – Friedliche und inklusive Gesellschaften für eine nachhaltige Entwicklung fördern, allen Menschen Zugang zum Recht ermöglichen und leistungsfähige, rechenschaftspflichtige und inklusive Institutionen auf allen Ebenen aufbauen.

⓱ *Umsetzungsmittel und globale Partnerschaft stärken* – Umsetzungsmittel stärken und die globale Partnerschaft für nachhaltige Entwicklung mit neuem Leben füllen.

Alles in allem liest sich die »Agenda 2030« wie das Patentrezept für Weltfrieden und eine goldene Zukunft. Allerdings muss sich jeder darüber im Klaren sein, welche praktischen Auswirkungen die Umsetzung dieser Ziele haben wird:

Die »Energiewende« (Punkt 7) kann zu Blackouts und unbezahlbaren Strompreisen führen; die Abschaffung des Verbrennungsmotors (Punkt 13) zu erheblichen Einschränkungen des Individualverkehrs, der Reisefreiheit und des Flugverkehrs; der zwangsweise Umbau der Landwirtschaft (Punkt 2 und 15) zum Schaden von Bauern und Verbrauchern; die Abschaffung der Ungleichheit (Punkt 10) zum Wohlstandsverlust für reiche Länder und deren Bewohner, während arme Länder arm bleiben. Auf jeden Fall beschleunigt die Agenda 2030 die Abschaffung der Nationalstaaten und die Fortführung des ungebremsten Zuzugs von Migranten.

Der »Große Neustart«

Obwohl die Umsetzung dieser Pläne nach vorläufiger Kalkulation bis zum Jahr 2030 vorgesehen war, glaubte mit hoher Wahrscheinlichkeit kaum einer der Unterzeichner daran, dass sie bis zu diesem Zeitpunkt tatsächlich realisiert werden könnten.

Doch dann kam den Architekten der Neuen Weltordnung der »Zufall« in Form eines winzigen Virus zu Hilfe: Covid-19. Die Thinktanks und Strategen im Dienste der Eliten dieses Planeten erkannten die sensationellen Möglichkeiten, die sich mit der Pandemie förmlich aufdrängten. Covid-19 war quasi ein Himmelsgeschenk, dessen Potenzial zum gesellschaftlichen und wirtschaftlichen Umbau des Planeten sehr schnell klar wurde – Unterdrückung der Bevölkerung inklusive.

Nun bot sich also die einmalige Gelegenheit, die alte Wirtschafts- und Finanzordnung an die Wand zu fahren, neue, bargeldlose Währungen einzuführen und alles mit dem Zauberwort »Corona« umzusetzen. Daher ist es kein Wunder, dass die Pandemie von der Politik mit tatkräftiger Hilfe der üblichen Verdächtigen aus Wissenschaft und

Medizin nicht nur maßlos dramatisiert, sondern auch noch bis in die nächsten Jahre verlängert werden wird.

Dass jetzt für die geplante Entwicklung der Turbolader zugeschaltet wird, verdeutlichte das Ergebnis eines virtuellen Treffens, an dem neben dem Chef des Weltwirtschaftsforums (WEF), Klaus Schwab, auch andere wichtige Entscheider teilnahmen. Zitat aus der Pressemitteilung[15] über die Ergebnisse des virtuellen Treffens:

»Wir müssen ausgeglichenere, integrativere und nachhaltigere Volkswirtschaften und Gesellschaften aufbauen, die angesichts von Pandemien, Klimawandel und den vielen anderen globalen Veränderungen, mit denen wir konfrontiert sind, widerstandsfähiger sind«, sagte António Guterres, Generalsekretär der Vereinten Nationen in New York.

Voraussetzung für diesen Neustart ist die ständige Automatisierung bzw. Digitalisierung unserer Gesellschaft. Offenbar wird davon ausgegangen, dass in Zukunft nur wenige Menschen benötigt werden, um Maschinen und Computersysteme in Gang zu halten. Der Rest der Menschheit wäre im Grunde überflüssig und wird durch ein bedingungsloses Grundeinkommen zur Not am Leben und durch irgendwelche Zwangsbelustigungen bei Laune gehalten (Brot und Spiele). Den Intelligenteren wird durch die Beschäftigung mit Pseudowissenschaften wie der »Genderstudies« und der »Klimawissenschaft« das Gefühl von Wichtigkeit vermittelt.

Längerfristig soll sich diese entbehrliche Masse der Menschen natürlich nicht vermehren. Deshalb werden Homosexualität und Promiskuität propagiert, da unter solchen Umständen der Nachwuchs größtenteils ausbleibt.

Ein offen ausgesprochenes Ziel

Immer häufiger sprechen Eliten und selbst ernannte globale Führer offen von der Notwendigkeit einer Neuen Weltordnung. Was seit Jahren als reine Verschwörungstheorie abgetan wird, bewahrheitet sich nun als reales und bedrohliches Szenario. Denn unter dem Deckmantel der Globalisierung verbirgt sich der Plan, vor allem den Westen zu destabilisieren und unter eine politische Zentralgewalt zu zwängen. Die EU macht es bereits eindrücklich vor.

Die Weltregierung der globalen Konzerne   27

Hier ein paar Kostproben für den immer lauter werdenden Ruf nach einer Neuen Weltordnung: Laut der britischen Tageszeitung *The Guardian* vom 26. März 2020 hat der ehemalige britische Premierminister Gordon Brown die Staats- und Regierungschefs der Welt aufgefordert, eine vorübergehende Form der Weltregierung zu schaffen, um die durch die Covid-19-Pandemie verursachte medizinische und wirtschaftliche Doppelkrise zu bewältigen.[16]

»Dieses Problem kann nicht von nur einem Land gelöst werden. Es muss eine koordinierte globale Reaktion geben«, so Brown. Interessant ist auch Browns Randbemerkung, dass die Weltbank und der IWF »mehr finanzielle Feuerkraft« benötigen, um die Folgen für Länder mit mittlerem bis niedrigem Einkommen besser abfedern zu können.[17]

Der UN-Generalsekretär António Guterres bläst ins selbe Horn, wenn er von »der größten Herausforderung an die Welt seit dem Zweiten Weltkrieg« spricht. Diese Herausforderung brauche daher eine »stärkere und effektivere Antwort«, die nur durch die Solidarität aller Beteiligten bewältigt werden könne.[18]

Dazu passt auch, dass Bundespräsident Frank-Walter Steinmeier zusammen mit Jordaniens König, der Präsidentin Singapurs, der Präsidentin Äthiopiens und dem Präsidenten Ecuadors zur Bildung einer »globalen Allianz« gegen die Corona-Pandemie aufgerufen hat. »Diese Pandemie wird kein Land verschonen, egal wie fortschrittlich seine Wirtschaft, seine Fähigkeiten oder seine Technologie sind«, heißt es in einem gemeinsamen Namensartikel in der *Financial Times*. Und weiter: »Vor diesem Virus sind wir alle gleich, und wir müssen alle zusammenarbeiten, um es zu bekämpfen. […] Wir alle stehen vor demselben Gegner, und es bringt uns nur Vorteile, wenn ihm die gesamte Menschheit vereint und entschlossen entgegentritt.«[19]

Der amtierende UNO-Generalsekretär hatte bereits im Rahmen der Feierlichkeiten zum 75-jährigen Bestehen der Vereinten Nationen von der Notwendigkeit einer Neuen Weltordnung gesprochen. Der Portugiese nahm dabei vor allem die künstliche »Corona-Pandemie« und die ebenso künstlich herbeigeschriebene »Klimakrise« zum Vorwand, um »ein neues, globales Abkommen zur gerechteren Verteilung von Macht, Reichtum und Chancen« zu fordern.[20] In einer Videoansprache zur Erinnerung an den früheren südafrikanischen Präsidenten Nelson Mandela kritisierte er zudem das Konzept der

Nationalstaaten. Diese hätten sich bislang durchweg geweigert, über »Reformen der internationalen Institutionen« nachzudenken. Mit »Reformen« sind hier Kompetenzabgaben der Nationalstaaten an supranationale Organisationen gemeint. Ganz im Sinne des neuen Denkens sieht der UNO-Chef in der »Kolonisation« und »in von Männern dominierten Gesellschaften« zwei der Hauptursachen für die Ungleichheit in der Welt. Aktuelle »Gefahren« wie Populismus, Nationalismus, Extremismus und Rassismus würden diese Ungleichheiten noch weiter befördern und Spannungen zwischen Nationen, Ethnien und Religionen schaffen.[21]

Von langer Hand geplant

Die Neue Weltordnung ist keine Verschwörungstheorie christlich-fundamentalistischer, rechtsextremer und esoterischer Kreise, wie uns das Manipulations-, Hetz- und Propagandaorgan *Wikipedia* weismachen will.[22] Sie wird seit Jahren von mächtigen Gruppierungen, Thinktanks und Expertenräten sowie global agierenden Konzernen propagiert, wie zum Beispiel dem Club of Rome in *Die Grenzen des Wachstums* (1975)[23] und *Die erste globale Revolution* (1991)[24].

Der 2015 verstorbene kanadische Milliardär Maurice Strong, Gründer des UN Environment Programme (UNEP) und ehemaliges Mitglied des Club of Rome, brachte einen neuen Begriff ins Spiel – die »Global Governance« (Weltregierung). Auf dem Erdgipfel 1992 in Rio de Janeiro sagte er voraus:

> Wir könnten an den Punkt gelangen, an dem die einzige Möglichkeit zur Rettung der Welt darin besteht, dass die industrielle Zivilisation zusammenbricht.[25]

Auch der ebenfalls bereits verstorbene milliardenschwere Bankier David Rockefeller setzte sich lebenslang für eine Neue Weltordnung ein. Sie muss wohl auch mit Blut erkauft werden, wie wir seinem Artikel »From a China Traveler« (*New York Times*, August 1973) entnehmen:

> Das soziale Experiment in China unter der Führung des Vorsitzenden Mao ist eines der wichtigsten und erfolgreichsten in der Geschichte der Menschheit.[26]

Das »soziale Experiment« in China kostete Schätzungen zufolge zwischen 45 und 60 Millionen Menschen das Leben. Kein Wunder also, dass Rockefeller auf eine große Krise setzte, um seinen Traum von einer Neuen Weltordnung zu realisieren:

Alles, was wir brauchen, ist eine richtig große Krise, und die Nationen werden die neue Weltordnung akzeptieren.[27]

Diese Krise ist nun da, und sie heißt Corona. Schon seit Jahren wird vor einer Pandemie gewarnt, die die Menschheit in eine tiefe Krise stürzen kann.

Das zeigt zum Beispiel das Global Preparedness Monitoring Board (GPMB) der WHO. Dieses hat schon im September 2017 ein Papier mit dem Titel *A world at risk – Annual report on global preparedness for health emergencies*[28] (deutsch: *Eine Welt in Gefahr – Jahresbericht zur globalen Bereitschaft für Gesundheitsnotfälle*) veröffentlicht.

Dort lesen wir auf Seite 10 Folgendes:

Fortschrittsindikator(en) bis September 2020: Die Vereinten Nationen (einschließlich der WHO) führen mindestens zwei systemweite Trainings- und Simulationsübungen durch, darunter eine Übung zur Abdeckung der absichtlichen Freisetzung eines tödlichen Atemwege-Erregers.

Auf Seite 27 ist zu lesen:

Hochwirksame respiratorische Krankheitserreger, wie zum Beispiel ein besonders tödlicher Influenzastamm, bergen in der heutigen Zeit besondere globale Risiken. Die Krankheitserreger verbreiten sich über Atemtröpfchen. Sie können eine große Anzahl von Menschen sehr schnell infizieren und sich mit der heutigen Verkehrsinfrastruktur schnell über mehrere Regionen hinweg bewegen.

Neben einem erhöhten Risiko für das Auftreten von Pandemien durch natürliche Krankheitserreger ermöglichen wissenschaftliche Forschungen die Entwicklung oder Nachbildung pathogener Mikroorganismen in Laboratorien. Sollten Länder, Terrorgruppen oder wissenschaftlich geschulte Einzeltäter biologische Waffen mit den Eigenschaften eines neuartigen, hochwirksamen Atemwegerregers herstellen oder diese sich beschaffen und dann verwenden, könnten die Folgen so schwerwiegend

30   Der Masterplan

sein wie die einer natürlichen Epidemie oder sogar noch schlimmer. Gleiches gilt für die versehentliche Freisetzung epidemischer Mikroorganismen.[29]

Noch länger vor der angeblichen Corona-Pandemie nahm die Drucksache 17/12051 17 des Deutschen Bundestags die jetzige Covid-19-Krise bereits vorweg. »Zugeleitet mit Schreiben des Bundesministeriums des Innern vom 21. Dezember 2012 gemäß § 18 Absatz 1 und 2 des Gesetzes über den Zivilschutz und die Katastrophenhilfe des Bundes«, hatte die Bundesregierung damals eine »Risikoanalyse im Bevölkerungsschutz« veröffentlicht.[30]

Schon damals scheint man im Robert Koch-Institut (RKI) geahnt zu haben, was einmal auf Deutschland zukommen wird: Zusammen mit weiteren Bundesbehörden erstellte das RKI die Risikoanalyse »Pandemie durch Virus Modi-SARS«. Das Planspiel ist versteckt in dem 88 Seiten umfassenden Dokument, in dem es zunächst um Hochwasserschutz geht, ehe ab Seite 55 ein außergewöhnliches Seuchengeschehen beschrieben wird, das auf der Verbreitung eines neuartigen Erregers basiert. Im Originaltext heißt es:

Hierfür wurde der zwar hypothetische, jedoch mit realistischen Eigenschaften versehene Erreger »Modi-SARS« zugrunde gelegt. […] Das Szenario beschreibt eine von Asien ausgehende, weltweite Verbreitung eines hypothetischen neuen Virus, welches den Namen Modi-SARS-Virus erhält. Mehrere Personen reisen nach Deutschland ein. […] Darunter sind zwei Infizierte, die durch eine Kombination aus einer großen Anzahl von Kontaktpersonen und einer hohen Infektiosität stark zur initialen Verbreitung der Infektion in Deutschland beitragen. […] Das Besondere an diesem Ereignis ist, dass es erstens die gesamte Fläche Deutschlands und alle Bevölkerungsgruppen in gleichem Ausmaß betrifft und zweitens über einen sehr langen Zeitraum auftritt.

Dieser Abschnitt des Dokuments deckt sich auffällig mit der jetzigen Corona-Krise, denn es heißt dort:

Die Symptome sind Fieber und trockener Husten, die Mehrzahl der Patienten hat Atemnot, in Röntgenaufnahmen sichtbare Veränderungen

Die Weltregierung der globalen Konzerne   31

in der Lunge, Schüttelfrost, Übelkeit und Muskelschmerzen. Ebenfalls auftreten können Durchfall, Kopfschmerzen, Exanthem (Ausschlag), Schwindelgefühl, Krämpfe und Appetitlosigkeit. Die Letalität ist mit 10 Prozent der Erkrankten hoch, jedoch in verschiedenen Altersgruppen unterschiedlich stark ausgeprägt. Kinder und Jugendliche haben in der Regel leichtere Krankheitsverläufe mit Letalität von rund 1 Prozent, während die Letalität bei über 65-Jährigen bei 50 Prozent liegt. […] Die Ausbreitung wird durch den Einsatz antiepidemischer Maßnahmen verlangsamt und begrenzt.

Das Dokument nennt nun die heute geltenden Maßnahmen wie Quarantäne, Schulschließungen, Absagen von Großveranstaltungen oder Einhalten von Hygieneempfehlungen und prognostiziert den Verlauf der Epidemie:

Über den Zeitraum der ersten Welle (Tag 1 bis 411) erkranken insgesamt 29 Millionen, im Verlauf der zweiten Welle (Tag 412 bis 692) insgesamt 23 Millionen und während der dritten Welle (Tag 693 bis 1052) insgesamt 26 Millionen Menschen in Deutschland. Für den gesamten zugrunde gelegten Zeitraum von drei Jahren ist mit mindestens 7,5 Millionen Toten als direkte Folge der Infektion zu rechnen. Zusätzlich erhöht sich die Sterblichkeit sowohl von an Modi-SARS Erkrankten als auch anders Erkrankten sowie von Pflegebedürftigen, da sie aufgrund der Überlastung des medizinischen und des Pflegebereiches keine adäquate medizinische Versorgung bzw. Pflege mehr erhalten können.

Die enorme Anzahl Infizierter, deren Erkrankung so schwerwiegend ist, dass sie hospitalisiert sein sollten bzw. im Krankenhaus intensivmedizinische Betreuung benötigen würden, übersteigt die vorhandenen Kapazitäten um ein Vielfaches. Dies erfordert umfassende Sichtung (Triage) und Entscheidungen, wer noch in eine Klinik aufgenommen werden und dort behandelt werden kann und bei wem dies nicht mehr möglich ist. Als Konsequenz werden viele der Personen, die nicht behandelt werden können, versterben.

Um es noch einmal deutlich zu machen: Dieses bedrohliche Szenario geht davon aus, dass schon früh im Verlauf antiepidemische Maßnahmen eingeleitet werden.

32 Der Masterplan

Das Dokument warnt:

> Würde man davon ausgehen, dass keinerlei Gegenmaßnahmen einge-
> setzt werden und jeder Infizierte drei weitere Personen infiziert (bis der
> Impfstoff zur Verfügung steht), so hätte man mit einem noch drasti-
> scheren Verlauf zu rechnen. Zum einen wären [sic] die absolute Anzahl
> der Betroffenen höher, zum anderen wäre der Verlauf auch wesentlich
> schneller. Während im vorgestellten Modell der Scheitelpunkt der ersten
> Welle nach rund 300 Tagen erreicht ist, wäre dies ohne antiepidemische
> Maßnahmen schon nach rund 170 Tagen der Fall. [...]
> Wenn Schutzmaßnahmen eingeführt werden und greifen, sind auf
> den Höhepunkten der Wellen jeweils rund 6 Millionen (1. Welle), 3 Mil-
> lionen (2. Welle) und 2,3 Millionen (3. Welle) erkrankt. Ohne Gegen-
> maßnahmen sind es rund 19 Millionen (1. Welle), rund 6,5 Millionen
> (2. Welle) und rund 3,3 Millionen (3. Welle). Die Zahlen für Hospitali-
> sierte bzw. Patienten, die intensivmedizinisch behandelt werden müssen,
> verhalten sich ähnlich.

In einem späteren Abschnitt betont das Dokument, wie wichtig es
sei, die Bevölkerung sehr schnell über generelle Schutzmaßnahmen
zu informieren – zum Beispiel Hygieneregeln einhalten, Massenan-
sammlungen vermeiden, ÖPNV meiden und angeordnete Maßnahmen befolgen. Im Originaltext heißt es:

> Zwischen der Kenntnisnahme des Erregers durch die deutschen Behör-
> den und der Verbreitung erster Information durch die Medien liegen ca.
> 24 Stunden. Es ist von einer vielstimmigen Bewertung des Ereignisses
> auszugehen, die nicht widerspruchsfrei ist. Dementsprechend ist mit
> Verunsicherung der Bevölkerung zu rechnen. Zusätzlich ist ein (mehr
> oder minder qualifizierter) Austausch über neue Medien (z. B. Facebook,
> Twitter) zu erwarten.
> Das Ereignis erfordert die Erstellung von Informationsmaterial, das
> laufend an die Lage angepasst werden muss und das über unterschiedli-
> che Medien (zum Beispiel Printmedien, Fernsehen, Social Media) an die
> Bevölkerung gegeben wird. In der Anfangsphase werden das Auftreten
> der Erkrankung und die damit verbundenen Unsicherheiten kommu-
> niziert (zum Beispiel unbekannter Erreger, Ausmaß, Herkunft, Gefähr-

Die Weltregierung der globalen Konzerne   33

lichkeit nicht genau zu beschreiben, Gegenmaßnahmen nur allgemein zu formulieren). Neue Erkenntnisse werden jeweils zeitnah weitergegeben. Es wird darauf geachtet, dass den Fragen und Ängsten der Bevölkerung adäquat begegnet wird.

Es ist anzunehmen, dass die Krisenkommunikation nicht durchgängig angemessen gut gelingt. So können beispielsweise widersprüchliche Aussagen von verschiedenen Behörden/Autoritäten die Vertrauensbildung und Umsetzung der erforderlichen Maßnahmen erschweren. Nur wenn die Bevölkerung von der Sinnhaftigkeit von Maßnahmen (zum Beispiel Quarantäne) überzeugt ist, werden sich diese umsetzen lassen.

Das regierungsamtliche Szenario, aus dem hier zitiert wird, verweist in diesem Abschnitt auf das Infektionsschutzgesetz (IfSG), das unter anderem die Einschränkungen von Grundrechten (§ 16 IfSG), wie zum Beispiel das Recht auf die Unverletzlichkeit der Wohnung (Artikel 13 Absatz 1 GG), das Grundrecht der Freiheit der Person (Artikel 2 Absatz 2 Satz 2 GG) und die Versammlungsfreiheit (Artikel 8 GG), erlaubt (§ 16 Absatz 5 bis 8 und § 28 IfSG). Vor allem betont das Dokument, »dass bedrohte Teile der Bevölkerung an Schutzimpfungen oder anderen Maßnahmen der spezifischen Prophylaxe teilzunehmen haben (§ 20 Absatz 6 IfSG), wodurch das Recht auf körperliche Unversehrtheit (Artikel 2 Absatz 2 Satz 1 GG) eingeschränkt werden kann«.

Höchste Priorität – so die Risikoanalyse – habe die Aufrechterhaltung der Versorgung.

Punktuell ist mit auch länger anhaltenden Störungen zu rechnen, da Serviceleistungen aufgrund von Personalausfall nicht überall im gewohnten Umfang zur Verfügung stehen. Dies gilt insbesondere für personalintensive Bereiche und Bereiche mit geringer Personalredundanz in Schlüsselpositionen. Darüber hinaus sind mit Blick auf vielfältige internationale Verflechtungen auch Versorgungsleistungen aus anderen Ländern für Deutschland von großer Bedeutung. Zahlreiche Güter und Dienste werden weltweit jeweils von nur wenigen Schlüsselproduzenten bereitgestellt. Somit könnten Ausfälle im Bereich importierter Güter und Rohstoffe auch in Deutschland zu spürbaren Engpässen und Kaskadeneffekten führen.

34   Der Masterplan

Aber nicht nur das deutsche Innenministerium »erahnte« schon Jahre im Voraus die angebliche Covid-Pandemie. Offenbar wurden schon vor Jahren konkrete Vorbereitungen getroffen.

Gab es Covid-19 Test Kits schon 2017?

Die World Integrated Trade Solution (WITS) ist eine Entwicklung der Weltbank, der United Nations Conference on Trade and Development (UNCTAD), des International Trade Center, der United Nations Statistical Division (UNSD) und der World Trade Organization (WTO)[31]. WITS ist also eine offizielle Institution, die eine Fülle verschiedenster statistischer Daten zum Welthandel veröffentlicht. Auf deren Internetportal wird dokumentiert, dass es bereits 2017 einen schwunghaften und weltweiten Handel mit »Covid-19 Test Kits« in Milliardenhöhe gegeben hat. Darauf hat Peter Haisenko auf seiner empfehlenswerten Website *anderweltonline* hingewiesen.

Auch die OECD berichte über den Handel mit Gütern, die »im Zusammenhang mit Covid-19 stehen«. Auch dort werde bereits für vergangene Jahre der Begriff »Covid-19« verwendet.[32]

Ruft man Informationen über nur einen speziellen Corona-Test auf, zum Beispiel HTS 3822.00,[33] findet sich oben rechts eine Liste der wichtigsten Lieferanten. An erster Stelle steht ein chinesisches Unternehmen, an zweiter Roche. Darunter findet sich klein die Anmerkung: »184 Lieferanten haben diesen Code während der letzten 12 Monate innerhalb des Systems von Datamyne benutzt.« Links daneben wird derselbe Zeitraum für 204 US-Importeure genannt.

Damit ist zweifelsfrei bewiesen, dass diese Corona-Tests bereits im Sommer 2019 nicht nur produziert, sondern auch gehandelt wurden. Also mehr als ein halbes Jahr vor dem angeblichen Pandemiebeginn. Die Grafik zu den Handelszahlen beginnt erst im April 2020, das aber mit Startwerten, die nur für die USA bereits mit einem Handelswert im Milliardenbereich aufwarten. Wie kann es sein, dass innerhalb von wenigen Wochen seit dem angeblichen Beginn der Pandemie eine Produktion aufgebaut wird, die aus dem Stand solche Mengen herstellen und auch noch weltweit in den Handel bringen kann? Da kommt wohl wieder WITS ins Spiel. Die WITS-Daten belegen, dass es den Handel mit »Covid-19 Test Kits« bereits seit 2017 gegeben hat.

Die Weltregierung der globalen Konzerne 35

In diesen Daten werden alle Länder angeführt – mit Import- und Exportsummen im hohen einstelligen Milliardenbereich über die letzten 3 Jahre. Ist hier Geld gewaschen oder auf diese Weise in obskure Kanäle geleitet worden?

Die dauerhafte Überwachung

Die international angesehene Technische Hochschule Massachusetts Institute of Technology (MIT) hat einen Artikel ihres Chefredakteurs Gideon Lichfield mit dem Titel »We're Not Going Back to Normal (Wir kehren nicht zur Normalität zurück)« veröffentlicht, in dem er eine Art Programmplan für die Bevölkerung festlegt, der Wellen von Virusinfektionsausbrüchen, Wellen strenger sozialer Beschränkungen, gefolgt von Wellen begrenzter wirtschaftlicher Aktivität und begrenzter Ruhe in den nächsten 18 Monaten voraussagt.[34] Lichfield schlägt unter anderem vor:

> Um das Coronavirus zu stoppen, müssen wir fast alles, was wir tun, radikal ändern: wie wir arbeiten, Sport treiben, Kontakte knüpfen, einkaufen, unsere Gesundheit organisieren, unsere Kinder erziehen, auf Familienmitglieder aufpassen. Wir alle möchten, dass sich unser Alltag schnell wieder normalisiert. Was aber die meisten von uns wahrscheinlich noch nicht erkannt haben – und bald tun werden –, ist, dass sich unser Alltag nach einigen Wochen oder sogar einigen Monaten nicht wieder normalisieren wird. So manches wird wohl niemals wieder so sein wie gewohnt.

Er fährt fort:

> Solange jemand auf der Welt das Virus hat, können und werden Ausbrüche ohne strenge Kontrollen zum Zwecke der Eindämmung immer wieder auftreten.

Damit ist klar, was uns bevorsteht: »Massenüberwachung rund um die Uhr zur Virusverfolgung«. Um wieder ein halbwegs normales Leben führen zu können, müsse ein Bürger über den richtigen digitalen Marker verfügen, der den Behörden mitteilt, dass er »sauber« und frei von Infektionen ist.

36   Der Masterplan

Das Ende des Bargelds

Vom digitalen Marker ist es nicht mehr weit zur digitalen Geldbörse. Diese »Digital Wallet« wurde im Zuge des »Banken-Bailout-Gesetzes aufgrund von Covid-19« in den USA diskutiert.

Der demokratische Senator Sherrod Brown sagte, der digitale Dollar würde »jedem die Möglichkeit geben, eine digitale Dollar-Brieftasche einzurichten, die als ›FedAccount‹ [weil es von der Federal Reserve Bank auf seinen Namen geführt wird; Anm. d. Verf.] bezeichnet wird«. Dieses kostenlose Bankkonto könne zum Empfang von Geld, zu Zahlungen und zur Entnahme von Bargeld verwendet werden.[35]

Ähnlich wie nach 9/11, als innerhalb weniger Wochen der über 3000 Seiten starke Patriot Act verabschiedet wurde – im Nachgang stellte sich heraus, dass der Entwurf von John Kerry, dem ehemaligen US-Außenminister unter Barack Obama, weit im Vorfeld erstellt worden war –, dürften auch die 1100 Seiten des Banken-Bailout-Gesetzes wohl kaum über Nacht verfasst worden sein.

Dieser Digital-Dollar wird Bargeld sowie Debit- und Kreditkartentransaktionen in Geschäften durch ein nicht interaktives Zahlungsmodell ersetzen. Dieses wird wahrscheinlich zu Beginn über Handy mit einer Scan-App erfolgen. Am Ende werden vermutlich alle biometrischen Daten für Geldtransaktionen herangezogen.

Dies ist ein weiteres Zwangsmittel, überall ein Handy bei sich zu haben. Das Tracking-Netzwerk für das Virus sowie das neue Zahlungsverkehrssystem machen dieses Gerät unverzichtbar. Wer am gesellschaftlichen Leben teilnehmen möchte, hat keine andere Wahl, als jederzeit überwacht zu werden.

Die weltweite Zwangsimpfung

Überwacht werden soll auch die lückenlose Impfung der Menschheit. Bereits im Jahr 2015 wurde im Weißen Haus in Washington das erste Treffen zur Global Health Security Agenda (GHSA) abgehalten.[36] Teilnehmer waren das US Health and Human Services Department, die World Health Organization (WHO), die Bill & Melinda Gates Foundation, die Global Alliance for Vaccination and Immunization (GAVI) und Gesundheitsbeamte zahlreicher Länder. Damals beschloss man eine Health Security Agenda für die ganze Welt. Ziel dieser Agenda war es, die gesamte Weltbevölkerung zu impfen und die jeweils nationalen Gesetzgebungen in diese Richtung zu verändern. Dies sollte zunächst an einer weltweiten Masernschutzimpfung durchexerziert werden. Bis heute sind viele Länder Europas diesem Ziel gefolgt, in Deutschland gilt seit Anfang März 2020 die Impfpflicht gegen Masern.

Es ist schon seltsam, dass die Corona-Pandemie sich in Europa zunächst am heftigsten in der Lombardei und in Venetien verbreitete, in genau jenen Regionen also, die am heftigsten gegen Zwangsimpfungen Sturm gelaufen waren. Aktivisten hatten dort monatelang protestiert – mit Demonstrationen von zum Teil mehr als 50 000 Teilnehmern. Corona hat diese Kritiker zwangsweise verstummen lassen.

Jetzt scheint der Widerstand gebrochen. Die Regierung von Dänemark hat bereits ein Gesetz zur Zwangsimpfung formuliert, und das Parlament hat dem zugestimmt.[37] Andere Staaten werden diesem »Vorbild« sicher folgen.

Microsoft-Gründer Bill Gates gab am 18. März 2020 während einer »Ask Me Anything«-Sitzung bekannt, dass er an einem neuen, unsichtbaren »Quantenpunkt-Tattoo«-Implantat arbeitet, das nachverfolgen soll, wer auf Covid-19 getestet und wer dagegen geimpft wurde.[38] Gleichzeitig lässt Gates an dem ID2020-Zertifizierungszeichen forschen, das »Immunisierung als Plattform für digitale Identität« nutzt.[39] Die Gates Foundation ist auch eine Allianz mit Accenture, IDEO, Gavi und der Rockefeller Foundation eingegangen, um ID2020 Wirklichkeit werden zu lassen. Ich werde noch ausführlich darauf zu sprechen kommen.

Gleich sieben Fabriken zur Impfstoffherstellung will der rund 100 Milliarden Dollar schwere US-Unternehmer bauen lassen. Das erklärte er in der TV-Sendung *The Daily Show*. Seine Stiftung verfüge über entsprechendes Fachwissen in Bezug auf Infektionskrankheiten. Man wolle »helfen«, Maßnahmen gegen die Epidemie zu beschleunigen, so der 64-Jährige.[40]

Normalität werde erst wieder einkehren, wenn es für alle Menschen auf der Welt einen Impfstoff gebe, prognostiziert Gates laut *Bild*. Milliarden Impfdosen müssten hergestellt werden, so der Milliardär, der jetzt schon zu den reichsten Männern der Welt zählt.[41]

38 Der Masterplan

Wer wieder halbwegs normal leben, wieder einmal eine Reise unternehmen oder eine gesellschaftliche Veranstaltung besuchen will, der wird sich – so der Plan, der sich jetzt aus vielen Regierungsverlautbarungen ablesen lässt – einer Zwangsimpfung kaum entziehen können. Wer die Impfung ablehnt, wird dann als Aussätziger behandelt, ausgegrenzt und sogar von den Mitmenschen gemieden. Dass wir in Europa nicht mehr weit von einer derartigen Zwangsimpfung entfernt sind, werde ich anhand verschiedener EU-Bestrebungen zeigen.

Bevor wir uns diese Details aber näher ansehen, müssen wir etwas tiefer graben.

Das Ermächtigungsgesetz vom 18. November 2020

Die im Schnellverfahren an einem Tag, nämlich dem 18. November 2020, durchgepeitschte »3. Änderung des Infektionsschutzgesetzes (IfSG)« – das sogenannte »Gesetz zum Schutz der Bevölkerung bei einer epidemischen Lage von nationaler Tragweite« (das vergleichbare Gesetz vom 23. März 1933 hieß »Gesetz zur Behebung der Not von Volk und Reich«) – hebt zahlreiche im Grundgesetz garantierte Grundrechte auf.

Mit der Zustimmung von 413 Bundestagsabgeordneten, der Annahme im Bundesrat und der Unterschrift des Bundespräsidenten unter diese Gesetzesänderung soll es sich, so versichert uns die Regierung, nicht um ein Ermächtigungsgesetz handeln. Warum kommt dann aber im Gesetzestext 24 Mal der Wortbestandteil »ermächt« vor?

Konkret werden folgende, im Grundgesetz (GG) verbriefte Grundrechte nach IfSG Artikel 7 (»Einschränkung von Grundrechten«) aufgehoben:

- Artikel 2 Absatz 2 Satz 2 GG – das Grundrecht der Freiheit der Person;
- Artikel 8 GG – das Grundrecht der Versammlungsfreiheit;
- Artikel 10 Absatz 1 GG – das Grundrecht auf das Brief- und Postgeheimnis;
- Artikel 11 Absatz 1 GG – das Grundrecht der Freizügigkeit;
- Artikel 13 Absatz 1 GG – das Grundrecht der Unverletzlichkeit der Wohnung.

Die Weltregierung der globalen Konzerne   39

Im Klartext heißt das, dass die körperliche Unversehrtheit des Einzelnen (Stichworte Zwangstests, Quarantäneeinrichtungen und Zwangsimpfungen) nicht mehr gewährleistet wird; dass nicht genehme Versammlungen oder Demonstrationen verboten werden können; dass unsere gesamte Kommunikation überwacht werden darf; dass die Reisefreiheit aufgehoben wird und dass Gesundheitsämter, Polizei und Bundeswehr befugt werden, Privatwohnungen zu kontrollieren.

Ja mehr noch: der Paragraph 20 Absatz 6 und 7 des Infektionsschutzgesetzes beinhaltet eine sogenannte »Verordnungsermächtigung«, die es dem Bundesgesundheitsminister und den Landesregierungen erlaubt, »bedrohte Teile der Bevölkerung zur Teilnahme an Schutzimpfungen zu verpflichten«.

STAATSSTREICH

Wie der Tiefe Staat
die alte Ordnung zerstört

DIE STRUKTUREN DES TIEFEN STAATES sind in fast allen 193 Mitgliedsstaaten der UN zu finden – in der Europäischen Union genauso wie in China, Japan, Israel, Kanada oder den Ländern auf dem südamerikanischen Kontinent. Der Tiefe Staat – also die nicht gewählten und daher nicht öffentlichen Machtzentren oder, wie es Horst Seehofer einst ausdrückte: »diejenigen, die entscheiden, aber nie gewählt wurden«[42] – ist ein Übel von globalem Ausmaß.

Einige ihrer Schlüsselfiguren sind bereits verschieden, wie David Rockefeller, Zbigniew Brzeziński und John McCain. Andere fürchten, verurteilt zu werden. US-Präsident Donald Trump hat mehrere präsidiale Anordnungen erlassen, welche die Inhaftierung der Akteure des Tiefen Staates vorbereiten. So ermöglicht es zum Beispiel die Executive Order 13818 vom Dezember 2017, das Vermögen von Personen einzufrieren, die sich Korruption und Verstöße gegen die Menschenrechte haben zuschulden kommen lassen.[43] Die Executive Order 13825 vom März 2018 hat einschneidende Änderungen des amerikanischen Militärstrafgesetzbuchs bewirkt und die rechtliche Basis dafür geschaffen, dass Zivilpersonen fortan vor ein Militärtribunal gestellt werden können.[44]

Ein mysteriöser Buchstabe

Kämpfte Trump tatsächlich gegen den Tiefen Staat? Ein einzelner Buchstabe soll Beleg dafür sein. Erst hat ihn niemand ernst genommen. Aber im Internet verbreitet er sich wie ein Virus: Q. Er erscheint auf Plakaten und Anzeigetafeln an den Autobahnen. Er prangt auf T-Shirts bei Trump-Reden – und er ist die Mutter aller Verschwörungstheorien. Denn Q ist eine anonyme Stimme, von der im Internet Mitteilungen verbreitet werden, die von außergewöhnlichem Insiderwissen in geheimdienstlicher und militärischer Hinsicht zeugen.

42 Staatsstreich

Die »Q«-Posts (auch »QAnon«-Posts) begannen auf dem Message-board *4chan*, später wechselten sie zu einem ähnlichen Board auf *8chan* – wegen angeblicher Sicherheitsbedenken. Die Beiträge erscheinen auch regelmäßig auf Twitter und sind ferner ein Thema für viele konservative YouTuber. Ein Großteil der Mitteilungen sind verschlüsselte Nachrichten, mit deren Decodierung ein Heer von »QAnon«-Fans (die sogenannten »Anons«) beschäftigt ist. Mittlerweile wird die weltweite »QAnon«-Gemeinde auf über 20 Millionen geschätzt.

Das Verblüffende an »Q« ist, dass er bereits mehrfach bedeutende Ereignisse vorhergesagt hat und dass er alles bisher Dagewesene bezüglich Wissen, Weitblick und Intelligenz überragt. Seine Anhänger glauben, dass »Q« das geistige Zentrum, vielleicht sogar die Kommandozentrale eines welthistorischen Reinigungs- und Aufwachprozesses ist, der die von Trump versprochene Trockenlegung des Schattenstaat-Sumpfes einläutet.

»Q« steht für eine mysteriöse Person oder eine Gruppe von Personen, die im Oktober 2017 begonnen hat, Online-Updates über geheime Aktionen zu veröffentlichen, die angeblich von der Regierung Trump durchgeführt wurden, um die Korruption in den Vereinigten Staaten und weltweit zu beseitigen. Sollten die »Q«-Posts echt sein, wäre das ein Hinweis, dass die Regierung Trump einen alternativen Kanal eingerichtet hat, um mit ihren Anhängern zu sprechen, und dabei Nachrichten und soziale Medien zugunsten einer direkteren Kommunikation umgeht. Die Gültigkeit des Kanals wurde von der Regierung Trump weder bestätigt noch geleugnet.

Eine augenscheinliche Bestätigung der Verbindung der »Q«-Posts mit der Regierung Trump wurde jedoch durch das Crossposting von Schlüsselwörtern mit dem Twitter-Account von Präsident Donald Trump gegeben. Gern berufen sich die »Q«-Gläubigen auch auf Trumps Aussage aus dem Wahlkampf 2016, als er sagte:

Unsere Bewegung besteht darin, ein gescheitertes und korruptes politisches Establishment durch eine neue Regierung zu ersetzen, die von Ihnen, dem amerikanischen Volk, kontrolliert wird. [...]

Das Washingtoner Establishment und die Finanz- und Medienunternehmen, die es finanzieren, existieren nur aus einem Grund: um sich zu schützen und zu bereichern.[45]

Wie der Tiefe Staat die alte Ordnung zerstört   43

Zahlreiche »Q«-Posts sind als verschlüsselte Botschaften geschrieben, die in vielerlei Hinsicht interpretiert werden können, und spielen auf angebliche Handlungen der Regierung Trump an, um die Versprechen des Präsidenten zu erfüllen.

Die Beiträge enthalten eigene Codewörter, wobei beispielsweise »BHO« anstelle von Barack Hussein Obama, »BC« anstelle von Bill Clinton usw. verwendet wird. Sie weisen häufig auf Vorfälle hin, die stattgefunden haben, und geben einen Kontext für diese Vorfälle vor, und sie enthalten auch Hinweise auf Vorfälle, die sich entwickeln oder angeblich in naher Zukunft noch kommen werden.

Um nicht gegen Bundesgesetze über geheimes Material zu verstoßen, basieren viele der Posts auch auf Open-Source-Informationen, sodass Menschen, die ihnen folgen, selbst recherchieren und ihre eigenen Schlussfolgerungen ziehen können.

Ein Beitrag wies beispielsweise auf die ungewöhnlich hohe Zahl von versiegelten Anklagen im Justizministerium hin. Normalerweise liegt die Zahl der versiegelten Anklagen pro Jahr bei etwa 1000. Im Jahr 2018 lag die Zahl der versiegelten Anklagen laut »Q« bei über 40 000. Versiegelte Anklageschriften sind üblich, wenn ein Staatsanwalt genügend Beweise gegen eine oder mehrere Personen hat, um sie vor ein Schwurgericht zu bringen, aber den Fall noch nicht eröffnen will. Trump soll angeblich zu gegebener Zeit auf den Auslöser drücken.

Es gibt viele Theorien darüber, wer oder was sich hinter »Q« verbirgt. Zu den allgemeineren Überzeugungen gehört, dass »Q« für Q-Sicherheitsfreigabe steht, die höchste Stufe der Freigabe innerhalb des Energieministeriums. Andere glauben, es beziehe sich auf »Q« aus den James-Bond-Filmen, eine Figur, die Bond im Kampf gegen eine globale korrupte Schattengruppe unterstützt. Andere glauben, mit »Q« könnte »Quartiermeister« gemeint sein und das Kürzel weise demzufolge auf einen leitenden Mitarbeiter in der Regierung Trump hin.

Ein weiteres Indiz dafür, dass Trump mit »Q« in Verbindung steht, sehen seine Fans in einer kuriosen Begebenheit: Traditionell erhalten US-Präsidenten von Football-Teams ein Trikot mit der Zahl ihrer Präsidentschaft überreicht, wie zum Beispiel Obama ein Trikot mit der Nummer 44. Auch Donald Trump wurden öffentlich mittlerweile zwei Trikots überreicht, aber nicht mit der Zahl 45 seiner Präsident-

44 Staatsstreich

schaft, sondern mit der Zahl 17. Der Buchstabe Q ist der siebzehnte im Alphabet.

Den Juli 2018 hatte »Q« übrigens als »den Monat, in dem die Welt die Wahrheit entdeckt« bezeichnet. Das war eine durchaus treffende Vorhersage. Denn die Reaktionen des alten politischen Establishments und der Mainstream-Medien auf Trumps Treffen mit Putin haben mehr als deutlich gezeigt, dass die alte Kamarilla immer noch auf Krieg setzt.

Obamas Coup

Diese alte Kamarilla ist, folgt man dem Narrativ unserer Mainstream-Medien, allerdings kein Tiefer Staat, sondern eine internationale Koalition gutwilliger Transatlantiker – allen voran die Kanzlerin – gegen den bösen Nationalisten Trump. Was die Hochleistungspresse aber vor lauter Trump-Hetze verschweigt: Ex-Präsident Barack Obama rekrutierte seit Trumps Amtsantritt Sturmtruppen und blies zum Angriff. In den USA sprach man bereits von einem *silent coup* – einem »stillen Staatsstreich«.[46]

Die Verschwörung zum weichen Staatsstreich bedient sich nach außen zuallererst der Mainstream-Medien. Sie haben eine wahre Propagandaschlacht begonnen: *New York Times, Washington Post,* CNN und zahlreiche andere US-Medien hacken seit Beginn von Donald Trumps Präsidentschaft auf ihn ein. Hauptvorwurf sind seine angeblichen Absprachen mit Moskau. Damit diese nicht ans Licht der Öffentlichkeit kämen, habe er FBI-Chef James Comey gefeuert. Ein ziemlich unsinniges Argument übrigens, denn das FBI ermittelt ohnehin weiter.[47]

Kein Wunder also, dass Trump von einer Schlammschlacht von Kritikern und Medien gegen ihn sprach. Kein Politiker in der Geschichte sei jemals schlimmer oder unfairer behandelt worden, sagte Trump vor Kadetten der US-Küstenwache.[48] Dann legte er auf Twitter nach: »Das ist die größte Hexenjagd in der politischen Geschichte. Traurig!«[49]

Dass Deutschland bei diesem Trump-Bashing die schärfsten medialen Geschütze auffuhr, zeigt eine Studie vom Shorenstein Center der Harvard Kennedy School.[50] Sie hat der ARD einen Weltmeistertitel zuerkannt: 98 Prozent der wertenden Berichte über Donald Trump waren negativ. Damit übertrifft *Das Erste* sogar ausgewiesene Trump-Hasser wie CNN, NBC und CBS, die mit 93 respektive 91 Prozent negativ die US-Medien anführen. Die Printmedien *New York Times* und *Washington Post* fallen da etwas zurück, mit 87 und 83 Prozent.

Bild, das transatlantische Sturmgeschütz, warnte gar: »Im Weißen Haus soll es chaotisch zugehen.«[51] Dazu lässt das Boulevardblatt den »US-Experten« Professor Christian Hacke zu Wort kommen: »Der US-Präsident hat sich zum größten Sicherheitsrisiko der USA entwickelt. Das gab es noch nie.«

Ex-Verteidigungsminister Karl-Theodor zu Guttenberg (Center for Strategic and International Studies, Washington) gibt gegenüber *Bild* Auskunft:

Die Amtszeit Trumps ist auf Gedeih und Verderb mit der Geduld seiner republikanischen Parteifreunde im Kongress verbunden. Wenn die Dummheiten und Eitelkeiten des Präsidenten deren Wiederwahl gefährden, ist ein Amtsenthebungsverfahren nur eine Frage der Zeit.[52]

Während US-Präsident Donald Trump also von diesseits und jenseits des Atlantiks medial beschossen wurde, formte sein Amtsvorgänger Barack Obama im Land eine Widerstandsbewegung, um Trump endgültig aus dem Sattel zu heben. Sein Besuch beim Berliner Kirchentag hat darüber hinaus gezeigt, dass er dieses Netzwerk sogar bis nach Europa spinnt – allen voran mit seinem treuesten Partner, Angela Merkel.

Für diesen stillen Staatsstreich wurden unter Federführung Barack Obamas und finanziert von den Open Society Foundations – also von George Soros, wie verschiedene amerikanische Webportale schreiben[53] – drei Organisationen gegründet. Sie haben inzwischen Zehntausende von Sympathisanten, Helfern, Aktivisten und lokalen Gruppen rekrutiert:

»American Oversight«, Obamas außerparlamentarische Opposition, »Organizing for Action« (OfA, Aktivisten für den Politkampf) und »Indivisible« – sozusagen Obamas Straßenkämpfer.[54] Weitere Genossen in diesem Kampfbund sind »MoveOn.org«,[55] die von So-

46   Staatsstreich

ros finanzierte internationale Flüchtlingshilfe-Organisation, und die ebenfalls von Soros gesponserte Bewegung »Black Lives Matter«, die im Frühjahr und Sommer 2020 zum Sturm auf Amerikas Städte geblasen hat.

Die Keule »Verschwörungstheorie«

Auch in Deutschland manipulieren die Kräfte des Tiefen Staates die Demokratie und hebeln sie aus. Unterstützt werden diese Kräfte von staatlichen Stellen wie etwa dem Verfassungsschutz. Der Inlandsgeheimdienst soll helfen, Kritiker des Tiefen Staates aufzuspüren und dann mittels Rufmord zu vernichten.

Das Landesamt für Verfassungsschutz NRW zeigt beispielhaft, wie das geht: Es verkündet, den Schwerpunkt seiner Arbeit auf Verschwörungstheorien im Netz als »Gefahr für die Demokratie«[56] zu richten. Es bedient sich dabei einer Website, die auf den ersten Blick eher regierungskritisch daherkommt,[57] und verlautbart dort – »in Vertretung seines Präsidenten Thomas Haldenwang«, wie es heißt, also hochoffiziell:

> Es existieren diverse zum Teil schon lange vor Covid-19 existente Verschwörungstheorien, die an das Pandemiegeschehen andocken. So werden Spekulationen über historische Vorhersagen der Pandemie verbreitet; es gäbe einen geheimen »Tiefen Staat«, der nun das Bevölkerungswachstum kontrollieren wolle; dunkle Mächte wirkten im Hintergrund, die das Weltgeschehen gestalten würden; Chemtrails seien als Auslöser von COVID-19 anzusehen.[58]

Das regierungsfreundliche Webportal assistiert dem Verfassungsschützer daraufhin mit der Aussage: »Die Zustände zu 1933 gleichen sich immer mehr, jüdisches Leben in Europa verschwindet wie damals durch das Morden der Nazis und das Schweigen der Mitte und der Linken.«[59]

Das ist schon dreist: Wer – nach diesem Narrativ – die bestehenden Verhältnisse hinterfragt, also das tut, was ein kritischer Demokrat tun sollte, der wird in die Tradition des NS-Regimes gestellt. Die Website zitiert weiter das BfV:

Wie der Tiefe Staat die alte Ordnung zerstört   47

Im Zusammenhang mit der aktuellen Corona-Lage posten Rechtsextremisten auf unterschiedlichen Plattformen eine Vielzahl von Beiträgen mit verschwörungstheoretischen Inhalten. Neben Behauptungen, eine jüdische Elite habe die Pandemie bewusst hervorgerufen, finden sich auch etliche Beiträge, die davon ausgehen, dass das Coronavirus künstlich und als biologische Waffe erschaffen wurde. Diese »Biowaffe« nutze man dazu, um insbesondere ältere Personen mit weißer Hautfarbe zu töten.

Als Entwickler dieser »Biowaffe« werden zumeist vermeintliche Protagonisten einer demokratisch-liberalen Elite – beispielsweise Bill Gates, die Weltgesundheitsorganisation (WHO) oder George Soros – genannt. Insbesondere die Person Soros, der jüdischer Herkunft ist, wird von Rechtsextremisten häufig als eine Art Codeelement verwendet, um die Elitenkritik mit der Behauptung einer vermeintlich jüdischen Weltverschwörung zu verknüpfen.

Das genannte Narrativ der Bevölkerungskontrolle taucht immer wieder auf, auch im Kontext mutmaßlich kommender Impfungen und Ausgangssperren. Daneben behaupten Rechtsextremisten, das Corona-Virus diene der Errichtung eines Polizeistaates sowie dem heimlichen Einschleusen von Flüchtlingen. Dies alles würde gesteuert werden durch einen sogenannten »Deep State«, also einem [sic] Staat im Staat.[60]

Dass Kritik an George Soros sofort mit Antisemitismus gleichgesetzt wird, musste ich übrigens am eigenen Leib erfahren. Als ich es in einem öffentlichen Vortrag wagte, Soros zu kritisieren – mit Argumenten der Zeitung *Jerusalem Post*[61] (ist eine jüdische Zeitung antisemitisch?), die ich mittels Powerpoint klar als solche kennzeichnete –, wurde mir von dem Berichterstatter der *Frankfurter Allgemeinen Zeitung*[62] vorgeworfen, ich sei Antisemit, gerade weil ich nicht erwähnt hatte, dass Soros der jüdischen Religion angehört. Nun, ich hatte das in meinem Vortrag nicht erwähnt, weil es mir nicht wichtig erschien, sondern ich lediglich die Machenschaften dieses angeblichen Philanthropen aufzeigen wollte. Auf jeden Fall habe ich jetzt meinen geschäfts- und rufschädigenden Eintrag in *Wikipedia*.[63]

Aber es geht hier ja nicht nur um einen angeblichen Antisemitismus. Es geht darum, dass ein staatliches Organ, wie es der Verfassungsschutz ist, jeden, der es wagt, Dinge kritisch zu hinterfragen,

48   Staatsstreich

als Rechtsextremisten abkanzelt. Das hat nichts mehr mit der immer propagierten demokratischen Gesellschaft zu tun, sondern erinnert an die Gesinnungsschnüffelei totalitärer Regime wie etwa des Dritten Reichs oder der DDR. So wird aus dem Verfassungsschutz eine Staatssicherheitsbehörde.

Dazu passt auch gut die Propaganda, die der Autor der zitierten Website nach dem Zitat des BfV von sich gibt. Er schreibt:

Angesichts von hunderten Toten durch globalen Nazi-Terror alleine in den letzten Jahren dürfte es nur eine Frage der Zeit sein, bis die Opferzahl in Deutschland wieder steigt – der gedankliche wie reale, blutige Zusammenhang von Worten und Morden als von Nazis beworbene bevorzugte »Propaganda der Tat« scheint von sehr vielen hierzulande ignoriert zu werden wie auch diverse Angriffe auf Hidschab-Muslima zum Beispiel in Berlin-Neukölln, auf Queere in Ost-Berlin oder der alltägliche Rassismus gegen »Fremde«.[64]

Propagandastücke wie diese lassen sich fast täglich in den deutschen Mainstream-Medien finden. Sie zeigen, wie massiv der Tiefe Staat die von ihm gesponserte Medienmaschine angeworfen hat. Dazu dann gleich mehr.

Aber noch einmal zurück zu der Organisation, die eigentlich dazu geschaffen wurde, die Einhaltung unserer Grundrechte zu gewährleisten: dem Verfassungsschutz. Ich habe bereits gesagt, dass sich dieser Dienst mittlerweile eher in der Tradition der DDR-Staatssicherheit sieht und eigene Bürger überwacht und Kritiker als Rechtsextremisten anprangert. Offenbar will der Inlandsgeheimdienst nun diese Dissidenten noch mehr in Richtung Straffälligkeit drücken, wie ein erschütternder Bericht der Wochenzeitung *Junge Freiheit* von Anfang September 2020 zeigt.[65] Vorsicht bei der Lektüre: Es erwartet Sie wirklich starker Tobak!

»Der Leiter des nordrhein-westfälischen Verfassungsschutzes, Burkhard Freier, hat vor terroristischen Tendenzen der Corona-Proteste gewarnt.«

Die *Junge Freiheit* zitiert dann Freiers Aussage gegenüber der *Rheinischen Post,* als er sagte, Personen, die gegen die Maßnahmen der Bundesregierung demonstrierten, hätten »offensichtlich das Gefühl, dass man sie bedroht. Daraus kann ein Individual-Terrorismus entstehen – also eine Radikalisierung, ohne in einer realweltlichen Gruppe zu sein.«

In Verbindung mit Verschwörungstheorien drohten dann schwere Anschläge, zeigte sich Burkhard überzeugt. »Wenn dann noch der Eindruck hinzukommt, nicht mehr alleine zu sein, andere denken genauso, dann führt das zu Christchurch, El Paso, nach Halle und nach Hanau«, erklärte er und erinnerte an Terroranschläge der jüngsten Vergangenheit. Dabei habe »immer als ganz wesentliches Motiv eine Verschwörungsideologie im Hintergrund« gestanden.

Daher betrachte seine Behörde die aktuellen Corona-Proteste nicht nur als Ausdruck der Sorge der Bürger. Sie machten deutlich, dass es Personen gebe, die demokratiefeindlich seien. »Diese Proteste sind ein Resonanzboden für Extremisten.«

Diese Aussage macht einmal mehr deutlich, dass sich die Regierenden angesichts der Massenproteste gegen die Corona-Zwangsmaßnahmen im Panikmodus befinden.

Die Angst der Herrschenden vor dem Unmut des Volkes zeigt sich auch im neuen »Versammlungsfreiheitsgesetz«, das die Fraktion der Grünen im September 2020 für das Bundesland Berlin vorgeschlagen hat.[66] Es soll Demonstrationen, je nachdem gegen was oder für was sie demonstrieren, erlauben oder verbieten. Als Begründung wird gesagt, gewaltverherrlichende und rassistische Demonstrationen sollen leichter verboten werden können. Ich habe bisher noch nie von einer gewaltverherrlichenden oder rassistischen Demonstration auf deutschem Boden gehört.

Es handelt sich de facto um eine Sonderbestimmung, die ganz klar gegen die Versammlungs- und Meinungsfreiheit verstößt. Es ist völlig rechtswidrig, das Thema des Protests zu prüfen und – wenn es den Machthabern nicht passt – den Protest nicht zu erlauben. Dadurch wird gegen den Grundsatz »Vor dem Gesetz sind alle gleich« verstoßen.

Schleswig-Holstein hat bereits so ein »Versammlungsverbotsgesetz,« und andere Bundesländer werden sicher folgen.[67]

Deutschland hat ohnehin schon die schärfsten Gesetze, um Demonstrationen einzuschränken. Grundsätzlich muss man diese anmelden und genehmigen lassen. In den USA muss man den Staat nicht

50 Staatsstreich

fragen, ob man demonstrieren darf, denn Meinungsfreiheit hat dort (noch) oberste Priorität.

Nach dem Gesetzesvorschlag kann eine Kundgebung verboten werden, falls sie »geeignet oder dazu bestimmt ist, Gewaltbereitschaft zu vermitteln«, »in ihrem Gesamtgepräge an die Riten und Symbole der nationalsozialistischen Gewaltherrschaft anknüpft« und dadurch »einschüchternd wirkt oder in erheblicher Weise gegen das sittliche Empfinden der Bürgerinnen und Bürger und grundlegende soziale oder ethische Anschauungen verstößt«.[68]

Aber wer entscheidet, was gegen das Empfinden und die Anschauung der Bürger verstößt? Gehört eine Demonstration gegen die Corona-Zwangsmaßnahmen verboten, weil angeblich die Mehrheit der Bevölkerung die Hygiene-Diktatur richtig findet? Oder darf man eine Demonstration nicht durchführen, weil die Gefahr besteht, dass ein Teilnehmer die alte Fahne des Kaiserreichs trägt? Eine Fahne, die im Übrigen nichts mit den Nationalsozialisten zu tun hat – aber wer beschäftigt sich schon noch mit der deutschen Geschichte vor jenen bösen 12 Jahren.

Proteste sind gefürchtet, denn sie decken auf: Die staatlichen Repressionsmaßnahmen fußen auf Lügen – der Lüge von der weltweiten Seuche mit einem todbringenden Virus und der Lüge, dass dieses Virus mit einem zuverlässigen Test nachgewiesen werden kann.

Fragwürdige Tests

Obwohl es bei den Mainstream-Medien keine Erwähnung findet, bestätigt die amerikanische Seuchenschutzbehörde Center for Disease Control (CDC), dass Covid-19 der Grippe ähnelt:

Influenza und Covid-19 sind ansteckende Atemwegserkrankungen, aber sie werden von unterschiedlichen Viren verursacht. Covid-19 wird durch Infektion mit einem neuen Coronavirus (SARS-CoV-2 genannt) verursacht, die Grippe durch eine Infektion mit Influenzaviren. Da einige der Symptome von Grippe und Covid-19 ähnlich sind, kann es schwierig sein, allein aufgrund der Symptome den Unterschied zwischen beiden festzustellen. Um eine Diagnose zu bestätigen, werden möglicherweise Testungen nötig sein.[69]

Wie der Tiefe Staat die alte Ordnung zerstört   51

Diese Tests werden von der CDC so beschrieben:

> Der Covid-19 RT-PCR-Test ist ein Echtzeittest auf der Grundlage der Reverse-Transkriptase-Polymerase-Kettenreaktion (RT-PCR) zum qualitativen Nachweis von Nukleinsäure aus SARS-CoV-2 in Proben der oberen und unteren Atemwege [...] die Personen entnommen wurden, deren medizinischer Betreuer den Verdacht auf Covid-19 festgestellt hat, sowie Proben der oberen Atemwege, die einer beliebigen Person entnommen wurden, so auch einer symptomfreien Person oder einer Person, bei der andere Gründe für den Verdacht auf eine Covid-19-Infektion bestehen.[70]

Etwas verständlicher sind die von der US-Seuchenschutzbehörde bestätigten Kriterien und Richtlinien:

> Die Ergebnisse dienen der Identifizierung von 2019-nCoV-RNA. Dieses Virus lässt sich im Allgemeinen bei einer Infektion in Proben der oberen und unteren Atemwege nachweisen. Positive Ergebnisse indizieren eine aktive Infektion mit 2019-nCoV, schließen aber eine bakterielle Infektion oder eine Co-Infektion mit anderen Viren nicht aus. Der nachgewiesene Erreger ist möglicherweise nicht die endgültige Krankheitsursache. Labore innerhalb der Vereinigten Staaten und ihrer Hoheitsgebiete sind verpflichtet, sämtliche positiven Testergebnisse den zuständigen Gesundheitsbehörden zu melden.
>
> Negative Testergebnisse schließen eine Infektion mit 2019-nCoV nicht aus und sollten nicht als alleinige Basis für eine Behandlung oder andere Entscheidungen im Umgang mit Patienten herangezogen werden. Negative Ergebnisse müssen mit klinischen Beobachtungen, Patientenanamnese und epidemiologischen Informationen kombiniert werden.[71]

Dies bedeutet, dass ein positiver Infektionstest infolge anderer Viren oder anderer Coronaviren zustande kommen könnte (im Zusammenhang mit saisonaler Grippe oder einer Lungenentzündung). Und er schließt laut Seuchenschutzbehörde »eine bakterielle Infektion oder eine Co-Infektion mit anderen Viren nicht aus. Der nachgewiesene Erreger ist möglicherweise nicht die endgültige Krankheitsursache.«

Allein das Vorhandensein »viralen Genmaterials« genügt, um den Fall als »positiv« zu kategorisieren. Weder wird in dem Verfahren

52 Staatsstreich

Covid-19 identifiziert noch isoliert. Was in den Tests auftaucht, sind Fragmente des Virus.

Ein positives Testergebnis bedeutet also nicht, dass man das Virus in sich trägt und/oder dass man das Virus weiter übertragen könnte. Ein negatives Testergebnis bedeutet nicht, dass man das Virus nicht hat. Was die Regierungen wollen, ist, dass die Anzahl positiver Fälle künstlich aufgeblasen wird. Der renommierte Schweizer Immunologe Beda Stadler erklärt das wie folgt:

> Wenn wir also an einer immunen Person einen PCR-Corona-Test durchführen, finden wir nicht ein Virus, sondern einen kleinen zerbrochenen Teil des viralen Genoms. Das Testergebnis wird so lange positiv sein, wie noch kleine zerbrochene Teile des Virus übrig sind. Selbst wenn die infektiösen Viren schon lange tot sind, kann ein Corona-Test positiv ausfallen, weil bei der PCR-Methode selbst ein winziger Teil des genetischen Materials des Virus in ausreichender Menge multipliziert wird (um entdeckt zu werden).[72]

Der belgische Mediziner Pascal Sacré kommt zu ähnlichen Schlussfolgerungen. Die Tests entdecken nach seiner Meinung nur virale Partikel, Genomsequenzen, aber nicht das gesamte Virus.[73] Um die Viruslast quantifizieren zu können, werden diese Sequenzen dann mehrfach amplifiziert in einem Prozess zahlreicher komplexer Schritte, bei denen Fehler, Sterilitätsprobleme und Kontaminationen auftreten können. Außerdem muss ein Test immer mit der Krankenakte des getesteten Patienten verglichen werden, also mit dem Gesundheitszustand des Patienten, um seine Validität (Zuverlässigkeit) zu bestätigen. Die von den Medien verbreiteten positiven PCR-Testergebnisse sagen also nichts aus. Aber sie versetzen die Menschen in Angst vor einer zweiten Covid-19-Welle.

Auch die Zahlen der bestätigten und der mutmaßlichen positiven Covid-19-Fälle sollten angezweifelt werden: Ein positives Ergebnis des einfachen Tests (*presumptive test*) bietet keine Bestätigung für eine Corona-Infektion, denn einfache Tests leisten eine »chemische Analyse einer Probe auf die Wahrscheinlichkeit des Vorhandenseins einer Substanz«. Danach muss das Ergebnis des Tests zur Bestätigung an ein akkreditiertes staatliches Gesundheitslabor geschickt werden.[74]

Auch der Schnelltest, der an Ort und Stelle zum Beispiel in einem Krankenhaus oder einer Arztpraxis vorgenommen wird, liefert kein verwertbares Ergebnis. Mithilfe von Abstrichen werden Proben aus Nase oder Rachen entnommen, die dann vor Ort getestet werden und beinahe unmittelbare Ergebnisse bringen (innerhalb von 30 bis 60 Minuten). Aber dieser Test ist keine Bestätigung für eine Covid-19-Infektion.[75]

Zu welchen diktatorischen Auswüchsen die mangelhaften Tests führen, ist Thema des gesamten Buches. Ich möchte aber an dieser Stelle ein besonders erschütterndes Beispiel herausgreifen: Die behördliche Anweisung, Kinder innerhalb der eigenen Familie zu isolieren und – bei Missachtung dieses staatlichen Übergriffs in das tiefste Familienleben hinein – das Kind »zwangsweise durch Unterbringung in einem abgeschlossenen Krankenhaus [...] abzusondern«[76]. Ich werde an anderer Stelle im Buch weitere Beispiele für die staatlichen Repressalien anführen.

Die Machtübernahme der Staatsmedien

Mithilfe fragwürdiger Tests wurden uns Grundrechte genommen, die freie Meinungsäußerung ausgesetzt und die Medien gleichgeschaltet. Das, was die Massenmedien in der Corona-Krise nahezu geschlossen abliefern, hat mit demokratischem und freiem Journalismus nichts mehr zu tun: Vom Redakteur bei der Tageszeitung oder beim Nachrichtenmagazin über den *Tagesthemen-* oder *heute-*Moderator bis hin zum Mitarbeiter der Presseagentur, zum Rundfunkplauderer, zum Social-Media-Texter, zum Talkshow-Gastgeber – sie alle missachten die Grundprinzipien eines seriösen Journalismus.

Sie bringen offizielle Horrorzahlen unters Volk, ohne zu hinterfragen, wie diese überhaupt zustande kommen. Sie käuen wieder, was einige wenige Experten vom Robert Koch-Institut und der Charité von sich geben, und verunglimpfen die wohlbegründeten, sachlichen Bedenken vieler Ärzte und Wissenschaftler in denunziatorischer Weise. Dazu gleich mehr. Sie werben für Tracking-Apps, ohne den möglichen Missbrauch als Überwachungsinstrument zu thematisieren. Sie befürworten verhängte Ausgangssperren, statt die Einhaltung unserer Grundrechte einzufordern.

54   Staatsstreich

Die obersten Gebote des Pressekodex sind durch Corona abge-schafft worden: Es gibt keine sorgfältige Recherche mehr; der Schutz der Ehre und die Achtung vor der Würde des Menschen sind ver-gessen; das Gegenchecken jeder Informationsquelle ist entfallen; sen-sationsheischende Darstellungen, die überzogene Hoffnungen oder Befürchtungen wecken, werden nicht mehr vermieden, sondern zum bevorzugten Stilmittel. Vergessen ist der einstige Leitsatz kritischer Berichterstattung: »Journalismus heißt, etwas zu drucken, von dem jemand will, dass es nicht gedruckt wird. Alles andere ist Public Rela-tions.«[77] Das Erschütternde an dieser Entwicklung ist, dass mit dieser faktischen Abschaffung des Pressekodex auch ein Stück Demokratie verloren gegangen ist.

Die Medien scheinen sich – das war schon vor Corona in der De-batte um den Klimawandel zu erkennen – nicht mehr dem Journalis-mus verpflichtet zu fühlen, sondern der Propaganda. Diese versucht den Leser, Zuhörer oder Zuschauer durch das Wecken von Ängsten oder Hoffnungen zu manipulieren.

Ein Beispiel: Dr. Wolfgang Wodarg, Facharzt für Innere Medizin, Pneumologie und Sozialmedizin und Facharzt für Hygiene und Um-weltmedizin, löste am Anfang der Corona-Krise mit seiner Kritik an der herrschenden Meinung eine Art Mainstream-Medien-Shitstorm aus. *Spiegel Online* titelte am 20. März: »Die gefährlichen Falschinfor-mationen des Wolfgang Wodarg«. Der *Nordkurier* warnte am 19. März vor »Verschwörungstheorien – Die Corona-Parallelgesellschaft«. Der *Focus* verkündete am 20. März stolz: »Wolfgang Wodarg – Top-Viro-loge Drosten zerlegt wirre Corona-These vom Lungenarzt«.

Man beachte die Wortwahl: Wer von uns will »gefährlichen Falsch-informationen« auf den Leim gehen? Wer will sich mit »Verschwö-rungstheorien« identifizieren? Wer hält sich gerne in einer »Paral-lelgesellschaft« auf oder zieht »wirre Thesen« den Aussagen eines »Top-Virologen« vor? Bei einer solchen Wortwahl geht es um Emo-tionen, nicht mehr um Fakten und ehrliche Diskussionen.

Und jetzt kommen die öffentlich-rechtlichen – durch Zwangsge-bühren finanzierten – Medien ins Spiel. Über sie heißt es im Rund-funkstaatsvertrag in § 11, Abs. 2: »Die öffentlich-rechtlichen Rund-funkanstalten haben bei der Erfüllung ihres Auftrags die Grundsätze der Objektivität und Unparteilichkeit der Berichterstattung, die Mei-

Wie der Tiefe Staat die alte Ordnung zerstört 55

nungsvielfalt sowie die Ausgewogenheit ihrer Angebote zu berücksichtigen.« Davon kann in der Corona-Berichterstattung keine Rede mehr sein:

Die *Tagesschau* brandmarkt Wodarg als »Verschwörungstheoretiker«. Wie dann so ein »Verschwörungstheoretiker« vorgeführt wird, zeigt beispielhaft eine Sendung des ARD-»Nachrichtenmagazins« *Monitor*. Dort wurden dem Flensburger Lungenarzt »fragwürdige Expertisen« und »Vereinfachung« unterstellt, dann wurde die »Verschwörungstheorie« auseinandergenommen.

Sehen wir uns einmal genauer an, von wem: Da war zunächst Annetta Kahane, Chefin der Amadeu Antonio Stiftung – die jährlich mit der stattlichen Summe von 900 000 Euro aus Steuermitteln bezuschusst wird und die Regierung und Menschen im Bereich der politischen Bildung »berät«. Kahane arbeitete in der DDR als IM Victoria der Stasi zu. Eine ihrer Mitarbeiterinnen, ausgerechnet die Beauftragte für Hate Speach bei der Amadeu Antonio Stiftung, Julia Schramm, twitterte: »Bomber-Harris Flächenbrand – Deutschland wieder Ackerland«; »Sauerkraut Kartoffelbrei – Harris Feuer frei!« oder: »Deutschland ist eine Idee – Deutschland darf getötet werden!« Als nächster Experte trat auf: Professor Dr. Michael Butter, ein Literaturwissenschaftler, der sich auf Verschwörungstheorien spezialisiert hat. Butter hat europaweit das Projekt COMPACT gegründet. In diesem Pool sollen Erkenntnisse über Verschwörungstheorien gesammelt und Strategien zu deren Bekämpfung entwickelt werden. Butter hat zum Beispiel die Forschungsarbeit des Schweizer Friedensforschers Daniele Ganser als »Wissenschaftssimulation« bezeichnet.

Doch die Krönung der Auslese stellte die relativ unbekannte Psychologin Pia Lamberty von der Universität Mainz dar. So schrieb sie auf Facebook:

> Verschwörungstheorien zeichnen sich dadurch aus, dass Menschen glauben, dass es eine dunkle Macht gibt, die im Geheimen Böses tut.[78]

In einem Manuskript kommt Lamberty mit ihrem Co-Autor Roland Imhoff zu der Schlussfolgerung, dass es eine signifikante Korrelation zwischen der Neigung zu Verschwörungstheorien und der Vorliebe für alternative Medizin gibt. O-Ton Lamberty:

56   Staatsstreich

Je stärker die Verschwörungsmentalität einer Person ausgeprägt ist, desto mehr befürwortet diese Person alternative Verfahren und umso mehr lehnt sie konventionelle Heilmethoden wie Impfungen oder Antibiotika ab.[79]

Kritik aus der deutschen Wissenschaft

Am 11. September 2020 veröffentlichten zwei Passauer Kulturwissenschaftler, Dennis Gräf und Martin Hennig, eine Studie, die aufzeigt, was kritische deutsche Fernsehzuschauer schon längst wissen: Die inzwischen ungezählten Corona-Sendungen von ARD und ZDF strotzen nur so von medialen Manipulationen im Sinne der Regierungslinie, um Angst, Schrecken und Einschüchterung zu verbreiten.

Gräf und Hennig haben sich zwischen Mitte März und Mitte Mai 2020 mehr als 90 Ausgaben von *ZDF Spezial* und *ARD Extra* nicht nur genau angeschaut, sondern auch anhand von Bild und Wort analysiert.[80] Die wesentlichen Ergebnisse ihrer Studie möchte ich hier mit Katrina Jordan von der Universität Passau kurz wiedergeben:

Krisenerhaltung durch Rhetorik der Krise: Die Krise ist zum einen Thema der Sendungen, zum anderen auch das leitende erzählerische Muster, das durch eine sich wiederholende krisenhafte Bildsprache verstärkt wird.[81]

Die Themen würden »zu einer vollständig negativen Weltsicht übersteigert, die kein primär inhaltliches, sondern ein rhetorisches Phänomen bildet« – und die Legitimation für weitere Sondersendungen in dichter Taktung liefere.[82] »Gerade in der Darstellung der Auswirkungen auf private Familiensituationen wird ein Leistungsideal betont, das um außerfamiliäre Werte wie Produktivität, Effizienz und Pflichterfüllung kreist […] Das Familienleben in der Krise verkommt so zur Nicht-Zeit, die schon darüber abgewertet ist, dass sie nicht den üblichen gesellschaftlichen Maximen folgt«, resümiert die Studie.

Die beiden Forscher verweisen auf »die Bildwelten apokalyptischer Endzeiterzählungen« – zum Beispiel Bilder verwaister Orte und Geschäfte oder das »aus Virenthrillern gespeiste Motiv des zeitlichen Wettlaufs um die Entwicklung eines Impfstoffes«.

Gräf und Hennig fanden in den von ihnen untersuchten Sendungen keinerlei tiefergehende Kritik an den von der Politik getroffenen Maßnahmen. Die grundsätzliche Annahme, dass die Maßnahmen verhältnismäßig, angemessen und zielführend seien, würde nur selten hinterfragt.[83] Schön, dass nun eine wissenschaftliche Studie so präzise und empirisch abgesichert bestätigt, was Sie, lieber Leser, und ich schon lange wussten.

Manipulation durch die Macht der Bilder

Die »Leitmedien« setzen bewusst auf Massenpsychologie. Seit dem Ausbruch von Covid-19 in Deutschland zeigen sie immer wieder Bilder von Särgen – mitunter in langen Reihen –, in denen man die am Coronavirus Verstorbenen abtransportiert. Dabei wurden auch alte Filmaufnahmen aus früheren Jahren verwendet – natürlich ohne dies kenntlich zu machen. Auch die immer wieder gezeigten Aufnahmen der Beatmungsmaschinen auf den Intensivstationen mobilisieren die Ängste des Betrachters.

Untermauert werden diese Bilder durch die bewusste Verwendung besonders angsteinflößender Wortschöpfungen wie »Killervirus« oder »todbringende Seuche«. Auch spricht man von einem unvermeidlich zu führenden »Krieg gegen das Virus«, von einem »Kampf auf Leben und Tod«, in dem wir uns schon bald befinden würden.

Das Nachrichtenmagazin *Der Spiegel* zeigte – um nur ein Beispiel zu nennen – am 21. März auf seinem Titelbild eine große Turnhalle mit leeren Feldbetten, eine Art Lazarett – ein Horrorszenario in düsteren Farben, das Assoziationen von Massenflucht oder Krieg weckt. Die Titelzeile dazu lautete: »Der Kampf hat begonnen – wie gut Deutschlands Kliniken für den Corona-Ansturm gerüstet sind«.

Das ist nur ein Beispiel für die Propaganda, die landauf, landab betrieben wird. Und der Erfolg dieser Propaganda ist gewaltig: Die einschneidenden Maßnahmen der Regierung stießen in der Bevölkerung Deutschlands auf breite Zustimmung.[84] Eine von den Meinungsforschungsinstituten ermittelte Mehrheit der Bundesbürger hätten sogar gern noch stärkere Einschränkungen gesehen.[85]

Mit der Macht der Bilder und deren Wirkung auf die Einbildungskraft der Menschen befasste sich der französische Wissenschaftler

Gustave Le Bon schon vor über hundert Jahren. Adolf Hitler hat übrigens in seinem Buch *Mein Kampf* ganze Passagen von Le Bon abgeschrieben. Le Bon erkannte, dass sich die große Masse der Menschen am besten durch die Verwendung von wirkungsvollen Bildern beeinflussen lässt, und hob dabei »die Leichtigkeit« hervor, mit der dies praktiziert werden könne.

In seinem Buch *Psychologie der Massen* schrieb er, dass die meisten Menschen »in Bildern denken«, weshalb sie sich auch »nur durch Bilder beeinflussen« ließen. »Nur diese schrecken oder verführen sie und werden zu Ursachen ihrer Taten«, schrieb er weiter.[86] Als treffendes Beispiel für seine Theorie nannte Le Bon dann »die große Influenza-Epidemie, an der [...] in Paris fünftausend Menschen innerhalb weniger Wochen starben«[87]. Den Tod so vieler Menschen habe aber damals die Öffentlichkeit kaum wahrgenommen. Auch habe dieser Tod – wie Le Bon hervorhob – »auf die Volksfantasie« überhaupt nur einen geringen Eindruck gemacht. Den Grund für dieses Verhalten erkannte er vor allem darin, dass es von diesem Massensterben keinerlei eindrucksstarke Bilder gab, die die Menschen hätten erregen können, sondern nur »die täglichen statistischen Berichte«[88].

Die Schilderung Le Bons stimmt genau mit der heutigen Wahrnehmung der jedes Jahr an Influenza sterbenden Menschen überein. Erinnern Sie sich etwa noch an die Grippewelle 2017/18, die allein in Deutschland Tausende mehr Leben kostete als die Covid-19-Influenza?

Die Medizinische Universität Wien meldet weltweit »290 000 bis 650 000 Todesfälle pro Jahr«, die ausschließlich »auf influenzabedingte Atemwegserkrankungen zurückzuführen sind«[89]. Im letzten Jahrzehnt gab es nach Angaben des Robert Koch-Instituts (RKI) allein in Deutschland mehrfach über 20 000 »influenzabedingte Todesfälle« pro Jahr[90]. Nur hat die Öffentlichkeit diese hohen Todesfallzahlen nicht wahrgenommen, weil diese in der Berichterstattung der Medien nicht auftauchten – meist nicht einmal als kalte, nüchterne Statistik. Eine sich wiederholende Präsentation von Bildern mit den Särgen der zahlreichen Opfer fand nicht statt. Die Öffentlichkeit sah – wie schon die Pariser Bevölkerung zu Zeiten Le Bons – keinen Anlass für eine besondere Erregung.

Le Bon nennt neben der Beeinflussung durch Bilder noch einen weiteren interessanten Aspekt zur wirksamen Beeinflussung der öf-

Wie der Tiefe Staat die alte Ordnung zerstört   59

fentlichen Meinung: die Wiederholung. Eine in der Öffentlichkeit geäußerte Meinung oder Behauptung hat seiner Ansicht nach »nur dann wirklichen Einfluss, wenn sie ständig wiederholt wird, und zwar möglichst mit denselben Ausdrücken«[91]. Das ständig Wiederholte setzt sich »in den tiefen Bereichen des Unbewussten fest, in denen die Ursachen unserer Handlungen verarbeitet werden. Nach einer Zeit, wenn wir vergessen haben, wer der Urheber der wiederholten Behauptung ist, glauben wir schließlich daran.«[92]

Die Medien werden zum Handlanger der Regierung, indem sie fantasieerregende Bilder und ständige Wiederholungen einsetzen. Le Bon: »Die Kunst, die Einbildungskraft der Massen zu erregen, ist die Kunst, sie zu regieren«[93].

Nur wenige aus der eigenen Branche protestieren – wie zum Beispiel der Medienwissenschaftler Otfried Jarren, bis Ende 2018 Professor am Institut für Kommunikationswissenschaft und Medienforschung der Universität Zürich und Präsident der Eidgenössischen Medienkommission in der Schweiz. Er wirft im Pressedienst *epd medien* dem öffentlich-rechtlichen Fernsehen vor, seit Wochen immer die gleichen Experten und Politiker als Krisenmanager auftreten zu lassen. Dadurch inszeniere das Fernsehen zugleich Bedrohung und exekutive Macht und betreibe »Systemjournalismus«. Kritiker blieben außen vor.

Auch der Medienjournalist Andrej Reisin ist entsetzt. Im Portal *Übermedien* kritisiert er, die Medien spielten den verlängerten Arm der Regierung. Er nennt als Beispiel die Kampagne »Wir gegen das Virus« der *Tagesschau* in sozialen Medien.

Im *Deutschlandfunk* bemängelte die Medienjournalistin Vera Linß, dass sich viele Journalisten momentan anscheinend dazu verpflichtet fühlten, die Krisenstrategie ihrer Regierung weitgehend kritiklos zu transportieren – »als eine Art Service-Journalismus«.

Warum die Redaktionen und ihre Mitarbeiter die Corona-»Pandemie« so tatkräftig propagieren, mag vielleicht daran liegen, dass Covid-Promoter Bill Gates mit seiner Bill & Melinda Gates Foundation zahlreiche Medienprojekte in den USA und in Europa finanziert. Die französische Zeitung *Le Monde* erhielt im vergangenen Jahr Zuwendungen in Höhe von 1,9 Millionen Euro, die deutsche Wochenzeitung *Die Zeit* über 300 000 Euro. Auch *Der Spiegel* wird von der

60　Staatsstreich

Gates-Stiftung unterstützt – für das Reportageprojekt »Globale Gesellschaft« erhielt das Magazin nach eigenen Angaben insgesamt rund 2,3 Millionen Euro.[94]

Ein politisch unkorrekter Professor

In einem bemerkenswerten, 22 Seiten langen Interview mit dem Webportal *rubikon* hat Rainer Mausfeld, ehemaliger Professor für Allgemeine Psychologie an der Universität Kiel, die Thematik der Manipulation durch die Medien und des Demokratieabbaus in Zeiten von Corona aufgegriffen.[95] Zunächst erklärt Mausfeld in dem Interview, wie die derzeitigen Verhältnisse entstanden sind. Er sagte:

> Mit der neoliberalen Gegenrevolution, die gerade darauf zielt, alle zivilisatorischen Errungenschaften der Aufklärung ein für allemal zu beseitigen, wurde auch eine der größten zivilisatorischen Errungenschaften gegen die Barbarei, also gegen ein Recht des Stärkeren, de facto beseitigt, nämlich die Demokratie als radikale Vergesellschaftung von Herrschaft. Dadurch ist in den vergangenen Jahrzehnten die Asymmetrie der Machtverhältnisse zwischen den Zentren der Macht und den Machtunterworfenen so groß geworden, dass sich Macht wieder ungehindert und zügellos entfalten kann.

Zu dieser gigantischen Asymmetrie der Macht gehöre auch, dass sich die eigentlichen Zentren der Macht immer abstrakter organisiert und sich global so vernetzt hätten, dass sie grundsätzlich jeder demokratischen Kontrolle und Rechenschaftspflicht entzogen seien.

In dem Aufsatz mit dem Titel »Phänomene eines ›Tiefen Staates‹ als Erscheinungsformen des autoritären Kapitalismus«[96] hatte Mausfeld die These vertreten, die repräsentative Demokratie diene seit alters her dem ausdrücklichen Zweck, »dem Volk die Befähigung zu einer Selbstgesetzgebung ebenso abzusprechen wie überhaupt das Recht, ein eigenständiger politischer Akteur zu sein«. Die eigentlichen Zentren der Macht, wie etwa die großen Medienkonzerne, seien für die Bevölkerung weitgehend unsichtbar und demokratisch nicht abwählbar; sie unterlägen keiner öffentlichen Rechenschaftspflicht und seien in extremer Weise autoritär organisiert.

Die tatsächlichen Zentren politischer Macht lägen nach bekannten Untersuchungen weit außerhalb jeder demokratischen Kontrolle und würden zugleich praktisch alle grundlegenden politischen Entscheidungen bestimmen. Vorliegende empirische Analysen liefern nach Mausfeld den Beweis dafür, »dass westlich-kapitalistische Demokratien tatsächlich eine neuartige Form totalitärer Herrschaft darstellen«. Ähnliches sagt Mausfeld in seinem *rubikon*-Interview:

Sie [die wirklichen Machthaber, Anm. d. Verf.] haben dem Volk die Souveränität einer Selbstgesetzgebung entzogen und sich selbst eine legislative Souveränität gegeben. Auf diese Weise haben sich mittlerweile die Zentren der Macht und insbesondere transnationale Großkonzerne zu Selbstversorgern mit Gesetzen gemacht. Dazu bedarf es keines systematischen Plans, denn es ist der Macht immanent, dass sie danach drängt, sich zu stabilisieren und auszuweiten; Macht kann immer nur durch eine Gegenmacht begrenzt werden. Und daran mangelt es gegenwärtig. Denn diejenigen, die die Macht haben, können sich auch den Geist kaufen, der benötigt wird, um Manipulationstechniken zu entwickeln, mit denen sich auf der Klaviatur unseres Geistes spielen lässt.

So wurden in vielen Jahrzehnten mit gewaltigen finanziellen Mitteln und unter massiver Beteiligung von Sozialwissenschaften und Psychologie Techniken der Soft-Power-Bevölkerungskontrolle entwickelt, also Techniken der Indoktrination, des Empörungsmanagements, der Dissenskontrolle, der Spaltung sozialer Bewegungen, der Erzeugung von Apathie und moralischer Gleichgültigkeit, der sozialen Narkotisierung durch Konsumismus und eine mediale Überflutung mit Nichtigkeiten, et cetera, et cetera – ein riesiges Arsenal des Demokratiemanagements im immerwährenden Kampf der wenigen Besitzenden gegen die Masse der Nichtbesitzenden. Diese Techniken sind mittlerweile nahezu zur Perfektion getrieben worden, und wir alle sind, ob wir uns dessen bewusst sind oder nicht, mehr oder weniger von ihnen geprägt.[97]

In einem Beitrag für das Buch *Die Öko-Katastrophe* führte Professor Mausfeld bereits aus, dass die »Herrschenden grundsätzlich versuchen, alle an die Wurzeln ihrer Machtverhältnisse gehenden Lösungen zu verhindern, weshalb sie darauf abzielen, soziale Bewegungen, die sich möglicherweise zu einer kritischen Masse formen und somit

62 Staatsstreich

politisch wirksam werden könnten, präventiv zu spalten und zu neutralisieren«[98].

Zu Hilfe komme den Mächtigen dabei, dass es in unserer Psyche
Kräfte gebe, die unser Handeln mitbestimmen, so Mausfeld weiter im
rubikon-Interview: »Beispielsweise unsere natürliche Neigung, unseren eigenen Lebensstandard zu bewahren und zu rechtfertigen, also
unsere Status-quo-Neigung. […] Oder unsere Neigung, Konflikte mit
den als mächtig Angesehenen möglichst zu vermeiden. All diese natürlichen Neigungen sind in ihren Bedingungsvariablen in der Psychologie gut erforscht und lassen sich gezielt für Manipulationen nutzen.«

Nach Mausfeld hat der Mensch die »natürliche Neigung«, kom-
plexe gesellschaftliche Phänomene in konkret sinnlich erfassbaren
Kategorien oder auf der Basis von Personalisierungen zu verstehen.
»Diese Neigungen lassen sich sehr wirksam manipulativ nutzen, um
die Aufmerksamkeit auf Ablenkziele zu richten […] Ablenkthemen,
die in der Corona-Krise aus Sicht der Herrschenden gut geeignet sind,
emanzipatorische Bewegungen zu spalten und Veränderungsenergien
zu neutralisieren, sind beispielsweise technische virologische und sta-
tistische Probleme oder Fragen nach der Rolle von Bill Gates, so be-
rechtigt diese Themen als solche in der Sache auch sein können.«[99]

Und weil die Macht nicht mehr durch demokratische Kontrolle
eingehegt und durch eine Gegenmacht begrenzt sei, seien auch die
mit ihr verbundenen Manipulationsinstrumente nahezu unbegrenzt.
Denn: »Ökonomische Macht kann sich beliebig Manipulationsmacht
kaufen. Nicht nur in Form von Think Tanks und Medien. Sie kann sich
durch vielfältige Möglichkeiten eines Offerierens von Vorteilen die
Unterstützung wichtiger wirtschaftlicher, sozialer und politischer Eli-
tengruppen sichern. Und dabei darauf vertrauen, dass es unter jeder
Herrschaftsform stets genügend Intellektuelle, Wissenschaftler und
Journalisten gibt, die bereit sind, sich wie Eisenspäne in den jeweiligen
Kraftfeldern der Macht auszurichten.«[100]

Damit kommt Mausfeld zur Rolle der Medien, die er folgender-
maßen definiert:

Medien dienen grundsätzlich nicht der Verbreitung der Wahrheit, sondern den politischen und ökonomischen Interessen derjenigen, in deren Besitz sie sind. Zu diesen Interessen kann dann auch gehören, dass

Medien sich bei Themen, die an der Peripherie von Machtinteressen liegen, um eine wahrheitsgetreue Berichterstattung bemühen, um in der Bevölkerung die Illusion ihrer Unabhängigkeit und Glaubwürdigkeit zu fördern.[101]

In seinem 2018 erschienenen Buch mit dem Titel *Warum schweigen die Lämmer? – Wie Elitendemokratie und Neoliberalismus unsere Gesellschaft und unsere Lebensgrundlagen zerstören* hatte Mausfeld bereits darauf hingewiesen, dass eine objektive Berichterstattung der Massenmedien in kapitalistisch organisierten Gesellschaften durch bestimmte Filter verhindert werde. Diese Filterung führe zu einer Einschränkung des öffentlichen Debattenraums, also des in einer Gesellschaft Denk- und Sagbaren.[102]

Unter dem Aspekt von Manipulationstechniken gehört für Mausfeld der Begriff »Fake News« zu den »besonders wirksamen Methoden, durch die sich im Kopf ein Nebel der Verwirrung erzeugen lässt«. In seinem ausführlichen *rubikon*-Interview sagt Mausfeld, mit einer Fake-News-Strategie lasse sich die für jedes rationale Denken wichtige Unterscheidung von »wahr« und »falsch« so zersetzen, dass intellektuelle Bemühungen, herauszufinden, welche Behauptungen über die gesellschaftliche Welt eigentlich wahr sind, schlicht irrelevant werden. »Es geht dann nicht mehr um Wahrheit, sondern nur noch darum, wer die Macht hat, seinen eigenen Standpunkt zur Wahrheit zu erklären und alles andere als Fake News zu ächten und aus dem Debattenraum auszugrenzen.« Propagandakonzepte wie Fake News hätten die Funktion, abweichende Meinungen zu stigmatisieren und zugleich überhaupt unsere Befähigung zu einem rationalen Denken zu zersetzen. Mausfeld fährt fort:

Übrigens gilt Gleiches für den aktuell wieder besonders beliebten Ausdruck »Verschwörungstheoretiker«. In der Sache ist der Ausdruck Verschwörungstheoretiker ohne Sinn – und wer ihn im politischen Kontext verwendet, ohne Verstand. Das ist in diesem Bereich freilich kein Manko, denn hier geht es um Macht. Wie wirksam sich der Ausdruck Verschwörungstheoretiker zum Schutz von Machtverhältnissen verwenden lässt, kann man tagtäglich in politischen Auseinandersetzungen beobachten. Dankenswerterweise offenbaren Medien allein dadurch, dass sie diesen

64   Staatsstreich

Ausdruck in einem solchen Ausgrenzungssinne verwenden, wie hemmungslos sie sich in den Dienst der Stabilisierung herrschender Machtverhältnisse stellen.

Ich werde zum Thema Verschwörungstheorien weiter unten die erschütternde Hetzjagd gegen »Mister Dax« Dirk Müller als Beispiel heranziehen. Zur Corona-Krise sagte Mausfeld:

> Vermutlich werden nach der Corona-Krise, bei der sich ja mehrere Krisen sehr unterschiedlicher Art verbinden, die soziale Ungleichheit und die Umverteilung von unten nach oben und von Süd nach Nord noch einmal sehr viel größer werden, auch werden sich die Konzentrations- und Monopolisierungsprozesse in der Wirtschaft beschleunigen.
>
> Zu den bedrohlichsten Entwicklungen wird gehören, dass die Methoden digitaler Überwachung und der Repression einen gewaltigen Entwicklungsschub erfahren werden, denn diejenigen, die von solchen totalitären Entwicklungen profitieren, werden dieses einzigartige globale Feldexperiment für ihre Interessen zu nutzen wissen. Die gigantische Asymmetrie der Machtverhältnisse, die sich globalisiert immer abstrakter organisiert und somit einer sinnlichen Erfassung und auch jeder demokratischen Kontrolle und Rechenschaftspflicht entzogen haben, sowie die nahezu perfektionierten Techniken eines Dissens- und Empörungsmanagements machen die Aussichten auf emanzipatorische Verbesserungen heute schlechter als je zuvor.[103]

Wie kritisch Denkende zum Schweigen gebracht werden

Wie Kritiker mundtot gemacht werden sollen, zeigt ein prominentes Beispiel: Bestsellerautor Dirk Müller, bekannt auch als »Mister Dax«, weil er früher von der Börse berichtete, hatte in seinem 2018 erschienenen Buch *Machtbeben* »die Macht der Plutokraten«[104] analysiert und davon gesprochen, dass wir uns längst »auf dem Weg in die Kleptokratie« befinden, also in eine Gesellschaftsordnung, in der die Diebe und Plünderer das Ruder übernommen haben.

Klar, dass die wirklich Mächtigen und ihre Helfer in der Politik solche Töne nicht gern hören – umso weniger, da sich das Buch zu einem der erfolgreichsten politischen Bestseller des Jahres 2018 entwickelte. Müllers mit Hunderten Fußnoten gründlich belegter Text

Wie der Tiefe Staat die alte Ordnung zerstört   65

stand seit seinem Erscheinen 3 Monate lang ununterbrochen in den Top 10 der *Spiegel*-Bestsellerliste. Höchste Zeit also, den Mann unter Feuer zu nehmen.

Diesen Job erledigte die *Süddeutsche Zeitung,* wo auf der prominenten Seite 3 ein langer Rufmordartikel mit der reißerischen Überschrift: »›Mr. Dax‹ und das Geschäft mit der Angst« erschien.[105] Müller erfuhr nach der Artikelveröffentlichung von einem ehemaligen Kollegen, dass die Zeitung im Rahmen ihrer Artikelrecherche bei diesem angerufen hatte und Müllers Ex-Kollegen am Telefon immer wieder dazu bringen wollte, doch zu bestätigen, dass Müller irgendwie »rechts« sei. Dies gelang zwar nicht, dennoch erweckt die Zeitung nun genau diesen Anschein.

Dirk Müller wehrte sich in einer langen Gegendarstellung, die freilich nicht veröffentlicht wurde, und kam darin zu dem Schluss:

Ich habe an dieser Stelle jeden Respekt vor der *Süddeutschen Zeitung* verloren, die einst ein honoriges Schwergewicht der Deutschen Medienlandschaft war. Aber wer einem solchen offensichtlichen Rufmordartikel schwächster journalistischer Ausprägung die wichtigste Seite 3 der ganzen Zeitung einräumt, weiß genau, was er tut – und das entscheidet bei der *Süddeutschen* nicht der Praktikant, davon kann man ausgehen.[106]

Müller hatte seine Gegendarstellung auf seiner eigenen Website gepostet, weil es sich bei dem Artikel in der SZ um »Rufmord in Reinkultur« handele, »wie ihn derzeit viele kritische Personen in Deutschland erleben«. Müller weiter: »Da ich im Gegensatz zu den meisten – noch – die Möglichkeit habe, eine breite Öffentlichkeit zu erreichen, habe ich mich entschlossen, den Verlauf und die Details hier stellvertretend für all jene, die sich nicht wehren können, öffentlich zu machen. Ich möchte zeigen, mit welchen perfiden Methoden hier sehr gezielt unliebsame Kritiker mundtot gemacht werden sollen.«

Der Reporter der SZ habe ihn, so Müller, im Interview auf die Besucher seines Vortrags vor 800 Zuhörern angesprochen mit dem Satz: »Mir ist aufgefallen, dass unter Ihren Zuschauern viele AfD-Anhänger waren.« Als Müller fragte, woran der Reporter dies erkannt haben wolle, ob diese bedruckte T-Shirts trugen oder Fahnen geschwenkt hätten, meinte dieser: »Das war so mein Eindruck.« So weit zu einer sorgfältigen journalistischen Recherche.

Natürlich wird Müller in dem Hetzbeitrag der Alpen-Prawda auch mit der Antisemitismus-Keule geschlagen. In wenigen Sätzen wird er ohne Beleg als »nationalistisch, antiamerikanisch und antisemitisch« diffamiert. Denn er hätte es gewagt, im Zusammenhang mit dem französischen Präsidenten Emmanuel Macron das Bankhaus Rothschild zu erwähnen (hat der *Spiegel* auch getan ... ist der *Spiegel* etwa antisemitisch?). Wie genau hätte Müller das Bankhaus Rothschild benennen sollen, ohne das Wort »Rothschild« zu verwenden? Etwa: »Macron war für das Bankhaus tätig, dessen Name nicht genannt werden darf«!?

Weiter schrieb der SZ-Journalist: »An anderer Stelle taucht, wie aus dem Nichts, der Investor George Soros auf, dessen jüdische Familie die Besetzung Ungarns durch die Nazis überlebt hat [...] da haben sie, platt gesagt, den nächsten Juden, der ins Spiel kommt.«[107]

Müller schreibt in seiner Replik, dass im Buch *Machtbeben* das Wort »Jude« oder »jüdisch« kein einziges Mal vorkommt: »Warum? Weil es mir vollkommen egal ist, wessen religiösen Glaubens jemand ist. Ich beurteile jeden Menschen einzig nach seinen Worten und Taten.« Müller fragt, ob denn jeder Mensch jüdischen Glaubens und jede Institution, die von Menschen jüdischen Glaubens geleitet wird, automatisch unfehlbar sind und – egal, was sie tun – nicht kritisiert und noch nicht einmal erwähnt werden dürften. Genau das war mir selbst – ich habe es bereits erwähnt – in dem Hetzbeitrag der FAZ widerfahren. Müller in seiner Gegendarstellung:

Aber genau hierin steckt auch die perfide Strategie dieser Leute. Wenn man jemanden nur oft genug mit Dreck bewirft, wird schon etwas hängenbleiben. Man muss eine Lüge nur oft genug wiederholen, dann wird sie geglaubt. [...] Wie viele Leser des Artikels der *Süddeutschen* werden in der Zukunft im Hinterkopf haben: »Müller? Da war doch irgendwas mit Antisemitismus!« So funktioniert Rufmord. Böse, intrigant und wirkungsvoll. So macht man unbequeme Personen tot, wenn die Argumente fehlen.

Für Müller war der Artikel in der SZ »ein abgekartetes Spiel. Ein von vornherein konzeptionierter Versuch des Rufmordes an einem unbequemen Kritiker der Medien und der Politik, wie wir es sonst nur aus totalitären Staaten kennen. Es ging nie darum, ein ausgewogenes Bild zu gewinnen. Es war von Beginn an klar, was der Artikel bewirken muss und welche Anschuldigungen da rein müssen, um ihre Wirkung zu erzielen: ›Stellt ihn in die rechte Ecke, egal wie.‹« Müllers Resümee:

Die Medien haben als »vierte Gewalt« die Aufgabe, die Eliten und die Politik zu kontrollieren und zu kritisieren. Sie sollen die Bevölkerung gegen Missstände mobilisieren, um so Machtmissbrauch der Eliten zu verhindern. Wenn ein Teil dieser Medien aber vom Kontrolleur der Macht zum Sprachrohr der Macht wird, dann brechen dunkle Zeiten an, denn von nun an ist dem Machtmissbrauch Tür und Tor geöffnet. Wenn einige dieser Medien aber sogar zur Schlägertruppe der Macht werden und jene Kritiker, die die eigentliche Aufgabe der Medien noch wahrnehmen, verbal niederknüppeln, dann haben wir wahrlich dunkle Zeiten. Alle aufrechten Journalisten und Medien, die es noch immer in großer Zahl gibt, sollten alles in ihrer Macht Stehende tun, um sich gegen solche Entwicklungen ihrer Zunft zur Wehr zu setzen, die die ganze Branche in pauschalen Misskredit bringen. Die Leser sollten ihrerseits Ihre Konsequenzen ziehen und aufbegehren gegen solche immer häufiger zu beobachtenden infamen Versuche der Lesermanipulation zum Schaden der Gesellschaft, wo immer sie ihnen begegnen.

Das Beispiel Dirk Müller zeigt, wie Kritiker mundtot gemacht werden sollen. Ein weiterer Fall soll belegen, dass diesen Kritikern – schon vor Corona – die Möglichkeit genommen wurde, ihre Anschauungen vorzustellen. Mir sind zahlreiche weitere Beispiele bekannt, die ich aber hier, auch aus Gründen des Persönlichkeitsschutzes, nicht nennen möchte.

Ende November 2019 drohte Hauke Doerk im Namen des gemeinnützigen »Umweltinstituts München e. V.« und des breiten Bündnisses »München muss handeln« dem NH Hotel München Ost empfindlichen Schaden für den Fall an, dass es an seinen vertraglichen Pflichten gegenüber dem Europäischen Institut für Klima und Energie (EIKE) festhält. Die Begründung: EIKE gefährde die Menschenrechte und die Demokratie, indem es Zweifel an der herrschenden Lehre vom Klimanotstand säe. Gefährdet also jeder die Demokratie, der eine andere als die herrschende Meinung vertritt?

68   Staatsstreich

In einem Offenen Brief schrieb das Umweltinstitut München:

> Wir möchten Sie herzlich bitten, der Konferenz von EIKE keine Räumlichkeiten zur Verfügung zu stellen, da diese Organisation gefährliche Propaganda verbreitet und unseren demokratischen Grundwerten entgegensteht. EIKE leugnet den menschengemachten Klimawandel, täuscht Wissenschaftlichkeit vor, verbreitet gezielt Desinformationen und versucht, Einfluss auf Parteien sowie die öffentliche Meinung zu nehmen. EIKE arbeitet unter anderem mit dem Heartland Institute in den USA zusammen, einer maßgeblich von Geldern der Öl- und Gasindustrie finanzierten Organisation, die auf Desinformation und Zweifel setzt und damit über Jahrzehnte wirksamen Klimaschutz zum Schaden der Bevölkerung verhindert hat. Pseudowissenschaftliche Organisationen wie EIKE liefern hierzulande die Grundlage für die klimapolitischen Positionen der AfD. Die AfD leugnet ebenfalls alle gesicherten wissenschaftlichen Erkenntnisse zur globalen Klimakrise und stellt sich der dringend notwendigen ambitionierten Klimapolitik entgegen. Sie ist außerdem eine Partei, in der rassistische, faschistische, antisemitische und frauenfeindliche Positionen geduldet oder direkt vertreten werden. In Zeiten der Klimakrise den wissenschaftlichen Konsens des menschengemachten Klimawandels zu leugnen und zu bekämpfen verhindert dringend notwendige Lösungen für die Klimakrise und gefährdet so unser aller Zukunft.
>
> Bereits im letzten Jahr fand die Konferenz in Ihren Räumlichkeiten statt. Einer der Teilnehmer wurde gegenüber einem Reporter der ARD handgreiflich. In einem Artikel im *Tagesspiegel* vom 18.09.2019 wird eine Sprecherin Ihrer Unternehmensgruppe mit dem Satz »Ein Leugnen des menschengemachten Klimawandels ist mit den Wertevorstellungen der NH Hotelgruppe nicht vereinbar« zitiert.
>
> Hiermit appellieren wir als UmweltschützerInnen, aber auch als VertreterInnen einer offenen Gesellschaft der Solidarität an Sie, Ihren Worten Taten folgen zu lassen und Klimawandel-LeugnerInnen keinen Raum mehr zu geben. Bitte laden Sie EIKE aus.

> Vielen Dank und herzliche Grüße,
> Dr. Hauke Doerk
> Umweltinstitut München e.V.[108]

Das NH-Hotel beteuerte seine tiefe Abneigung gegen die »Klima-
leugnenden« Hypothesen der EIKE-Tagungsteilnehmer und kündigte
den Saalmietvertrag. Zensur fand also schon vor Corona statt. Die
freie Meinungsäußerung – eine der Grundlagen der Demokratie – ist
schon lange zu Grabe getragen worden in Deutschland. Aber wo keine
andere als die herrschende Meinung gedacht werden darf, da hört
auch bald das Denken auf.

Dass nicht nur die Kritiker (»Leugner«) im eigenen Land zum
Schweigen gebracht werden sollen, sondern auch Regierungen anderer Länder – wenn sie denn nicht dem verordneten Narrativ folgen –,
zeigt das Beispiel Weißrussland.

Weißrussland: Unruhen, Kredite und Corona

Kaum gab es im Sommer 2020 Demonstrationen gegen den mutmaß-
lichen Wahlbetrug in Belarus, da veröffentlichten die Mainstream-
Medien Stellungnahmen westlicher Akteure, die sich bereits in der
Ukraine und Georgien für einen Regime Change eingesetzt hatten.
Die EU solle »Druck machen für Neuwahlen« in Belarus, forderte
etwa ein langjähriger führender Politiker von Bündnis 90/Die Grü-
nen. Wie Ralf Fücks, Ex-Vorstand der Heinrich-Böll-Stiftung, seit 2017
Geschäftsführer der transatlantischen Denkfabrik »Zentrum Liberale
Moderne«, behauptete, operiere die Union in den Machtkämpfen in
Belarus nicht offensiv genug. Man solle die belarussische »Zivilgesell-
schaft« systematisch fördern; auf diese Weise ließen sich prowestliche
Milieus in dem Land, das sehr enge Beziehungen zu Russland unterhält, mit Millionensummen fördern.[109]

Auch der französische Aktivist und Publizist Bernard-Henri Lévy
machte sich für ein Eingreifen des Westens stark. In Wilna traf er
mit der belarussischen Oppositionsführerin Swetlana Tichanowskaja
zusammen – »dem Gesicht der Opposition gegen den Tyrannen Lukaschenko«, wie er auf Twitter schrieb. Lévy ist der Meinungsmacher
und Anteilseigner der einflussreichen Tageszeitung *Libération* und –
wie George Soros – ein glühender Verfechter sogenannter Farben-
revolutionen in Osteuropa.

Schon 2008 forderte Lévy in einem offenen Brief an Angela Merkel und den damaligen französischen Präsidenten Nicolas Sarkozy

70   Staatsstreich

die Aufnahme Georgiens und der Ukraine in die NATO.[110] Auf dem Höhepunkt der Maidan-Revolte in der Ukraine 2014 plädierte er in einem weiteren Aufruf für die Unterstützung des Aufstandes durch die EU. Die Tugenden des Widerstands, die den Geist Europas ausmachten und die ein Franzose, General de Gaulle, auf ihren Höhepunkt geführt habe, »diese Tugenden habt ihr in diesen blutigen Tagen mit Leben erfüllt«, schrieb er damals in dem Text, der in deutscher Übersetzung in der FAZ erschien.

Und weiter: »Ich verneige mich vor eurem Mut und sage euch noch freudiger als zuvor: Willkommen in unserem gemeinsamen Haus!«[111]

Amtsinhaber Alexander Grigorjewitsch Lukaschenko, seit 26 Jahren Präsident des Landes zwischen NATO-Staaten und Russland, hatte wohl einen schweren politischen Fehler begangen, als er für die Präsidentschaftswahlen keine Wahlbeobachter der OSZE einlud. In früheren Wahlen, als er gegen eine zerstrittene Opposition sicher im Sattel saß, war das nicht der Fall. So erreichte er vor 10 Jahren und von ausländischen Wahlbeobachtern unbestritten rund 79 Prozent der Stimmen.

Die 80 Prozent vom 9. August 2020 konnten also problemlos infrage gestellt werden. Allerdings: Auch das Ergebnis seiner Herausforderin Swetlana Tichanowskaja, welche diese Zahl ebenso für sich beanspruchte und demzufolge aus dem litauischen Exil heraus Anspruch auf das Präsidentenamt erhob, ist mit derselben Berechtigung zu hinterfragen. Dennoch beschloss die EU am 19. August 2020, die Wahl nicht anzuerkennen, stellte sich – auch mit Finanzhilfen – hinter die Oppositionsführerin und forderte wieder einmal einen Regimewechsel.

Aber ging es bei der ganzen Affäre nur um einen Bündniswechsel des Landes hin zu EU und NATO? Oder waren ganz andere Faktoren im Spiel, die mit Gleichschaltung beziehungsweise Ausschaltung Andersdenkender zu tun haben?

Kaum beachtet von den westlichen Mainstream-Medien, gab der weißrussische Präsident am 19. Juni 2020 bekannt, dass die Weltbank und der Internationale Währungsfonds (IWF) die Vergabe von Krediten in Höhe von 940 Millionen US-Dollar als sogenannte Schnellfinanzierung an Weißrussland an bestimmte Voraussetzungen geknüpft

Wie der Tiefe Staat die alte Ordnung zerstört   71

haben, die er jedoch als »nicht akzeptabel« befand. Wörtlich sagte Lukaschenko: »Was sind die Anforderungen unserer Partner? Wir hören zum Beispiel die Forderung, unsere Coronavirus-Reaktion an die Italiens anzupassen. Ich möchte nicht, dass sich die italienische Situation in Weißrussland wiederholt. Wir haben unser eigenes Land und unsere eigene Situation. […] Sie sind bereit, uns zehnmal mehr zu finanzieren, als ursprünglich angeboten wurde, als Lob für unseren effizienten Kampf gegen dieses Virus. Die Weltbank hat sogar das Gesundheitsministerium gebeten, die Erfahrungen zu teilen. Unterdessen fordert der IWF weiterhin Quarantänemaßnahmen, Isolation und Ausgangssperre von uns. Das ist Schwachsinn. Wir werden nach niemandes Pfeife tanzen.«[112]

Es verwundert nicht, dass dieser Bestechungsversuch der Weltbank und des IWF, über den »finanziellen Kredithebel« Weißrussland auf die Seite der Lockdown-Staaten zu bewegen, nicht in unseren Mainstream-Medien thematisiert wurde. Er wirft jedoch ein anderes Licht auf die aktuelle Entwicklung in Weißrussland und deren mediale Aufbereitung bzw. auf die politischen Stellungnahmen dazu.

Offenbar wird Lukaschenko gerade abgestraft, weil er sich gegen die Agenda der Pandemie gestellt hat und daher gestürzt werden muss. Der vom Westen gehasste Präsident und sein Land sind zu einer Gefahr für das weitere Ausrollen der Pandemie-Strategie geworden. Warum also nicht an Lukaschenko ein Exempel statuieren, dass man sich nicht ungestraft gegen die Pläne von Gates, Soros und Co. stellt? Ganz klassisch nach dem Motto: Bestrafe einen und erziehe Tausende.

Der Bestechungsversuch gegenüber Lukaschenko ist indes nicht die Ausnahme, sondern die Regel während der angeblichen Corona-Pandemie. Auf der offiziellen Website des IWF[113] wird aufgeführt, wie viel Geld Staaten erhalten haben, die den Corona-Wahnsinn mitmachen. Die Seite ist überschrieben mit: »Covid-19 Financial Assistance and Debt Service Relief«, was beweist, dass diese Summen im Zusammenhang mit dem gewünschten Corona-Lockdown stehen. Es geht hierbei auch um einen nicht unerheblichen Schuldenerlass. Die »Hilfsgelder« belaufen sich auf knapp 88 Milliarden US-Dollar. Die Summe der Schuldenerlasse beträgt insgesamt 251 Millionen US-Dollar. Interessanterweise steht die Ukraine für Europa mit 5 Milliarden an der Spitze, aber auch andere Staaten haben beachtliche Summen

72 Staatsstreich

erhalten: Pakistan (1,4 Milliarden), das Ölland Nigeria (3,4 Mrd.), Südafrika (4,3 Mrd.), Chile (24 Mrd.), Kolumbien (10,8 Mrd.) und Peru
(11 Mrd.). Insgesamt 100 Länder haben »Hilfen« oder Schuldenerlass
erhalten.

NEUSTART

Wie Vermögen umverteilt und die Weltwirtschaft neu gestartet wird

DER CLUB DER REICHSTEN Menschen und der größten Konzerne dieser Erde will den »Great Reset«, den Großen Neustart der Weltwirtschaft. Dieser Club ist das Weltwirtschaftsforum (World Economic Forum, WEF), nach seiner Eigenbeschreibung »die internationale Organisation für öffentlich-private Zusammenarbeit«.[114]

Gegründet wurde das WEF – das Kritiker auch als das »Politbüro des Kapitalismus« bezeichnen – vom »Mastermind« des Neustarts. Sein Name ist Klaus Schwab. Der gebürtige Ravensburger war von 1972 bis 2003 Professor für Unternehmenspolitik der Uni Genf. Schon 1971 gründete er den Vorläufer des heutigen WEF. Seit 50 Jahren zieht der Deutsche von der Schweiz aus mithilfe dieser Organisation seine Fäden. Seit Jahren pilgern fast alle wichtigen Regierungschefs der Welt zum jährlichen Treffen nach Davos, um den Konzernen und Milliardären ihre Aufwartung zu machen. Seit Jahren fördert die Weltbank nur noch solche Entwicklungsprojekte, an deren Umsetzung die Mitgliedsunternehmen dieses Clubs Geld verdienen können. Seit Jahren sind die Vereinten Nationen (UN) abhängig vom Geld der Mitglieder des WEF-Clubs und können praktisch nichts mehr tun, was deren Interessen nicht fördert oder ihnen gar zuwiderläuft.

Seit Jahren öffnet der Internationale Währungsfonds (IWF) mit seinen Krediten und den damit verbundenen Auflagen für die globalen Unternehmen des Clubs die Türe zu den hochverschuldeten Ländern und deren Ressourcen.

Der kurze Film, den das WEF zur Einstimmung auf den Großen Neustart veröffentlicht hat, bildet den Istzustand der Welt in einer hektischen Abfolge verstörender Szenerien ab: Müllhalden, Epidemien, Proteste gegen Ungleichheit, Umweltzerstörung … Dann wird auf einem alten Computer auf den Resetknopf gedrückt, und plötzlich ist alles gut. Bilder von Fischschwärmen im blauen Ozean, schöne grüne Landschaften, glückliche Babys …[115]

Dann geht es in dem Video direkt weiter mit den ganz großen Namen: Klaus Schwab, der britische Thronfolger, die Chefin des Internationalen Währungsfonds und der Generaldirektor der Vereinten Nationen werben für den Großen Neustart.

UNO-Generalsekretär Guterres und Prinz Charles predigen den Frieden auf Erden und eine harmonische Gesellschaft in Einklang mit der Natur. IWF-Chefin Georgieva will die digitale Spaltung überwinden, damit die US-Digitalkonzerne in jedem Winkel der Welt Geld verdienen können.

Dann erklärt der Chef von Mastercard, Ajay Banga, die Unternehmen müssten am Neustart Geld verdienen können. Dafür brauche man »enormes Vertrauen zwischen dem privaten und dem öffentlichen Sektor, das sehr schwer zu erreichen ist«. Aber inzwischen gebe es, Corona sei Dank, mehr von diesem Vertrauen. Die Staaten vertrauten den Unternehmen inzwischen viel mehr Daten zur freien Verarbeitung an.

Klaus Schwab sieht sich – das zeigt dieser Film – am Ziel seiner Träume, nämlich »alle Stakeholder der globalen Gesellschaft in eine Gemeinschaft mit gemeinsamen Interessen, Zielen und Handlungen zu integrieren«.[116]

Um innovative Vorschläge zur Verbesserung der Lebensbedingungen zu sammeln, hat das WEF ein Netzwerk von knapp 10 000 »Global Shapers« in 428 Städten (Hubs) und 148 Ländern aktiviert.[117] Und die wiederum sollen Menschen, die in Unternehmen, Politik und Kultur einflussreich werden könnten, identifizieren, miteinander vernetzen und an das WEF heranführen.

Diese Global Shapers sollen im Einzugsbereich ihres Hubs auch solche Menschen identifizieren, die nennenswerte Reforminitiativen vorantreiben.

Der kurze Weg zum »Großen Neustart«

Das WEF hat schon seit Jahren einen globalen Neubeginn propagiert, den Klaus Schwab »The Great Reset« nennt. Zum Beispiel hatte Christine Lagarde, damals geschäftsführende Direktorin des IWF, 2014 beim jährlichen Treffen in Davos zu einem »Reset« (Neustart) der Geldpolitik und des regulatorischen Umfelds des Finanzsektors sowie zu Strukturreformen der Weltwirtschaft aufgerufen.[118] Denn laut Lagarde sei das jetzige System nicht stabil; immer wieder entstünden Blasen; es gebe weltweit mehr als 200 Millionen Arbeitslose und das Wirtschaftswachstum sei zu langsam.

Im darauffolgenden Jahr 2015 wurde im September die bereits am Anfang des Buchs erwähnte »Agenda 2030« der Vereinten Nationen vorgestellt, und mit ihr 17 Hauptziele, die sogenannten »Ziele für nachhaltige Entwicklung«. Diese »Agenda 2030« wurde von den 193 Mitgliedern der UN verabschiedet – am selben Tag, an dem die Vereinten Nationen ihren 70. Jahrestag feierten.

Claire Melamed, die 2015 Direktorin der globalen Denkfabrik Overseas Development Institute war, erklärte gegenüber der BBC, als die »Ziele für nachhaltige Entwicklung« unterzeichnet wurden:

Wenn sie erreicht werden sollen, brauchen wir enorme Mengen Geld. Wir werden sehen müssen, dass Regierungen sich völlig anders verhalten. Wir werden sehen müssen, dass Unternehmen ihre Geschäftspraktiken komplett ändern. Es ist machbar, aber die Frage ist, ob wir das auch wirklich wollen.[119]

Melamed ist jetzt Geschäftsführerin der »Global Partnership for Sustainable Development Data«. Zu den Finanzierungspartnern der Organisation gehört die Bill & Melinda Gates Foundation, die wiederum eine prominente Organisation bei den Bemühungen um einen Impfstoff zur Immunisierung von Menschen gegen Covid-19 ist – wie wir später sehen werden.

Im Dezember 2015 folgte bereits der nächste Streich: das Pariser Klimaabkommen. Das Neue daran war: Es war das erste universelle und rechtsverbindliche Abkommen zu diesem Thema. Und es sollte – unter dem Deckmantel der Begrenzung der globalen Erwärmung – die globale Wirtschaft verändern. Denn es sollen fortan »angemessene Finanzströme, ein neuer technologischer Rahmen und ein verbesserter Rahmen für den Aufbau von Kapazitäten geschaffen [werden], wodurch die Maßnahmen der Entwicklungsländer und der am stärksten gefährdeten Länder im Einklang mit ihren eigenen nationalen Zielen unterstützt werden«.[120]

76   Neustart

Bisher haben 189 der 197 Länder, die an der Pariser Konferenz teilnahmen, das Abkommen ratifiziert. Im Oktober 2016 wurde dann die erforderliche Schwelle erreicht, damit das Abkommen in Kraft treten konnte, auch wenn US-Präsident Donald Trump verkündete, die USA würden aus dem Abkommen aussteigen.

Das WEF war aber mit der »Agenda 2030« und dem Pariser Klimaabkommen noch nicht am Ende seiner Träume angelangt. Denn der globale Neuanfang war nur der erste Schritt. Nun rief Schwab die »Vierte Industrielle Revolution (4IR)« aus. Es ist die digitale Revolution, bei der die Technologien, die die physische, digitale und biologische Sphäre verkörpern, zusammenkommen. Sie vereint Künstliche Intelligenz, Robotik, Nano- und Biotechnologie und soll alle Interessengruppen des globalen Gemeinwesens mit einschließen: den öffentlichen und privaten Sektor, die Wissenschaft und die Zivilgesellschaft. Des Weiteren soll sie zum Aufstieg der Blockchain-Technologie und zu einer globalen Regierung führen.

Für WEF-Chef Klaus Schwab ist diese Revolution eine »Symbiose zwischen Mikroorganismen, dem menschlichen Körper, den von Menschen konsumierten Produkten und den von uns bewohnten Gebäuden«.[121] Der Mensch soll nicht mehr nur Nutzer der Technologie sein, sondern sowohl mit der digitalen als auch mit der biologischen Welt verschmelzen (Stichwort »Transhumanismus« – siehe unten). Aber nicht nur der Mensch, auch die Produktion von Waren steht damit vor großen Veränderungen: 4IR wird die Produktions-, Management- und Verwaltungssysteme radikal verändern.

Nach der Vision von Klaus Schwab wird es sich um eine wirkliche Revolution handeln, denn die menschliche Identität, die Privatsphäre, die Vorstellungen von Eigentum, die Konsummuster, die Zeit für Arbeit und Freizeit, die Art und Weise, wie wir uns als Individuen entwickeln und wie wir Menschen begegnen und Beziehungen pflegen – all das wird sich ändern müssen, um der 4IR gerecht zu werden. Covid-19 und die danach eingeleiteten Maßnahmen weisen bereits in diese Richtung.

2019 konkretisierte Schwab die 4IR, indem er ein neues Schlagwort setzte: »Globalisierung 4.0: Gestaltung einer neuen Architektur im Zeitalter der Vierten Industriellen Revolution«.[122] Schwab betonte, dass »unsere Gesundheits-, Transport-, Kommunikations-, Produktions-, Verteilungs- und Energiesysteme – um nur einige zu nennen – völlig umgestaltet werden [müssen]«. Zur Bandbreite der Transformation gehöre auch ein globales digitales Währungsnetzwerk. Schwab weiter:

> Die Globalisierung 4.0 hat gerade erst begonnen, aber wir sind schon jetzt bei Weitem nicht ausreichend auf sie vorbereitet. An einer überholten Denkweise festzuhalten und an unseren bestehenden Prozessen und Institutionen herumzubasteln, wird nicht ausreichen. Vielmehr müssen wir sie von Grund auf neu gestalten, damit wir die neuen Möglichkeiten, die sich uns bieten, nutzen können, ohne dass es zu Störungen kommt, wie wir sie heute erleben.[123]

Schwab kommt zu dem Schluss: »Bereit oder nicht. Eine neue Welt steht uns bevor.«[124]

Der Krieg gegen das Bargeld

Fünf Monate nach der Ankündigung einer »neuen Welt« durch Schwab führte die Bank für Internationalen Zahlungsausgleich (BIZ) ein neues Konzept mit dem Namen »BIZ-Innovationszentrum« ein, das auch als »Innovation BIZ 2025 (BIS Innovation Hub)« bekannt ist.

Bei der Vorstellung des Innovationszentrums sprach der BIZ-Generaldirektor Agustín Carstens von einer »Neugestaltung der Finanzlandschaft« nach »den Narben, die die Finanzkrise hinterlassen hat«. Gemäß Carstens sei es jetzt an der Zeit, die Arbeitsweise der Zentralbanken zu reformieren.[125]

Zentrales Anliegen des BIZ-Innovationszentrums ist die Schaffung einer digitalen Zentralbankwährung (Central Bank Digital Currency, CBDC). Im Klartext heißt das Abschaffung materieller Vermögenswerte wie Banknoten und Münzen sowie Einführung von digitalem Geld, das von den Zentralbanken ausgegeben wird. In vielen Ländern arbeiten die Zentralbanken daran, Digitalwährungen einzuführen.

Die Better Than Cash Alliance, zu deren Gründern auch die Bill & Melinda Gates Foundation gehört, macht Propaganda für das digitale Geld.[126] Auch die Europäische Zentralbank (EZB) entwickelt eine digitale Währung, wie ihr »Working Paper« vom Januar 2020[127] zeigt.

78   Neustart

Beim elektronischen Bezahlen werden riesige Datenmengen über das Verhalten, die individuellen Eigenschaften und die Persönlichkeit eines Individuums gesammelt, mit Künstlicher Intelligenz (KI) ausgewertet und in riesigen Datencentern gespeichert, ob es dem Kunden passt oder nicht – wie Ross Clark in seinem Buch *The War Against Cash*[128] im Detail ausführt.

Das heißt: Was wir kaufen, wo wir kaufen, wie viel und wie oft wir kaufen, lässt sich dann in Sekundenbruchteilen abrufen. Ohne Bargeld kann unser gesamtes Leben kontrolliert werden und uns jederzeit der Zugang zu unserem Geld verwehrt werden.

Einige Ideen, was man mit einer digitalen Währung alles anstellen könnte, hat der Club of Rome jüngst aufgeführt.[129] Dort heißt es unter Punkt 2 der zehn dringenden Aktionen für die kommende Transformation: »Besteuern Sie, was wir nicht wollen«, und Punkt 8 spricht von einer »sofortigen Einigung auf eine Halbierung der Konsum- und Produktionsfußabdrücke in Industrie- und Schwellenländern«.

Transhumanismus: Die Züchtung des neuen Menschen

Bevor ich gleich wieder auf die Wirtschaft zurückkomme, möchte ich noch die in WEF-Kreisen diskutierte Ideologie des Transhumanismus etwas näher beleuchten. »Trans« bedeutet im Lateinischen »jenseits« oder »darüber hinaus« – und genau darum geht es bei diesem Denkansatz: Der Mensch soll über sich hinauswachsen, die Grenzen der Biologie einreißen und sich mit allen verfügbaren Mitteln optimieren.

Zwei Forscher sind in diesem Zusammenhang zu nennen. Der erste heißt Raymond Kurzweil. Er ist ein US-amerikanischer Autor und Erfinder. Von ihm stammt unter anderem der erste Flachbettscanner. Bekannt ist Kurzweil aber vor allem als Vertreter der Singularity-Bewegung, deren Anhänger glauben, dass Mensch und Computer bald verschmelzen werden. Der zweite Forscher heißt Roland Benedikter. Der Südtiroler ist Forschungsprofessor für Multidisziplinäre Politikanalyse am Willy-Brandt-Zentrum der Universität Wrocław/Breslau, Vollmitglied des Club of Rome sowie Mitautor zweier White Papers des Pentagons und des US-Generalstabs über die Zukunft von Neurotechnologie und Neurokriegsführung (2013 und 2014). Er sagt, die

Wie Vermögen umverteilt wird   79

Technik zeichne sich nun als konkrete politische Kraft ab, doch das traditionelle Politische sei darauf kaum vorbereitet.[130]

Der Start des Google-Projekts Calico (Devise: »den Tod beenden«), die Intensivierung der BRAIN-Initiative und die Gründung der »Transhumanistischen Partei« durch den Bestsellerautor Zoltan Istvan in den USA waren 2014 Schritte auf dem Weg zu einer »transhumanistischen« Gesellschaft.

Transhumanisten sehen sich in der Tradition des Humanismus und der Aufklärung. In der transhumanistischen Denkweise hat der Mensch die moralische Pflicht, sein Erbgut so zu verändern, dass künftige Generationen über einen leistungsfähigeren, weniger krankheitsanfälligen Körper verfügen.

Daher fördern Transhumanisten alle Wissenschaften, die den Menschen klüger, gesünder, glücklicher und stärker machen können: Genomik, Neurowissenschaft, Robotik, Nanotechnologie und Künstliche Intelligenz (KI oder im Englischen: Artificial Intelligence, AI). Die Neurowissenschaft etwa soll Wege finden, gezielt mentale Zustände zu erzeugen, eine Art Glück auf Knopfdruck.

Führende AI-Wissenschaftler wie Ray Kurzweil erwarten, dass die Künstliche Intelligenz bis 2045 zur Entwicklung einer »technologischen Singularität« führen wird. Dann wird die Künstliche Intelligenz jene des Menschen überholen und sich dann laufend selbst verbessern. Diese Entwicklung soll zu einem sich selbst bewussten, intelligenten Wesen führen. Kurzweil prognostiziert, dass in 20 bis 30 Jahren das menschliche Gehirn eingescannt, auf einen Computer hochgeladen und simuliert werden könne. Der Geist würde als Software weiterleben, vom biologischen Verfall befreit.

Daneben gibt es Forschungen in Richtung »Hybridisierung« von Mensch und Technologie mittels »Brain-Computer-Interfaces« (BCIs) und »Brain-Machine-Interfaces« (BMIs), die beide Direktverschaltungen des Gehirns mit Computern und Maschinen darstellen.

Maßgeblichen Anteil an dieser Entwicklung haben die Singularity University auf dem NASA-Gelände Moffet Federal Airfield nahe Palo Alto, einer 2008 von Google-Chefingenieur Ray Kurzweil mit gegründeten Universität, und das Future of Humanity Institute der Universität Oxford, das Fördermittel von Finanziers und Großsponsoren aus

80   Neustart

den USA und Europa erhält, darunter aus der globalen Technologie-Wirtschafts-Avantgarde in Silikon Valley.

Weitere Pläne der Transhumanisten sind eine Lebensverlängerung des menschlichen Gehirns unabhängig vom menschlichen Körper (Kopfverpflanzung) und eine Replikation des menschlichen Geistes per Computer- und KI-gestütztem Algorithmensystem.

Direkte Gehirncomputer und Gehirn-Maschine-Schnittstellen sind in Medizin, Wissenschaft und Militär bereits Standard. Die Steuerung von Maschinen durch Gedanken (etwa von Rollstühlen) gerät zur Routinerealität.

Der Transhumanismus geht davon aus, »dass Technik Gott ablösen wird« und »Human Enhancement« eine ganz neue Phase körperbezogener Spiritualität auslösen wird. Der Gesundheitsbereich wird in dieser Entwicklung – neben dem Mobilitätsbereich – eine Vorreiterrolle spielen. Ist die Medizin deswegen schon einmal dank Corona in eine zentrale gesellschaftliche Position gehoben worden? Beide Bereiche, Gesundheit und Mobilität, könnten sich unter dem Eindruck der »menschlichen Optimierung« rasch verändern: vom bisherigen »Heilen des kranken Körpers« zur »Verbesserung des gesunden Körpers« und vom Transportieren des Bewusstseins des Menschen in Schöpfungen der KI.

Dazu kommt eine umfassende Automatisierung, die nach Schätzung internationaler Organisationen wie der OECD und der Vereinten Nationen bereits in den kommenden 10 Jahren mindestens ein Drittel aller bisher von Menschen betriebenen Industrie- und Dienstleistungsarbeitsplätze durch eine Kombination von Maschinen mit Künstlicher Intelligenz ersetzen wird – was den Effekt der technologischen Umwälzung sozial verstärken wird.

Die Ankündigung der weltweit größten Autobauer, VW und Toyota, massiv in diese Richtung gehen zu wollen, ist nur der erste Schritt in einem bevorstehenden Umbruch.

Als Folge dieses Umbruchs wird die Verteilung von Produktionserträgen an die Öffentlichkeit neu konzipiert werden müssen, wie es der »technoprogressive« Strang der »transhumanistischen Bewegung« – darunter James J. Hughes (Institute for Ethics and Emerging Technologies), Nick Bostrom (Future of Humanity Institute, Universität Oxford) oder Zoltan Istvan – für angloamerikanische Verhältnisse fordert. Zu dieser

Umverteilung gehören auch ein bedingungsloses Grundeinkommen, allgemein zugängliche öffentliche Gratisbildung, universale Gratisgesundheitsversorgung und kostenloser allgemeiner Zugang zu Technologie und Bildung als grundlegendes Menschen- und Bürgerrecht. Finanziert werden soll das mit den Produktivitätsleistungen von Automatisierung und Künstlicher Intelligenz, die nach Expertenerwartungen in ihrer Kombination deutlich billiger als Menschen produzieren können und demzufolge größere Überschüsse hervorbringen werden.

Die Menschheit sollte – wie von führenden Transhumanisten beim »Weltzukunftskongress 2045« programmatisch eingefordert – alle Hoffnungen auf Technologie setzen, um Hunger und Unterentwicklung, illiberale Gesellschaftsformen, Kriege und Unruhen zu beenden sowie Gleichheit und Frieden herzustellen.

Die Technik werde eine neue Welt, eine Weltzivilisation – also auch eine Weltregierung? – hervorbringen, wozu bisherige Politik, Religion und Kultur nicht in der Lage gewesen seien.

Die ökonomische Weltregierung

Schauen wir uns einmal die Struktur des WEF etwas näher an. Da gibt es einmal die »Strategischen Partner« – die höchste Stufe für einen Teilnehmer. Zu ihnen gehören zum Beispiel die Bill & Melinda Gates Foundation und der Pharmariese Johnson & Johnson. Nur einhundert globale Unternehmen sind Strategische Partner, und um sich für eine Einladung zu qualifizieren, müssen sie alle eine »Übereinstimmung mit den Werten des Forums (alignment with forum values)« aufweisen. Darüber hinaus gestalten Strategische Partner »die Zukunft durch einen umfassenden Beitrag zur Entwicklung und Umsetzung von Forumsprojekten und zur Förderung des öffentlich-privaten Dialogs«.[131]

Daneben gibt es die »Strategic Partner Associates (Assoziierte Strategische Partner)«, die Kategorie, unter die zum Beispiel NBCUniversal Media und andere globale Unternehmen fallen. Dem WEF zufolge setzen sich die Strategic Partner Associates auch für die »globale Bürgerschaft der Unternehmen (corporate global citizenship)« ein.

Es folgen die »Partner«, zu denen zum Beispiel Marriott International gehört. Die Partner werden vom WEF als »Unternehmen von

82   Neustart

Weltrang« beschrieben, die ein »starkes Interesse an der Entwicklung systemischer Lösungen für Schlüsselherausforderungen« haben.

Am Ende der Teilnehmerkette gibt es noch die »Associate Partners (Assoziierte Partner)«. Sie nehmen an den »Forumsgemeinschaften (forum communities)« teil und haben »ein starkes Interesse an der Bewältigung von Herausforderungen, die sich auf den Betrieb und die Gesellschaft als Ganzes auswirken«.

Jede wichtige Branche in der Welt – sei es das Bankwesen, die Landwirtschaft, das Gesundheitswesen, die Medien, der Einzelhandel, das Reise- und Tourismusgewerbe – ist durch die Mitgliedschaft von Unternehmen direkt mit dem Weltwirtschaftsforum verbunden und damit auch mit seiner »Strategischen Informationsplattform (Strategic Intelligence Plattform)«.

Diese Plattform soll »ihnen [den Unternehmen, Anm. d. Verf.] helfen, die globalen Kräfte, die im Spiel sind, zu verstehen und fundiertere Entscheidungen zu treffen«.

Das WEF ist immer auf der Suche nach neuen Mitgliedern, die Teil dieser Plattform werden wollen, indem sie der »Neuen Siegergemeinschaft (New Champions Community)« beitreten. Aber sie müssen »sich an den Werten und Bestrebungen des Weltwirtschaftsforums im Allgemeinen orientieren«. Durch die »Strategische Informationsplattform« können sich Unternehmen als globale Pioniere in einem sich rasch verändernden politischen und technologischen Umfeld positionieren, verspricht das WEF.

Die Plattform wird »gemeinsam mit führenden Themenexperten aus der Wissenschaft, von Denkfabriken und internationalen Organisationen co-kuratiert«.

Diesen Co-Kuratoren kommt eine zentrale Bedeutung zu, weil sie »ihre Expertise mit dem umfangreichen Netzwerk von Mitgliedern, Partnern und Mitgliedern des Forums sowie mit einem wachsenden öffentlichen Publikum teilt«.

Mit anderen Worten: Wenn die Co-Kuratoren etwas sagen, werden die Mitglieder und Partner des Weltwirtschaftsforums genau zuhören. Und daraus leitet sich ein Großteil der Agendagestaltung des WEF ab.

Wer sind nun diese Co-Kuratoren? Gegenwärtig gehören dazu die Harvard University, das Massachusetts Institute of Technology (MIT), das Imperial College London, die Universitäten Oxford und Yale und der Europäische Rat für Auswärtige Beziehungen.

Es war das MIT, das im März 2020 einen Artikel mit dem Titel »We're Not Going Back to Normal (Wir werden nicht mehr zur Normalität zurückkehren)« veröffentlichte.[132] Ich habe den Artikel bereits in einem früheren Kapitel erwähnt. Er erschien übrigens just zu dem Zeitpunkt, als weltweit die Covid-19-Schließungen eingeführt wurden. Der MIT-Artikel zitierte einen Bericht des Co-Kurators Imperial College London, in dem die Verhängung härterer Maßnahmen zur sozialen Distanzierung befürwortet wurden, falls die Zahl der Krankenhauseinweisungen in die Höhe schnellen sollte, und verkündete: »Die soziale Distanzierung wird weit mehr als nur ein paar Wochen andauern. Sie wird unsere Lebensweise auf den Kopf stellen, in gewisser Weise für immer.«

Neben den Co-Kuratoren gibt es »Inhaltspartner (Content Partners)«, die laut WEF »durch die maschinelle Analyse von mehr als 1000 Artikeln pro Tag aus sorgfältig ausgewählten globalen Denkfabriken, Forschungsinstituten und Verlagen unterstützt werden«.[133]

Zu diesen »Inhaltspartnern« gehören die Universitäten Harvard und Cambridge, die Rand Corporation, das Chatham House (auch bekannt als das Royal Institute of International Affairs), der Europäische Rat für Außenbeziehungen und das Brookings Institute.

Die Art und Weise, wie die »Strategische Informationsplattform« strukturiert ist, bedeutet, dass die Teilnehmer umso mehr »Plattformebenen« nutzen können, je höher ihre Position im WEF ist. Während »Strategische Partner« mindestens fünf Plattformebenen angehören, haben »Assoziierte Partner« nur Zugang zu einer einzigen Plattformebene ihrer Wahl.

Einige dieser Plattformebenen, die das Weltwirtschaftsforum bereitstellt, sind:

- Covid-19-Aktionsplattform
- Die Zukunft der Technologie-Governance gestalten (Blockchain- und verteilte Ledger-Technologien)
- Die Zukunft der neuen Wirtschaft und Gesellschaft gestalten
- Die Zukunft des Konsums gestalten

84   Neustart

- Die Zukunft der digitalen Wirtschaft und neue
  Wertschöpfung gestalten
- Die Zukunft der Finanz- und Währungssysteme gestalten
- Die Zukunft der Technologie-Governance gestalten
  (Künstliche Intelligenz und Maschinelles Lernen)
- Die Zukunft des Handels und der globalen wirtschaftlichen
  Interdependenz gestalten
- Die Zukunft von Städten, Infrastruktur und städtischen
  Dienstleistungen gestalten
- Die Zukunft von Energie und Materialien gestalten
- Die Zukunft von Medien, Unterhaltung und Kultur gestalten

Neben den wichtigen Co-Kuratoren gibt es auch noch die Kuratoren der Organisation. Drei davon sind Kristalina Georgieva, die derzeitige geschäftsführende Direktorin des IWF, Christine Lagarde, Präsidentin der EZB, und der ehemalige Gouverneur der Bank of England, Mark Carney. Auch die Trilaterale Kommission ist unter den Kuratoren vertreten, und zwar durch Larry Fink und David Rubenstein.

Letztendlich will das WEF mit allen »führenden Persönlichkeiten aus Politik, Wirtschaft, Kultur und anderen Bereichen der Gesellschaft globale, regionale und industrielle Agenden gestalten«.[134]

So wie die Bank für Internationalen Zahlungsausgleich (BIZ) als Forum fungiert, um Zentralbanken unter einem Dach zusammenzubringen, so spielt auch das WEF die gleiche Rolle, indem es Wirtschaft, Regierungen und Zivilgesellschaft zusammenbringt.

Das WEF erklärt sich selbst als »Katalysator für globale Initiativen«. Und es sind Initiativen wie eben »The Great Reset«, die »Vierte Industrielle Revolution« und »Globalisierung 4.0«, die sich laut WEF durch »die aktive Teilnahme von Persönlichkeiten aus Regierung, Wirtschaft und Zivilgesellschaft« auszeichnen.[135]

Das Narrativ der Vierten Industriellen Revolution (4IR) wurde bereits 2016 entwickelt. Das WEF erklärte damals, dass aufgrund der 4IR »im Laufe des nächsten Jahrzehnts Veränderungen zu beobachten sein werden, die die Weltwirtschaft mit einer noch nie dagewesenen Geschwindigkeit, einem noch nie dagewesenen Ausmaß und einer noch nie dagewesenen Kraft durchströmen werden. Sie werden ganze Produktions-, Verteilungs- und Konsumsysteme verändern.«[136]

Nicht nur das, die Welt stehe kurz davor, »im nächsten Jahrzehnt mehr technologische Veränderungen zu erleben, als wir sie in den letzten 50 Jahren erlebt haben«. 4IR wird als eine technologische Revolution beschrieben, bei der der Fortschritt in allen Wissenschaften »keinen Aspekt der globalen Gesellschaft unberührt lassen wird«.[137]

Und wie ihre globalen Pendants, die BIZ und die Trilaterale Kommission, pflegt das WEF seine Agenda schrittweise und versucht, seinen Fokus auf die Langfristigkeit und nicht auf »die Notfälle des Tages (the emergencies of the day)« zu richten. Oder in den eigenen Worten des WEF: »Erfolg misst sich nicht nur an den unmittelbaren Ergebnissen – wir verstehen, dass echter Fortschritt Zeit und nachhaltiges Engagement erfordert.«[138]

Der »Globale Ökonomische Neustart« kommt 2021

Der Neustart ist – ausgehend von den Diskussionen des WEF – im Grunde die nächste Stufe bei der Bildung eines Eine-Welt-Wirtschaftssystems und einer möglichen Weltregierung. Dies scheint im Einklang mit den Lösungen zu stehen, die während der bereits erwähnten Pandemiesimulation namens »Event 201« erarbeitet wurden; der Simulation einer Coronavirus-Pandemie, die von der Bill & Melinda Gates Foundation und dem Weltwirtschaftsforum nur 2 Monate vor dem echten Ereignis Anfang 2020 abgehalten wurde.[139]

Das Szenario war: Ein neuartiges zoonotisches Virus wird von Fledermäusen über Schweine auf den Menschen übertragen, wandert dann von Mensch zu Mensch und führt zu einer schweren Pandemie. Zwar gelingt es anfangs einigen Ländern, den Ausbruch unter Kontrolle zu bringen, doch am Ende verbreitet sich das Virus, und »wahrscheinlich kann kein Land mehr die Kontrolle behalten«.

Die Krise erreicht ihren Höhepunkt nach 18 Monaten, als 65 Millionen Menschen sterben und schwere wirtschaftliche und gesellschaftliche Auswirkungen eintreten. »Die Pandemie setzt sich fort, bis es einen wirksamen Impfstoff gibt oder bis 80-90 Prozent der Weltbevölkerung dem Virus ausgesetzt waren.«[140]

Die Übung »Event 201« sollte laut ihren Veranstaltern davor warnen, dass »die nächste schwere Pandemie nicht nur große Krankheiten und Verluste an Menschenleben verursachen wird, sondern auch

große kaskadenartige wirtschaftliche und gesellschaftliche Folgen auslösen könnte, die erheblich zu den globalen Auswirkungen und zum
globalen Leid beitragen könnten«. Die in »Event 201« durchgespielte
Pandemie traf zufälligerweise in Form von Covid-19 ein – nur wenige
Wochen nach dem Ende von »Event 201«.

Drei Institutionen standen an der Spitze der Simulation: das Weltwirtschaftsforum, das Johns Hopkins Center for Health Security und
die Bill & Melinda Gates Foundation. Alte Bekannte, die vor allem seit
März 2020 weltweit als Taktgeber bei der Pandemie Covid-19 agieren.

Durch das WEF wurde der »Große Neustart« als Antwort auf
Covid-19 ins Leben gerufen, wie die Gruppe selbst sagt. Das Johns
Hopkins Center for Health Security war dank seines neu gegründeten Coronavirus Resource Center die Anlaufstelle für die Anzahl der
weltweiten Infektionen und Todesfälle. Und dann gibt es noch die
Bill & Melinda Gates Foundation, die eine treibende Kraft hinter den
Bemühungen um einen neuen Impfstoff ist, an dem weltweit geforscht
wird und der global verbreitet werden soll. Dazu mehr in einem späteren Kapitel.

»Event 201« bestand aus fünfzehn Akteuren. Davon sind sechs direkte Partner des Weltwirtschaftsforums. Einer davon ist die Bill & Melinda Gates Foundation, die anderen fünf sind Marriott International
(Hotels), Henry Schein (medizinische Versorgung), Edelman (Kommunikation), NBCUniversal Media und Johnson & Johnson.

»Event 201« schlug vor, eine der besten Lösungen zur Bekämpfung einer Pandemie sei die Einrichtung einer zentralisierten globalen
Wirtschaftsbehörde, die die finanzielle Reaktion auf das Coronavirus
bewältigen könnte. Das stimmt auffallend mit den globalen Neustart-
plänen des IWF und des WEF überein: ein globales Wirtschaftssystem
auf der Grundlage einer bargeldlosen digitalen Gesellschaft.

Als Christine Lagarde 2014 zum ersten Mal über den Neustart zu
sprechen begann (siehe oben), hielt sie auch eine sehr merkwürdige
Rede vor dem National Press Club, in der sie fröhlich über Numero-
logie und die »magische Zahl 7« zu schwärmen begann.[141] Wollte sie
darauf hinweisen, dass das Treffen des Weltwirtschaftsforums zum
globalen Reset im Jahr 2021 genau 7 Jahre nach Lagardes Rede stattfinden wird?

Die Neue Weltordnung, die globale Neuordnung, ist ein langfristig angelegter Plan zur Zentralisierung der Macht. Ob er mithilfe der Covid-19-Plandemie gelingt, werden wir in wenigen Monaten wissen. Dass der Plan mit Macht durchgesetzt werden soll, erkennen wir daran, dass die Regierungen derzeit gegen Kritiker im In- und Ausland hart und unerbittlich vorgehen.

Sanktionen gegen Gehorsamsverweigerer

Dass der Weg in Richtung Weltregierung geht, wird deutlich, wenn wir betrachten, in welchem Ausmaß heute wirtschaftliche Sanktionen als Druck- und Erpressungsmittel eingesetzt werden.

Ein gutes Beispiel dafür sind die massiven Versuche der USA, die fast fertiggestellte Ostseepipeline Nord Stream 2 zwischen Russland und Deutschland zu verhindern. Sie sollte seit Anfang 2020 russisches Erdgas in das europäische Pipelinesystem liefern.

Doch die USA legten ihr Veto ein: Am 31. Juli 2019 nahm der Außenausschuss des US-Senats einen Gesetzesentwurf mit dem Titel »Protecting Europe's Energy Security Act of 2019« an. Er setzte Unternehmen und Einzelpersonen, die sich am Bau der Ostseepipeline beteiligen, auf die Sanktionsliste der USA. Betroffen waren davon unter anderem die Allseas Group mit Firmensitz in der Schweiz und das italienische Unternehmen Saipem – zwei der weltweit fünf Unternehmen, die Unterwasserpipelines verlegen können.

Beide stellten umgehend ihre Zusammenarbeit mit dem Pipeline-Konsortium ein. Der Preis ihres Widerstands wäre zu hoch gewesen: Ausschluss von Aufträgen für sämtliche Projekte, die unter die Jurisdiktion der USA fallen, Einfrieren sämtlicher Vermögenswerte weltweit – auch derjenigen ihrer Mitarbeiter und Anteilseigner.

Nord Stream 2 war damit immer noch nicht gestorben. Daher wurden im Sommer 2020 die Sanktionen des »Protecting Europe's Energy Security Act of 2019« auch auf Personen und Unternehmen ausgeweitet, die an der Ostseepipeline arbeitende Schiffe versichern oder sie in welcher Form auch immer unterstützen, sowie Unternehmen, die Zertifizierungen für die Pipeline vornehmen oder eine Mittlerrolle einnehmen. Von dieser Verschärfung der Sanktionen waren nun die europäischen Multis Uniper (E.on), Wintershall (BASF), die österreichische OMV, die britisch-niederländische Royal Dutch Shell und der französische Konzern Engie betroffen, die zusammen mit Gazprom an der Pipeline beteiligt sind.

Auch deutsche und europäische Behörden traf der Bannstrahl. Die deutschen und dänischen Beamten, die die Pipeline zertifiziert und die russischen Verlegeschiffe genehmigt haben, müssen befürchten, dass ihre Vermögenswerte von bestimmten Banken eingefroren werden.

Das fürchtet auch die Ostseegemeinde Mukran auf Rügen: Im Hafen lagern zahlreiche Bauteile, mit deren Hilfe Nord Stream 2 fertiggestellt werden soll.[142] Dort haben auch zwei russische Schiffe festgemacht, die Nord Stream 2 so schnell wie möglich fertig bauen sollen.

Dieses Beispiel zeigt, wie die USA mit Sanktionen Einschüchterungspolitik betreiben. Und das schon seit Jahren. Banken und Unternehmen aus Europa werden sanktioniert und mit Milliardenstrafen belegt, obwohl sie nicht gegen europäisches, sondern gegen US-amerikanisches Recht verstoßen haben sollen. Ich habe in meinen früheren Büchern (siehe Literaturverzeichnis) ausführlich darauf hingewiesen.

Dass Artikel 2 Ziffer 7 der Charta der Vereinten Nationen Staaten verbietet, in die inneren Angelegenheiten anderer Staaten einzugreifen, ist den jeweiligen US-Regierungen – ob republikanischer oder demokratischer Couleur – völlig gleichgültig. Zu den inneren Angelegenheiten zählen eine eigene Handelspolitik und eine souveräne Außenpolitik. Laut UN sollte also jeder mit Syrien, Iran, Venezuela oder Russland Geschäfte machen dürfen, aber eben nicht laut USA.

Sanktionen und Sanktionsdrohungen an Drittländer verstoßen auch gegen das Allgemeine Zoll- und Handelsabkommen GATT der Welthandelsorganisation WTO. Sogar der Internationale Gerichtshof forderte die USA auf, diese Sanktionspraxis einzustellen.[143] Die USA kündigten daraufhin die beiden Vertragswerke, mit denen der Internationale Gerichtshof sein Urteil begründete.

Aber es kommt noch besser: Die US-Denkfabrik Center for a New American Security (CNAS) preist diese gesetzeswidrigen Finanzsanktionen als »die neuen Werkzeuge des Wirtschaftskriegs«.[144] Tatsächlich bedeutet ein Lizenzentzug für das US-Geschäft und für Transaktionen in US-Dollar für international tätige Banken den Ruin.

Gleiches gilt für die global operierenden Konzerne: Würde ein Global Player durch US-Sanktionen vom internationalen Finanzmarkt abgeschnitten werden, hätte er keine Chance auf ein Überleben. Sein Geldfluss wäre versiegt. Er könnte keine Kredite mehr aufnehmen, keine Zahlungen mehr leisten und keine Einnahmen mehr verbuchen.

Mit Sanktionen werden aber auch Staaten geschädigt, die als »Verbündete« gelten. Ein Beispiel: Als die USA nach dem Regime Change in der Ukraine Sanktionen gegen Russland verhängten, gingen die europäischen Exporte nach Russland um 10 Prozent und die deutschen Exporte sogar um 18 Prozent zurück. Die USA konnten hingegen sogar eine Steigerung des Handelsvolumens mit Russland um 6 Prozent vermelden. Mittlerweile gehören die USA zu den zehn größten Handelspartnern Russlands. Seit den ersten Sanktionen 2014 bis heute hat Deutschland laut einer Untersuchung des IfW 40 Prozent seines früheren Handels mit Russland verloren.[145]

Ein zweites Beispiel liefern die US-Sanktionen gegen den Iran. Nach dem Atomabkommen von 2015 und dem Ende der (früheren) Sanktionen hatte sich das Handelsvolumen zwischen dem Iran und der EU zwischenzeitlich von 7,7 Milliarden Euro auf 21 Milliarden Euro fast verdreifacht. Nach den von Präsident Trump verhängten neuen Sanktionen aber brach der Handel wieder komplett ein.

Wie die armen Länder ausgepresst werden

Deutlich sichtbar ist der Weg zu einer von den globalen Unternehmen gesteuerten Weltregierung, wenn wir die Methode der »Investor-Staat-Klageverfahren« betrachten. Es ist das Verdienst des Aktivisten Manuel Perez-Rocha Loyo, diese Methode näher und verständlich erläutert zu haben. Die Website *amerika21* hat am 7. Juli 2020 diese Erläuterungen Perez-Rochas veröffentlicht.

»Investor-Staat-Klageverfahren« bedeutet: Unternehmen können Handelsgerichte anrufen und um Schadensersatz klagen, wenn Maßnahmen der öffentlichen Hand ihre Gewinne schmälern. Die Mehrheit der Investor-Staat-Klageverfahren wird bei der Weltbank am International Center for Settlement of Investment Disputes (ICSID) in Washington verhandelt.

Perez-Rocha nennt als Beispiel für diesen Raub Argentinien. Im Jahr 2002, inmitten einer dramatischen Wirtschaftskrise, verklagte CMS Gas das Land, weil es die Tarife für öffentliche Versorgungsleistungen eingefroren hatte. Der Staat wollte damit die Verbraucher vor einer galoppierenden Inflation schützen. Ein supranationales Gericht verurteilte damals die Regierung zur Zahlung von 133 Millionen US-Dollar an das US-Unternehmen. Andere Unternehmen einigten sich mit der argentinischen Regierung über weitere Hunderte von Millionen Dollar.

Ein zweites Beispiel: In einem Schiedsverfahren zu einer Gold- und Kupfermine wurde Pakistan im Jahr 2019 zur Zahlung von etwa 5 Milliarden Dollar an das australische Unternehmen Tethyan Copper verurteilt.[146] Dieser Betrag fraß nahezu das gesamte Rettungsdarlehen des Internationalen Währungsfonds an Pakistan in Höhe von 6 Milliarden Dollar auf, das zusätzlich noch an drakonische wirtschaftliche Sparmaßnahmen geknüpft war.

Heute könnte viele der angesichts der globalen Covid-19-Pandemie um ihr Überleben kämpfenden Länder das Schicksal Argentiniens ereilen, fürchtet Perez-Rocha. Grund für seine Annahme ist der Optimismus der großen Schiedsgerichtskanzleien. Auf seine Anfrage antwortete die international tätige und in Washington ansässige Kanzlei Aceris Law:

Während die Zukunft ungewiss bleibt, werden die staatlichen Reaktionen auf die Covid-19-Pandemie wahrscheinlich mehrere BIT-Schutzmaßnahmen verletzen und zu künftigen Ansprüchen ausländischer Investoren führen.[147]

Da reiben sich die Anwälte schon die Hände. Etwa 3000 internationale Investitionsverträge und Handelsabkommen räumen den Unternehmen das Recht ein, Regierungen aufgrund einer Minderung des Wertes ihrer ausländischen Investitionen oder sogar aufgrund einer erwarteten Minderung des Gewinns auf Hunderte von Millionen oder sogar Milliarden Dollar zu verklagen. Geklagt wird, wie schon oben erwähnt, nicht vor nationalen Gerichten, sondern vor supranationalen Schiedsgerichten wie etwa dem ICSID der Weltbank.

In seinem Beitrag für *amerika21* beleuchtet Perez-Rocha vor allem die aktuelle Lage und berichtet von »Befürchtungen, dass die peruanische Regierung mehrfach mit Einsprüchen ausländischer Unternehmen, die Mautstationen auf Autobahnen betreiben, konfrontiert werden könnte, wenn sie der vorgeschlagenen Notfallmaßnahme nachkommen würde, die Mautgebühren auszusetzen, weil peruanische Familien bei ihrem Exodus aus den Städten die Autobahnen füllten – aus Angst vor dem Virus«.[148]

Klagen und Zahlungsforderungen kämen sicher auch, wenn Regierungen als Reaktion auf Covid-19 im Bereich der öffentlichen Gesundheit und der Wirtschaftspolitik Notfallmaßnahmen ergreifen würden: Zu diesen Maßnahmen könnten zum Beispiel Produktionsauflagen, Exportverbote für medizinisches Gerät oder die Zollsenkungen auf die Einfuhr von medizinischen Geräten gehören.[149]

Nach Aussagen der Handels- und Entwicklungskonferenz der Vereinten Nationen haben ausländische Investoren im Jahr 2020 die Marke von mehr als 1000 Investor-Staat-Klagen erreicht. Aufgrund des Mangels an Transparenz weiß niemand genau, wie viel die Regierungen bisher zahlen mussten.[150]

Am Ende seines Essays kommt Perez-Rocha auf die Arbeit des von ihm geleiteten Instituts für Politikstudien (IPS) in Washington, D. C., zu sprechen. Das Institut habe errechnet, dass Regierungen allein in den Fällen von Streitigkeiten zu Öl-, Gas- und Bergbauverträgen gezwungen waren, ausstehende Zahlungen in Höhe von mindestens 72,4 Milliarden Dollar zu leisten. Besonders betroffen: der Bergbau. Hierbei werden Klagen häufig von Regierungen ausgelöst, die versuchen, Schäden an der Umwelt oder an der öffentlichen Gesundheit zu verhindern, oder die erreichen wollen, dass im Herkunftsland ein höherer Ertrag verbleibt.[151] Perez-Rocha erklärt:

Von den 34 früheren Fällen von Ansprüchen von Rohstoffunternehmen, die das IPS untersucht hat, richtete sich nur einer gegen Kanada. Alle anderen Fälle richteten sich gegen Regierungen von Ländern des globalen Südens. Die Rohstoffunternehmen klagen in 59 anhängigen Fällen, die bekannt sind, auf mindestens weitere 73 Milliarden Dollar. Von diesen Ansprüchen richten sich nur fünf an Regierungen reicher Länder.

92   Neustart

Weitere Milliarden betreffen Schlichtungsklagen von Unternehmen der Agrarindustrie, des Finanzwesens, des Energiesektors und vieler anderer Branchen.

Diese Unternehmen drohten damit, eigentlich für die Pandemie-Bewältigung und andere dringende soziale Bedürfnisse bestimmte Ressourcen umzuleiten, warnt Perez-Rocha und zieht ein düsteres Resümee:

> Die Opfer der wirtschaftlichen Folgen von Covid-19 werden also nicht ausländische Investoren sein, sondern die ärmsten und verletzlichsten Gesellschaften der Welt.

Der Lockdown als Umverteilungskarussell

Aber Corona brachte nicht nur Opfer und Verlierer der Krise in der Dritten Welt hervor – wie wir eben gesehen haben –, sondern auch bei uns: Der politisch diktierte Lockdown führte zum Zusammenbruch der Produktion und zur offenen und verdeckten Massenarbeitslosigkeit. Er führte auch dazu, dass sich die Staaten in nie gekanntem Ausmaß verschuldeten, um die Einkommens- und Vermögensverluste bei Bürgern und Unternehmern abzufedern. Die Bürger werden für diese neu aufgenommenen Schulden mit erhöhten Steuern zur Kasse gebeten werden.

Aber gibt es auch Gewinner in dieser Krise? Nach dem Chefökonomen der Degussa Goldhandel, Thorsten Polleit, gibt es sie, nämlich Staat, Banken und Großunternehmen. Auf der Website *goldseiten* schrieb Polleit am 4. Juli 2020:

> Der große Profiteur der Lockdown-Krise sind der Staat und seine Repräsentanten. Niemand in der Regierung – weder Kanzler noch Präsident, Minister oder Abgeordnete – hat seinen Arbeitsplatz verloren. Sie alle erhalten nach wie vor das gleiche Geld, die gleichen Bezüge, keiner muss mit weniger vorliebnehmen. Damit sind sie privilegiert gegenüber denen, die sich im freien Markt behaupten müssen, die jetzt kein Einkommen mehr verdienen dürfen, weil es ihnen von den Regierenden untersagt wurde, weiter zu produzieren und ihrem Handwerk nachzugehen.[152]

Polleit zählt zur »politischen Klasse« neben den Politikern auch Lehrer, Professoren, Richter und Staatsanwälte, Polizisten und Beamte. Ebenfalls sei die Bank- und Finanzwirtschaft Gewinner der Rettungspolitik:

> Die Zentralbanken geben ihnen jetzt Kredite mit Niedrig- und sogar auch mit Negativzinsen, damit ihre Geschäfte profitabler werden. Abschreibungsverluste werden dadurch Kreditinstituten, Versicherungen, Pensionskassen und Hedgefonds vom Hals gehalten. Sie können ihre Bediensteten wie bisher bezahlen, in Lohn und Brot halten – während so mancher kleine Handwerksbetrieb, so manches Restaurant, so manche »Ich-AG« Konkurs anmelden muss.[153]

Vor allem die Geschäfts- und Investmentbanken, die direkt mit den Zentralbanken handeln, würden begünstigt. Als Beispiel nennt Polleit den US-Finanzgiganten BlackRock Solutions, der im Auftrag der Europäischen Zentralbank (EZB) Schuldpapiere, sogenannte forderungsbesicherte Wertpapiere (Asset-Backed Securities, ABS) aufkaufte. Polleit:

> Dass BlackRock Solutions sich das gut bezahlen lässt beziehungsweise seine herausgehobene Marktstellung für eigene Gewinnzwecke nutzen kann, ist zu vermuten.[154]

Als weitere Profiteure der Krise macht der Professor auch all diejenigen aus, die bei Großkonzernen tätig sind. Denn die Großkonzerne würden ebenfalls von den Zentralbanken in besonderer Weise subventioniert: Ihre Schuldpapiere würden aufgekauft, und dadurch könnten sie sich neue Kredite zu extrem niedrigen Zinsen beschaffen. Kleinen und mittleren Firmen würde diese Vorzugsbehandlung nicht gewährt. Als Folge sieht Polleit:

> Die großen Unternehmen werden noch größer, viele kleine und mittlere Unternehmen gehen unter, werden von den finanzstarken Großunternehmen geschluckt. Der Wettbewerb wird auf diese Weise heruntergeregelt, die Innovationskraft und -bereitschaft in der Volkswirtschaft nimmt ab. Die künftigen Produktions- und Beschäftigungszuwächse werden geschwächt.[155]

94   Neustart

Sorge macht Polleit, dass die junge Generation ihr Lebenseinkommen in zusehends staatlich reglementierten Märkten verdienen müsse. Ihnen stehe nur noch ein durch immer mehr politische Eingriffe verengter Arbeitsmarkt zur Verfügung. Der wirtschaftliche Aufstieg der jungen Menschen werde auf diese Weise erschwert, und das habe negative Auswirkungen auf beispielsweise die Möglichkeit, eine Familie zu gründen. Erschreckend fällt Polleits Fazit aus:

> Die wahren Kosten gehen weit über die (zweifelsohne gewaltigen) Summen hinaus, mit denen die »Rettungspolitiken« der Staaten und ihrer Zentralbanken in den Medien beziffert werden und für die der Steuerzahler und Sparer geradezustehen hat. [...]
>
> Die politisch herbeigeführte Lockdown-Krise [...] entpuppt sich als ein Umverteilungskarussell von Einkommen und Vermögen, unterwandert das System der freien Märkte (beziehungsweise was davon noch übrig ist), macht die Volkswirtschaft ärmer.[156]

ZWANGSIMPFUNG

Der entscheidende Schritt
zum globalen Bürger

ANGST MACHT MENSCHEN gefügig und gehorsam. Angst bricht den
Widerstandsgeist. Und Angst bewirkt, dass man alles tut, um wieder
ein normales, angstfreies Leben führen zu können. Dass man beispielsweise um eine Impfung bettelt, die einem genau das verspricht:
die Rückkehr in das altvertraute, sichere Dasein.

Wenn also monatelang von allen Medien, von den Regierungen
und von den Wissenschaftlern die Angst vor einem Virus, das die
ganze Welt befallen haben soll, geschürt wird, dann ist man bereit,
nach dem Strohhalm der Rettung zu greifen. Diesen Strohhalm verspricht ein milde lächelnder Multimilliardär, einer, der sich auf allen
Kanälen als der nette Onkel von nebenan präsentiert: der von den
Mainstream-Medien zum »Impfpapst« geadelte Bill Gates.

Die Medien, die er jahrelang mit Millionen gesponsert hat, geben
ihm die Plattform, aber auch die öffentlich-rechtlichen Sendeanstal-
ten, denn er ist von höchster Stelle – zum Beispiel von Kanzlerin Merkel – zum Philanthropen und Gutmenschen geadelt worden. Daher ist
es kein Wunder, dass ihm beste Sendezeiten eingeräumt werden, wie
geschehen in den *ARD-Tagesthemen* am 12. April 2020.

Wir werden den zu entwickelnden Impfstoff 7 Milliarden Menschen
verabreichen. Da können wir uns keine Probleme mit bedrohlichen Nebenwirkungen leisten. Und doch werden wir die Entscheidungen zum
Einsatz eines Impfstoffes auf einer geringeren Datengrundlage als sonst
fällen, damit wir schnelle Fortschritte erzielen.[157]

»Wir werden verabreichen«? Das zeigt, der Milliardär hat schon alle
Entscheider in sein Boot geholt. Gates weiter: »Zur Normalität vor
Corona werden wir erst dann zurückkehren können, wenn wir ent-
weder ein Wundermittel gefunden haben, das in 95 Prozent der Fälle
hilft, oder wenn wir einen Impfstoff entwickelt haben.«

96   Zwangsimpfung

Bis dann müssten alle Beschränkungen und Lockerungen immer wieder überprüft sowie weiter getestet werden.

Tagesthemen-Moderator Ingo Zamperoni liefert dann im Lauf des weiteren Gesprächs ein anschauliches Beispiel, wie tief der ehemals kritische Journalismus in Deutschland gefallen ist. Er erniedrigt sich zum Stichwortgeber für Gates, als er sagt, ja, die Pandemie könne wohl nur mit einem Impfstoff beherrscht werden, was Gates die Möglichkeit gibt, auf die »große Rolle« der von ihm und seiner Frau gegründeten Stiftung hinzuweisen: »Wir sind die größten Förderer von Impfstoffen und denken auch an die Entwicklungsländer.«

Daraufhin offenbart Gates klar und deutlich, wer bei der weltweiten Impfkampagne das Sagen hat: »Wir« würden entscheiden, wo die Fabriken für die Anti-Corona-Impfstoffe gebaut werden, je nachdem, wer verbindlich Fördermittel zusagt. »Langfristig wird die Produktion so hochgefahren, dass alle Menschen auf unserem Planeten damit geimpft werden können.«

ARD-Moderator Zamperoni hakt mit keiner einzigen kritischen Frage nach. Er erwähnt nicht, dass die Gates-Stiftung eine umstrittene Rolle bei fragwürdigen Malaria-Impfkampagnen in Afrika spielt. Darauf hatte der 2019 erstmals gezeigte Dokumentarfilm *Das Fieber* der österreichischen Filmemacherin Katharina Weingartner aufmerksam gemacht.[158] Der Film versucht laut dem Schweizer Onlinemagazin *Infosperber* zu belegen: »Bill Gates sponsert seit vielen Jahren grosszügig ein Novartis-Medikament gegen Malaria. Aber eine wirksame, billige Prävention interessiert ihn nicht.«[159] Das Magazin selber dazu: »Die Gates-Stiftung subventionierte die Bekämpfung von Malaria – namentlich auch die Abgabe des Novartis-Produkts Coartem – via Global Fund[160] bis heute mit über zwei Milliarden Dollar.«[161]

Aber zurück zu Corona. Die Pharmaunternehmen erwarten also gewaltige Umsätze. Fieberhaft wird an Impfstoffen gegen die Seuche gearbeitet. Seltsamerweise schon seit 2017.

Forschung an Covid-19-Impfstoffen seit 2017

Weltweit werden – mit Steuergeldern – die fieberhaften Forschungen an einem wirksamen Covid-19-Impfstoff finanziert. Eine der maßgeblichen Organisationen, die den Geldsegen verteilen, ist die

Koalition für Innovationen im Bereich der Seuchenvorsorge (CEPI). CEPI – das sich selbst als »eine Partnerschaft von öffentlichen, privaten, philanthropischen und zivilen Organisationen« bezeichnet, »die die Entwicklung von Impfstoffen gegen Bedrohungen der öffentlichen Gesundheit mit hoher Priorität finanziert und koordiniert«[162] – wurde 2017 von den Regierungen Norwegens und Indiens zusammen mit dem Weltwirtschaftsforum und der Bill & Melinda Gates Foundation gegründet. Durch die massive Finanzierung und die engen Verbindungen zu öffentlichen, privaten und gemeinnützigen Organisationen ist CEPI in der Lage, die rasche Entwicklung von Impfstoffen zu finanzieren und diese weltweit zu verbreiten.

CEPI hat zwei Pharmaunternehmen – Inovio Pharmaceuticals und Moderna Inc. – sowie die australische Universität von Queensland mit der Entwicklung der Corona-Impfstoffe beauftragt. Die beiden Pharmaunternehmen haben enge Beziehungen zu und/oder strategische Partnerschaften mit der Defence Advanced Research Project Agency (DARPA) des Pentagons. Die University of Queensland unterhält ebenfalls Verbindungen zur DARPA.[163]

Inovio ist spezialisiert auf die Entwicklung von DNA-Impfstoffen, die gentechnisch veränderte DNA enthalten.[164] Diese bringt die Zellen des Empfängers dazu, ein Antigen zu produzieren und die DNA einer Person dauerhaft zu verändern. Zugelassen wurde ein derartiger DNA-Impfstoff noch nicht. Aber das soll sich ja jetzt ändern.

Der derzeit in der Entwicklung befindliche Impfstoff wird in Zusammenarbeit mit dem U.S. Army Medical Research Institute of Infectious Diseases (USAMRIID) und dem U.S. National Institute of Health (NIH) im Nahen Osten getestet.[165] Schon in den früheren Jahren bezuschusste das US-Militär Inovio bei der Entwicklung von DNA-Impfstoffen, etwa gegen Ebola- und Marburg-Viren.[166]

Inovio Pharmaceuticals ist von CEPI wohl auch deswegen ausgewählt worden, weil das Unternehmen durch seine Partnerschaft mit der chinesischen ApolloBio Corp. direkten Zugang zum chinesischen Pharmamarkt hat. ApolloBio wiederum besitzt eine exklusive Lizenz für den Verkauf von Inovio-DNA-Immuntherapieprodukten an chinesische Kunden.

Das zweite Pharmaunternehmen, das von CEPI ausgewählt wurde, ist Moderna Inc. Auch Moderna arbeitet mit dem NIH zusammen.

98   Zwangsimpfung

Das Pentagon (DARPA) hat bereits 25 Millionen US-Dollar als Zuschuss überwiesen. Das Pharmaunternehmen preist in Pressemitteilungen häufig die strategische Allianz mit der DARPA.[167] Moderna erforscht im Gegensatz zu Inovios DNA-Impfstoff einen so genannten Messenger-RNA-Impfstoff (mRNA). Verglichen mit DNA-Impfstoffen verwenden mRNA-Impfstoffe immer noch genetisches Material, allerdings um die Zellen des Körpers zur Produktion von Proteinen zu animieren.

Sowohl DNA- als auch mRNA-Impfstoffe bringen fremdes und gentechnisch verändertes genetisches Material in die Zellen einer Person. Laut früheren Studien weisen solche Impfstoffe »inhärente schädliche potenzielle Gefahren auf«.[168]

Diese Gefahren sind jedoch für die Impfstoffhersteller zweitrangig, denn sie sind ja von jedweder Haftung für Impfschäden befreit. Außerdem ist eine flächendeckende Impfung von Milliarden von Menschen ein Geschäft, das es in dieser Dimension noch nie gab.

Sollen wir genetisch verändert werden?

Unter den von der Weltgesundheitsorganisation gezählten derzeit 235 »Impfstoffen gegen Covid-19« befinden sich (zum Zeitpunkt der Drucklegung dieses Buchs) 48 bereits in der klinischen Prüfung. Von diesen enthalten nach Auskunft der WHO vier Kandidaten rekombinante RNA – darunter die in Deutschland zugelassenen Impfstoffe von Biontech/Pfizer und Moderna – und drei Kandidaten DNA.[169] Dazu schrieb der bekannte Pandemie-Kritiker Wolfgang Wodarg am 17. Juni 2020:

> Sieben von diesen zwölf* Kandidaten haben deshalb mit einer Impfung nichts gemein, sondern sind gentechnische Veränderungen des Menschen, die unter falscher Flagge segeln. [...] Es handelt sich um Bruchstücke unterschiedlicher genetischer Informationen, die als RNA oder DNA auf ebenfalls unterschiedliche Weise in die menschlichen Zellen gebracht werden sollen.[170]

---

* Zum 17. Juni 2020 befanden sich nur zwölf Impfstoffe in der klinischen Prüfung.

Bei einigen der geplanten oder bereits laufenden klinischen Studien werde in die genetischen Prozesse der zellinternen Kommunikation eingegriffen, damit unsere Körperzellen neue Stoffe produzieren, die bisher von außen über Impfungen zugeführt wurden. Unsere Zellen sollen zu Bioreaktoren für eine interne Impfstoffproduktion umprogrammiert werden.

> Dazu muss man unsere Zellen gentechnisch verändern. Man muss genetische Programmcodes in unsere Zellen einschleusen, damit sie etwas fremdes Neues in uns erzeugen, gegen das sich unser Immunsystem dann wehren soll. Dabei soll unser Immunsystem gegen die vorher programmierten stofflichen Merkmale von möglichen Erregern trainiert und sensibilisiert werden. So die Ideologie.[171]

Genau darin liegt nach Wodarg die Gefahr. Denn diese veränderten Zellen könnten von unseren Abwehrzellen wie bei einer Infektion erkannt und vernichtet werden. Ungeplant könnten auf diese Weise in wichtigen Organen, zum Beispiel in der Leber, Zellen verändert und diese dann durch eine starke zelluläre Abwehrreaktion stark geschädigt werden.

Vor allem aber kritisiert Wodarg, dass wegen des angeblichen Zeitdrucks Risiken akzeptiert werden und den Firmen eine viel zu kurze Beobachtungszeit zugestanden wird.

> Für alle Verfahren bleibt außerdem fraglich, ob eine induzierte Immunisierung bei den ja immer wieder neu sich rekombinierenden Coronaviren überhaupt zu einer Schutzwirkung führt. Das kann immer erst nach einer Grippesaison beziehungsweise Coronasaison beurteilt werden.
>
> So bleiben die Grippeimpfung und die Corona-Impfung ein alljährliches gutes Geschäft mit der Hoffnung, weil bei diesem »Geschäft« immer wieder nur nachträglich etwas über den Nutzen ausgesagt werden kann.[172]

Es gebe Hinweise darauf, dass Menschen, die gegen Grippe geimpft wurden, vermehrt durch Coronaviren erkranken. Es müsse unbedingt geklärt werden, ob in einer Bevölkerung, in der exponierte oder gefährdete Menschen sehr gründlich gegen Influenzaviren geimpft werden, Corona-Infektionen häufiger zu schweren Verläufen und zum Tod führen. Klar ist für Wodarg:

> Völlig unverantwortlich ist in jedem Fall schon jetzt die Zusage der verantwortlichen Regierungen, die Impfstoffindustrie von jeglicher Haftung freizustellen. Das lädt geradezu zur Vernachlässigung des sonst so oft beschworenen Vorsorgeprinzips ein und macht die Impfstoffbranche zu einer verantwortungsfreien Zone, in der sich jetzt ja auch schon massenhaft Spekulanten und virologische Hasardeure tummeln.
>
> Es ist grober Missbrauch anvertrauter Macht, wenn Ethikkommissionen oder die Leitungen staatlicher Kontrollbehörden alles gehorsam abnicken, während Angela Merkel oder Ursula von der Leyen aus politischem Kalkül die zum Teil einschlägig vorbestraften Glücksspieler der Impfindustrie mit Milliardenunterstützung auf die Bevölkerung loslassen.

Wodarg beklagt »die Korruption der Wissenschaft durch Politik und Wirtschaft«. Dazu schreibt er:

> Wir erleben eine Zeit der institutionellen Korruption, einer anonymisierten Korruption, die Angst macht, die gefährlicher ist als jedes Virus und die schon in den letzten Monaten vielen Menschen die Existenzgrundlage genommen und viele Menschen auch das Leben gekostet hat.[173]

Kennedy gegen Pharma

Auch Robert F. Kennedy Jr., der Sohn von Senator Robert F. Kennedy und der Neffe von Präsident John F. Kennedy, die beide in den 1960er-Jahren ermordet wurden, ist ein vehementer Impfkritiker. Kennedy ist Rechtsanwalt, Umweltaktivist, Autor und Impfgegner. Sein Ruf als entschlossener Verteidiger der Umwelt und der Gesundheit für Kinder geht auf seine immer wieder erfolgreichen Klagen zurück. Er erhielt Aufmerksamkeit für seine Rolle im bahnbrechenden Sieg gegen Monsanto sowie im Fall DuPont, an den der Film *Dark Waters* (2019) angelehnt ist.

Während einer Onlinedebatte mit dem Harvard-Rechtsprofessor Alan Dershowitz am 23. Juli 2020[174] warnte Kennedy vor einer verpflichtenden Covid-19-Impfung und wies darauf hin: »Der Moderna-

Impfstoff, der Hauptkandidat, hat die Tierversuche vollkommen übersprungen.« Er kritisierte auch die klinischen Testverfahren, weil nicht an »typischen Amerikanern« getestet werde, sondern an einer sorgfältig ausgewählten Gruppe von Menschen:

> Sie dürfen nicht schwanger sein, sie dürfen nicht übergewichtig sein, sie dürfen niemals eine Zigarette, niemals eine E-Zigarette geraucht haben, sie dürfen keine Atemwegserkrankungen in der Familie haben, nicht an Asthma leiden, keinen Diabetes haben, keine rheumatische Arthritis oder irgendeine Autoimmunerkrankung. In der Familie darf es keine Vorgeschichte von Anfällen geben. Das sind die Menschen, an denen sie den Impfstoff testen.[175]

Er fragte: »Was passiert, wenn sie diesen Impfstoffkandidaten dem typischen Amerikaner geben? Sie wissen schon, Sally Six-Pack und Joe Donut-Tüte, die 50 Pfund übergewichtig sind und an Diabetes leiden.«

Im Verlauf der Debatte sprach Kennedy auch über die herkömmlichen Impfstoffe, die die meisten Menschen – von Hepatitis B bis zur Grippeschutzimpfung – verabreicht bekommen, und hob hervor, dass noch nie ordnungsgemäße Testverfahren durchgeführt wurden, die für alle anderen Medikamente obligatorisch sind. Impfstoffe »sind das einzige Medizinprodukt, das nicht gegen ein Placebo sicherheitsgeprüft werden muss«, erklärte er.

Eigentlich, so Kennedy, sollte es umgekehrt sein: Impfstoffe sollten noch gründlicher getestet werden als jedes andere Medikament. »Die Impfung ist eine medizinische Intervention, die vollkommen gesunden Menschen verabreicht wird, um zu verhindern, dass jemand anders krank wird«, betonte er. »Und es ist die einzige Medizin, die gesunden Menschen gegeben wird [...] und insbesondere Kindern, die ihr gesamtes Leben vor sich haben. Wir sollten also eigentlich darauf pochen, dass gerade ein solcher Eingriff besonders strenge Garantien für ihre Sicherheit bietet.«

Kennedy wies darauf hin, dass Impfstoffe auch in der Vergangenheit erhebliche Schäden angerichtet hätten: »Die Impfgerichte haben in den vergangenen 3 Jahrzehnten 4 Milliarden Dollar ausgezahlt«, und das, obwohl laut dem Ministerium für Gesundheitspflege und

102   Zwangsimpfung

Soziale Dienste »weniger als 1 Prozent der Geschädigten jemals vor Gericht zieht«.[176]

Jeder einzelne der vier großen Impfstoffhersteller »ist ein verurteilter Serienverbrecher: Glaxo, Sanofi, Pfizer, Merck.«[177] »In den vergangenen 10 Jahren, also nur in der letzten Dekade, haben diese Firmen 35 Milliarden Dollar an Strafzahlungen, Schadensersatz und Bußgeldern bezahlt, weil sie Ärzte angelogen, die Wissenschaft betrogen und verfälscht sowie Hunderttausende von Amerikanern wissentlich getötet haben.«

»Es erfordert eine kognitive Dissonanz«, kommentierte Kennedy, »wenn Menschen, die die kriminelle Unternehmenskultur dieser vier Firmen verstehen, glauben, dass sie dies bei jedem anderen ihrer Produkte tun, aber nicht bei Impfstoffen.«

Kennedys Landsmann, der Autor Nathaniel Doromal, hat auf der Website *rubikon* den treffenden Begriff »Impffundamentalismus« geprägt. Denn Doromal glaubt erkannt zu haben, dass sich die von Bill Gates propagierte Behauptung durchgesetzt habe, Impfung sei die wichtigste Maßnahme des öffentlichen Gesundheitswesens. Sie sei über jegliche Kritik erhaben und eine Steigerung der Impfrate sei das Kernanliegen der Gesundheitsbehörden.

Es gebe eine Spaltung der Menschen in zwei getrennte Gruppen: diejenigen, die sich fügen, und diejenigen, die es nicht tun. Letzteren verpasse man das Label des Impfzögerers oder des Impfgegners.

Doromal verweist auf die Zensurkampagnen der Gesundheitsbehörden und der Social-Media-Unternehmen gegen »Fehlinformationen über das Impfen«,[178] auf die negative PR gegen »Impfgegner«[179] und die Forderungen nach einer zunehmend drakonischen Impfpolitik.[180]

Die öffentliche Gesundheitsfürsorge sendet laut Doromal eine Botschaft aus, die die Menschen auffordere, den Experten der öffentlichen Gesundheitsfürsorge ohne Fragen zu vertrauen. Impffundamentalismus habe die perverse Konsequenz, dass Ärzte dazu verleitet werden können, absichtlich die Bedenken von Patienten zu ignorieren oder zu untergraben im Dienste der Steigerung der Impfquote als vorrangigem Maßstab der öffentlichen Gesundheitsfürsorge.

Die Centers for Disease Control and Prevention (CDC, in Deutschland mit dem Robert Koch-Institut vergleichbar) haben Schulungsmaterialien erstellt, die Gesundheitsdienstleistern vermitteln sollen, wie sie bessere Bekehrungserfolge bei Menschen, die Impfungen gegenüber zurückhaltend sind, hin zu deren Impfbereitschaft erzielen können.[181]

Impffundamentalismus auch in Deutschland: Hier sorgen Medien, Politik und Pharmalobby dafür, dass für eine flächendeckende Impfung getrommelt wird, Über die Rolle und Macht der Pharmalobby in der bundesdeutschen Politik klärte bereits 2006 ein Insider auf: der ehemalige Gesundheitsminister und heutige Bundesinnenminister Horst Seehofer (CSU). Er sagte in der *Frontal 21*-Sendung des ZDF am 6. Juni 2006:

> Ja, das ist so. Seit 30 Jahren bis zur Stunde, dass sinnvolle strukturelle Veränderungen auch im Sinne von mehr sozialer Marktwirtschaft im deutschen Gesundheitswesen nicht möglich sind wegen des Widerstandes der Lobbyverbände.[182]

Auf Nachfrage von *Frontal 21* sagte Seehofer damals: »Ich kann Ihnen nur beschreiben, dass es so ist und dass es so abläuft, und zwar sehr wirksam.«[183]

Heute setzt er als Bundesinnenminister die Beschränkungen durch, die angeblich erst dann vollständig aufgehoben werden können, wenn der Anti-Corona-Impfstoff da ist. Dass dieser Impfstoff bald kommen und alle Gefahren beseitigen soll, davon ist auch der ehemalige Pharmalobbyist und heutige Bundesgesundheitsminister Jens Spahn überzeugt. Über seine Rolle informierte die Organisation Transparency International unter anderem im Juni 2019:

> Bereits als Bundestagsabgeordneter hatte Spahn nebenbei als Teilhaber einer Lobbyagentur eine übermäßige Nähe zu Klienten aus dem Medizin- und Pharmasektor.[184]

Der Minister berief zum Beispiel einen Pharmamanager zum Leiter der Gematik GmbH, die mehrheitlich in Bundesbesitz ist und die Digitalisierung des Gesundheitswesens voranbringen soll. Mit Spahns politischer Lobbytätigkeit für Pharmaunternehmen beschäftigte sich 2013 bereits die kritische Organisation »Lobby Control«.[185]

Gerade in der Corona-Krise gibt der Bundesgesundheitsminister vor, sich vor allem um das Wohl der Bundesbürger zu sorgen. Der

104   Zwangsimpfung

Staat tue alles, um die Bürger zu schützen, behauptete er bereits im Februar auf einer Pressekonferenz.[186] Das ist derzeit ebenso von anderen Politikern auf allen Ebenen zu hören. Damit begründen sie, warum sie erst auf einen Impfstoff warten wollen, bevor die Anti-Corona-Maßnahmen ganz zurückgenommen werden.

Die Impfagenda der EU

Gibt es einen Plan zur Massenimpfung der Bevölkerung? Wenn wir uns drei Dokumente ansehen, die von der EU-Kommission und der WHO, zahlreichen NGOs, privaten Stiftungen und international agierenden Konzernen schon vor Auftreten von Covid-19 ausgearbeitet wurden, dann ist die Antwort ein klares Ja. Die drei Dokumente haben folgende Titel:[187]

- »Final Flash Report of the Plenary Meeting of the Health Security Committee« – Plenartagung des Gesundheitssicherheitsausschusses vom Dezember 2019.[188]
- »Roadmap on Vaccination« – Impffahrplan vom März 2019.[189]
- »Ten Actions Towards Vaccination for All« – 10-Punkte-Aktionsprogramm für »Impfungen für alle«, beschlossen auf dem globalen Impfstoffgipfel im September 2019.[190]

Alle drei Dokumente fordern Massenimpfungen in der EU. Wörtlich heißt es: »Es müssen ›Impfungen für alle und gegen alles‹ ermöglicht werden.«

Sehen wir uns zuerst den Bericht der Plenartagung des Gesundheitssicherheitsausschusses vom Dezember 2019 an. Damals votierten sämtliche Teilnehmer – 22 EU-Mitgliedstaaten plus Norwegen und Serbien, das Europäische Zentrum für die Prävention und die Kontrolle von Krankheiten (ECDC), das Regionalbüro für Europa der Weltgesundheitsorganisation (WHO/Europa) sowie andere Agenturen der Europäischen Kommission – für die weitere Umsetzung des sogenannten Impffahrplans. Der Plan sieht vor:

- einen verpflichtenden EU-Impfausweis bis 2022;[191]
- die ausreichende Bevorratung von Impfstoffen;

Der entscheidende Schritt zum globalen Bürger   105

- ein Europäisches Impfinformationsportal (EVIP), das
  »objektive, transparente und aktualisierte Erkenntnisse über
  Impfungen und Impfstoffe, ihren Nutzen und ihre Sicherheit [...] bereitstellen« soll;[192]
- ein Fachleute-Gremium, das dem Gesundheitssektor
  Informationen über Impfungen zur Verfügung stellen soll;[193]
- die »Gemeinsame Aktion (JA)«, die die Zusammenarbeit
  zwischen den Mitgliedstaaten stärken und die Durchimpfungs-
  rate in Europa verbessern soll;[194]
- ein EU-weites Impfinformationssystem, in dem alle Daten
  gespeichert werden sollen: das ECDC-Dokument »Immuni-
  sation information systems in the EU and EEA«;[195]
- die Entwicklung von E-Learning-Schulungsmodulen für
  Allgemeinmediziner, um zögerliche Bevölkerungsgruppen
  zu überzeugen.

Bleibt anzumerken, dass die Impfpläne sich nicht auf Europa be-
schränken – wie wir ja durch die Aussagen von Bill Gates wissen, die
ich schon früher zitiert habe. Auch das Vaccine Confidence Project
weist in diese Richtung. Es will weltweit die Stimmung in der Bevölkerung bezüglich der Corona-Pandemie einfangen und Einstellungen
zu Impfungen generell und zu den neuen Covid-19-Impfungen im
Besonderen abfragen.[196]

Das WHO-Regionalbüro für Europa, das den Europäischen Impf-
stoffaktionsplan überwacht, fürchtet bereits um die pünktliche Umsetzung des Plans.[197]

Kommen wir zum zweiten der drei maßgeblichen Dokumente, die
den EU-Impffahrplan aufzeigen. Es ist das Ergebnis des Impfstoff-
gipfels vom 12. September 2019 – bezeichnenderweise auch wieder
Monate vor Ausbruch der angeblichen Corona-Pandemie. Zu den 400
hochrangigen Teilnehmern aus aller Welt zählten Nanette Cocero, die
Präsidentin der Impfstoffgruppe von Pfizer Biopharmaceuticals; Seth
Berkley, Leiter der Gavi-Impfstoffallianz; Joe Carell, Geschäftsführer
für globale Politik bei der Bill & Melinda Gates Foundation und Jason
Hirsch, Manager für öffentliche Ordnung bei Facebook.[198]

Auf dem Gipfel wurde der sogenannte »10-Punkte-Plan für Impfungen für alle« (»Ten Actions Towards Vaccination for All«[199]) be-

106   Zwangsimpfung

schlossen. Wörtlich steht dort: »Die hart erkämpften Erfolge bei Impfungen müssen nicht nur aufrechterhalten werden, sondern es muss danach gestrebt werden, mehr zu tun und besser zu werden.«[200]

Die zehn Aktionen, die unternommen werden sollen, lauten in deutscher Übersetzung:

① Eine globale politische Führung sowie das Engagement für Impfungen fördern. Den Aufbau einer wirksamen Zusammenarbeit sowie Partnerschaften – auf internationaler, nationaler, regionaler und lokaler Ebene mit Gesundheitsbehörden, Angehörigen der Gesundheitsberufe, der Zivilgesellschaft, Gemeinden, Wissenschaftlern und der Industrie – fördern, mit dem Ziel, alle Menschen weltweit durch anhaltend hohe Durchimpfungsraten zu schützen.

② Sicherstellen, dass alle Länder über nationale Impfstrategien verfügen und diese umsetzen. Sicherstellen, dass alle Länder ihre finanzielle Nachhaltigkeit im Einklang mit den Fortschritten auf dem Weg zu einer allgemeinen Gesundheitsversorgung stärken und niemanden zurücklassen.

③ Starke Überwachungssysteme für durch Impfungen vermeidbare Krankheiten aufbauen, insbesondere für solche Krankheiten, die weltweit eliminiert und ausgerottet werden sollen.

④ Die Ursachen, die Menschen zögern lassen, geimpft zu werden, an der Wurzel packen. Das Vertrauen in Impfungen stärken. Evidenzbasierte Interventionen planen und durchführen.

⑤ Die Möglichkeiten der digitalen Technologien nutzen, um die Überwachung bei der Durchführung von Impfprogrammen zu stärken.

⑥ Durch anhaltende Forschungsanstrengungen kontinuierlich sämtliche Daten zur Wirksamkeit und Sicherheit von Impfstoffen sowie [zu den] Auswirkungen von Impfprogrammen erhalten.

⑦ Fortsetzung der Bemühungen und verstärkte Investitionen, einschließlich neuer Finanzierungs- und Anreizmodelle, in Forschung, Entwicklung und Innovationen für neue oder verbesserte Impfstoffe und für Impfstoff-Verabreichungstechnologien.

⑧ Die Risiken eines Impfstoffmangels verringern: Durch verbesserte Systeme zur Überwachung der Impfstoffverfügbarkeit, der Vorhersage, des Einkaufs, der Lieferung und Lagerung sowie

durch die Zusammenarbeit mit Herstellern und allen Teilnehmern der Vertriebskette. Ziel: die vorhandenen Herstellungska-
pazitäten optimal zu nutzen oder zu erhöhen.

⑨ Befähigung der Angehörigen von Gesundheitsberufen sowie der
Medien, die Öffentlichkeit wirksam, transparent und objektiv zu
informieren. Falsche und irreführende Informationen bekämpfen, unter anderem durch die Zusammenarbeit mit sozialen Medienplattformen und Technologieunternehmen.

⑩ Anpassung und Integration von Impfungen in die globale Ge-
sundheits- und Entwicklungsagenda durch eine erneuerte Impfagenda 2030.[201]

Sehen wir uns die zehn Punkte einmal genauer an. Gleich in Punkt 1
wird klar, was die dahinterstehende Absicht ist: »Eine globale politische Führung sowie das Engagement für Impfungen [...] fördern,
mit dem Ziel, alle Menschen weltweit durch anhaltend hohe Durchimpfungsraten zu schützen.« Das klingt ganz nach dem Drehbuch
von Klaus Schwab und seiner Davos-Clique. Die ersten Schritte dazu
sind bereits eingeleitet worden, wie wir in früheren Kapiteln gesehen
haben.

In Punkt 2 heißt es: »Sicherstellen, dass alle Länder über nationale Impfstrategien verfügen und diese umsetzen.« Genau diesen
Punkt habe ich gerade durch die EU-Impfpläne aufgezeigt. Ich denke,
Punkt 2 ist für die Pharmaindustrie verfasst worden, denn sie sieht
ihre Gewinne zunehmend in Impfstoffen: Im Juli 2017 zum Beispiel
hat Italien zwölf Impfungen für Kinder zur Pflicht gemacht.[202] In der
Folge stiegen die Preise für eben diese Impfstoffe um 62 Prozent:[203]
von einem Durchschnittspreis pro Dosis von 14,02 auf 22,74 Euro. Der
weltweite Impfstoffmarkt hat derzeit einen Wert von 27 Milliarden
US-Dollar pro Jahr.[204] Nach Schätzungen der WHO wird er bis 2025
100 Milliarden US-Dollar erreichen.

»Die Ursachen, die Menschen zögern lassen, geimpft zu werden,
an der Wurzel packen« und »das Vertrauen in Impfungen stärken«,
heißt es in Punkt 4. Auch das ist durch die Aktionen der EU bereits
umgesetzt worden, wie wir oben gesehen haben.

Unter Punkt 5 steht: »Die Möglichkeiten der digitalen Technologien nutzen, um die Überwachung bei der Durchführung von Impf-

108   Zwangsimpfung

programmen zu stärken«. Da kommen sofort die Bemühungen der Regierungen in den Sinn, Tracing-Apps für alle verbindlich machen zu wollen.

Punkt 9 ist für den Nicht-Mainstream-Journalisten und für die Redefreiheit im Allgemeinen der bedrohlichste: »Die Befähigung [...] der Medien, die Öffentlichkeit wirksam, transparent und objektiv zu informieren« sowie »falsche und irreführende Informationen [zu] bekämpfen, unter anderem durch die Zusammenarbeit mit sozialen Medienplattformen und Technologieunternehmen«.

Da weist Neil Basu, Großbritanniens Chef der Terrorismusbekämpfung und zugleich stellvertretender Leiter der Metropolitan Police London (MET), schon mal in die zukünftige Richtung: Gegenüber britischen Medien sagte er Ende November 2020, es müsse darüber diskutiert werden, ob es »das Richtige für die Gesellschaft ist, Menschen zu erlauben, falsche Informationen, die das Leben von Menschen kosten können«, zu verbreiten. Er sei besorgt, dass falsche Online-Behauptungen die Bereitschaft, sich gegen Covid-19 impfen zu lassen, untergraben könnten.[205] Menschen könnten also durch Fehlinformation getötet werden – Impfkritik quasi als Anstiftung zur Verletzung oder zum Tod. Interessant wäre auch zu wissen, welche Konsequenzen diejenigen erwarten, die sich den geplanten routinemäßigen Impfungen und einem solchen Pass verweigern. Allein in Deutschland sind etwa 10 Prozent der Gesamtbevölkerung, also 8 Millionen Menschen, entschieden gegen eine Corona-Impfung.

Das ganz große Geschäft

Hinter dem Mantra, eine »Rückkehr zur Normalität« sei erst dann wieder möglich, wenn es einen Impfstoff gegen Covid-19 gäbe, stehen in Wahrheit finanzielle Interessen. Denn die Pharmaindustrie bringt immer weniger Innovationen hervor. Auslaufende Patente sorgen für Umsatzeinbußen durch Nachahmermedikamente, sogenannte Generika. Impfprogramme mit routinemäßigen Impfungen für die gesamte Weltbevölkerung wären also eine intelligente Lösung für dieses zunehmende Problem.

Pharma- und Biotech-Firmen weltweit stürzen sich gerade auf die Entwicklung von Impfstoffen, die EU finanziert zahlreiche Projekte

Der entscheidende Schritt zum globalen Bürger   109

hierzu, und auch das Geld vieler Investoren fließt aktuell – wie die Aktienkurse zeigen – in Impfstoffentwickler und Hersteller von Wirkstoffen gegen Infektionskrankheiten aller Art. Die WHO stellt sogar ein Dokument zur Verfügung, in dem alle Covid-19-Impfkandidaten aufgeführt sind.[206]

Bill Gates ist ganz vorne mit dabei. Schließlich hat er in zahlreichen Interviews gemeinsam mit der WHO das Jahrzehnt der Impfungen ausgerufen, in zahlreiche Impfstofffirmen investiert und spielt daher beim globalen Impfstofffahrplan mit seiner Stiftung eine tragende Rolle.

Eine Firma, in die auch Gates Geld investiert hat, ist die deutsche CureVac AG. Die Firma, die einen RNA-Impfstoff gegen SARS-CoV-2 entwickelt, ist zu 80 Prozent im Besitz des SAP-Gründers Dietmar Hopp. Hopp investiert mit seiner Hopp BioTech Holding GmbH & Co. KG bereits seit 14 Jahren in private Biotech-Firmen, bisher mit eher mäßigem Erfolg.[207]

Doch Corona könnte die Wende bringen: Sollte es der CureVac gelingen, ihren Impfstoff marktreif zu machen, dürften die globalen Impfstoffprogramme dafür sorgen, dass sich die Investitionen von Hopp und Gates endlich mit Zins und Zinseszins auszahlen.

Und tatsächlich scheinen die Chancen nicht schlecht zu stehen, denn am 14. August 2020 erfolgte der Börsengang an der US-Technologiebörse Nasdaq und die Investoren rissen sich um CureVac-Aktien.[208]

Um aber von einem steigenden Aktienkurs zu profitieren, müssten die Aussichten auf den Verkauf von Millionen von Impfstoffdosen positiv sein. Was nun den Impfstoff angeht, der seit Herbst 2020 in der Phase 2 getestet wird, sind die Aussichten wohl gar nicht so schlecht.[209] Auf jeden Fall wurde der Börsengang mit deutschen Steuergeldern subventioniert: Der Bund legte für 23 Prozent an CureVac 300 Millionen Euro auf den Tisch.

Wie wir oben bei den EU-Impfplänen gesehen haben, ist es für die vorgesehene Massenzwangsimpfung wichtig, dass den Bürgern mantraartig erzählt wird: Die Impfstoffe sind sicher. Genau diese Aussage wird aber immer mehr bezweifelt, denn die jetzt ausgelieferten Impfungen sind im Schnellverfahren zusammengemixt und kaum getestet worden. Außerdem lassen sich die Nachrichten von

110 Zwangsimpfung

gravierenden Impf-Nebenwirkungen schwer unterdrücken. Zudem kommen Informationen ans Licht, die den Menschen die Gefahr, welche von Impfungen ausgeht, deutlich machen. Zum Beispiel die, dass die US-Regierung bereits in den 1980er-Jahren ein Gremium mit der Bezeichnung »National Vaccine Injury Compensation Program (VICP)«[210] geschaffen hat.

Das Programm hilft Impfgeschädigten, eine Entschädigung für Impfschäden vor Gericht zu erstreiten. In der Zeit zwischen dem 10. Januar 1988, als das VICP seine Arbeit aufnahm, und dem 6. Januar 2020 – ab da sind keine Daten mehr verfügbar – hat das VICP Geschädigten fast 4,5 Milliarden US-Dollar zugesprochen.[211] Diese Zahl beinhaltet nicht die Entschädigungen, die Big Pharma wegen tatsächlicher rechtlicher Schritte, insbesondere Sammelklagen, zahlen musste. Aber Big Pharma hat weitergekämpft und Lobbyarbeit betrieben, um sich vor gerichtlichen Schritten zu schützen.[212] Im Jahr 2010 verkündete ein bahnbrechendes Urteil[213] des Obersten US-Gerichtshofs den U. S. Code Title 42: »Das Gesetz beseitigt die Herstellerhaftung für einen Impfstoff, der unvermeidbare, unerwünschte Nebenwirkungen hat.«[214]

Im selben Urteil wird dies weiter ausgeführt: »Kein Impfstoffhersteller haftet in einer Zivilklage für Schäden aufgrund von impfstoffbedingten Verletzungen oder Todesfällen im Zusammenhang mit der Verabreichung eines Impfstoffs nach dem 1. Oktober 1988 [...] wenn die Verletzung oder der Tod auf Nebenwirkungen zurückzuführen ist, die unvermeidbar waren, obwohl der Impfstoff ordnungsgemäß zubereitet und mit den entsprechenden Anweisungen und Warnungen versehen war.«[215]

Plötzlich wurden Impfstoffe zum neuen Geschäftsmodell von Big Pharma und seinen Aktionären – allen voran Bill Gates.[216]

BIG BROTHER

Auf dem geraden Weg
in die Eine-Welt-Diktatur

DASS WIR ALLE überwacht werden, wurde der deutschen Öffentlichkeit erst durch die Enthüllungen des Whistleblowers Edward Snowden im Jahr 2013 bewusst. Ab Mitte 2013 veröffentlichten ausgewählte Zeitungen und Zeitschriften in den USA, England, Frankreich und Deutschland Belege für eine umfassende Ausforschung von Telefonaten, SMS, E-Mails, sozialen Netzwerken und dem Internet allgemein durch den US-Auslandsgeheimdienst NSA (National Security Agency) und den britischen Geheimdienst GCHQ (Government Communications Headquarters). Die Veröffentlichungen basierten auf Dokumenten von Snowden, der als technischer CIA- und NSA-Mitarbeiter im Rahmen seiner Tätigkeit Zugang zu Informationen über Geheimdienstaktivitäten hatte, die als streng geheim eingestuft waren.

In meinem letzten Buch – *Besatzungszone* – bin ich ausführlich darauf eingegangen und habe nachgewiesen, dass die USA durch die immer noch geltenden Besatzungsverträge die offizielle Erlaubnis zu dieser elektronischen Überwachung haben.

Jetzt – im Rahmen der angeblichen Corona-Pandemie – soll diese Überwachung noch ausgeweitet werden, wie ich an einigen neuen Entwicklungen aufzeigen möchte.

Das Ende des freien Flugverkehrs

Die Organisation für Sicherheit und Zusammenarbeit in Europa (OSZE), die Vereinten Nationen und das US-Ministerium für innere Sicherheit (Department of Homeland Security) wollen gemeinsam das Recht auf Flugreisen begrenzen. Das geht aus geleakten Papieren dieser Organisationen hervor.[217] Behördeneinträge sollen künftig entscheiden, wer fliegen darf und wer nicht.

Beginnen wir mit Akteur Nummer 1, der OSZE. Sie ist eigentlich eine Staatenkonferenz zur Friedenssicherung und besteht aus folgenden 57 Teilnehmern: allen Staaten Europas (inklusive der Türkei), der Mongolei, den Nachfolgestaaten der Sowjetunion sowie den USA und Kanada. Sie hat ihren Hauptsitz in Wien. Die Arbeit der OSZE erstreckt sich also über große Teile der Welt – Nordamerika, Europa und den nördlichen Teil Asiens – und über mehr als eine Milliarde Menschen.

In Zukunft will die OSZE in Zusammenarbeit mit der International Air Transport Association (IATA) jeden Flugpassagier überprüfen und der Fluggesellschaft daraufhin vor Flugantritt des Passagiers eine »Authority to Carry (Beförderungsgenehmigung)« erteilen.[218]

Möglich wird dies durch das sogenannte API-System (application programming interface), das sich an andere Programme anbindet.[219]

Die Fluggesellschaften übermitteln die API-Nachricht beim Einchecken an die Strafverfolgungsbehörden. Diese entscheiden dann, ob eine bestimmte Person in ein Flugzeug einsteigen darf oder nicht. Übrigens – und das mag Sie, lieber Leser, überraschen – werden seit 2017 bereits 50 Prozent der weltweiten Flugpassagiere durch die OSZE erfasst.[220]

Um diese Aufgabe erfüllen zu können, hat die OSZE das Transnational Threats Department (TNTD) eingerichtet. Das TNTD ist in vier Teilbereiche gegliedert: Terrorismus, Grenzsicherheit und -management, Strategische Belange und Koordinierte Zellen. Zudem behandelt es Themen wie Cyber- und Internetsicherheit und ist für das Verbrechensdatenaustauschprogramm POLIS zuständig.[221]

Die Vereinten Nationen (UN) spielten eine wichtige Rolle, um dieses weltweite Kontroll- und Überwachungsprogramm aufzubauen: Im Dezember 2017 verabschiedete der Sicherheitsrat der UN einstimmig die Resolution 2396. Aufbauend auf den vorangegangenen Resolutionen 2178 (2014) und 2309 (2016) fordert sie die Mitgliedstaaten auf, API- und PNR-Informationen – dazu gleich mehr – zu sammeln.[222]

Im »Passenger Name Record« (PNR; deutsch: Fluggastdatensatz) werden alle Daten und Vorgänge rund um eine Flugbuchung elektronisch aufgezeichnet und bis 5 Jahre nach Ende der Flugreise gespeichert. Reiseverlauf, Mitreisende, Zwischenstopps, dabei gebuchte Hotels oder Mietwagen, E-Mail-Adresse, Rechnungsanschrift, Angaben zum Reisebüro und Sachbearbeitern, Buchungscode, Informationen über die Bezahlung, Vielfliegerstatus, Sitzplatz, Gepäck, Sprachen mit-

Auf dem geraden Weg in die Eine-Welt-Diktatur   113

fliegender Minderjähriger, Essensvorlieben oder ein Doktortitel. Die PNR-Daten müssen bis 24 Stunden vor der planmäßigen Abflugzeit übermittelt werden, und ein zweites Mal, wenn sich die Türen des startenden Flugzeuges endgültig geschlossen haben. So können die Behörden auch schnell feststellen, wer seinen gebuchten Flug nicht angetreten hat. Die Fluglinien leiten das umfangreiche Datenpaket an die Sicherheitsbehörden weiter, in Deutschland an das Bundeskriminalamt (BKA). Dort werden die Daten mit Risikoprofilen abgeglichen, die aufgrund früherer Erfahrungen erstellt wurden. Kriterien für ein solches Muster sind Alter, Geschlecht, Nationalität und Zielland.[223]

Die PNR-Richtlinie gilt seit Sommer 2018. In Deutschland nehmen bislang 25 Luftfahrtunternehmen teil. Ist das System voll im Einsatz, dann werden alle Menschen erfasst, die in Deutschland starten und landen. Bürgerrechtler sehen PNR als anlasslose Massenüberwachung. Die Gesellschaft für Freiheitsrechte hat Klagen gegen das BKA und zwei Fluglinien eingereicht.[224]

Anhand der Daten über Flugpassagiere sollen Algorithmen in Zukunft Verdächtige identifizieren – und zwar schon vor der Tat. Sie sollen aus den Daten herausfiltern, wer eine Straftat begehen könnte. Eine Kombination aus einer bestimmten Reiseroute, etwa in Nahost, und der Barzahlung von Tickets könnte dann Alarm auslösen.

Da Resolution 2396 gemäß Kapitel VII der Charta der Vereinten Nationen verabschiedet wurde, ist die Einhaltung dieser Verpflichtung für alle Mitgliedstaaten obligatorisch. Die vollständige Umsetzung dieser Resolution steht noch bevor. Bisher haben nur 48 Prozent der OSZE-Teilnehmerstaaten ein API-System eingerichtet, während nur 31 Prozent PNR-Daten sammeln.[225]

Die Vereinten Nationen haben bereits einen Testlauf absolviert: Im Zuge der Analyse des UN-eigenen Essensprogramms (UN Food Program) wurden 90 Millionen Menschen elektronisch erfasst und identifiziert.[226]

Neben UN und OSZE mischt noch ein weiterer mächtiger Spieler in diesem Bereich mit: das nach den Anschlägen vom 11. September 2001 geschaffene und seither immer mehr wachsende US-Ministerium für Innere Sicherheit (Homeland Security), von Kritikern die Stasi der USA genannt. Es hat derzeit mehr als eine Viertelmillion offizielle Mitarbeiter. Federführend ist hier die ihm unterstellte TSA

(Transportation Security Administration; deutsch: Transportsicherheitsbehörde) mit seinen 43 000 Angestellten. Aufgabe der TSA ist die Wahrung der Öffentlichen Sicherheit auf Highways, Bahnen aller Art, Häfen (teilweise auch im Ausland) und den 450 Flughäfen auf US-amerikanischem Boden.[227]

Auch die U. S. Customs and Border Protection (CBP; deutsch: Zoll- und Grenzschutzbehörde der Vereinigten Staaten) mit ihren mehr als 60 000 Mitarbeitern – ebenfalls der Homeland Security unterstellt – ist mit im Boot, indem sie Informationen über mögliche Gefährder an Fluglinien übermittelt und somit jedwede Person auf eine No-Fly-Liste setzen kann.[228]

Dass die OSZE zudem eine eigene polizeiliche Einheit hat, die Reisende am Flug hindern kann, macht das Ganze noch interessanter. Auch die United Nations besitzen eine solche Polizeieinheit: die UNPSG (United Nations Police Support Group). Diese Organisation unterstützt die örtliche Polizei, »um Verbrechen zu verhindern und aufzudecken, Leben und Eigentum zu schützen und die öffentliche Ordnung und Sicherheit aufrechtzuerhalten und die Einhaltung der internationalen Menschenrechte zu sichern«.[229]

Die Vereinten Nationen und die OSZE stehen demnach kurz davor, das Netz der weltweiten Fluggastüberwachung zu schließen.

Auf dem Weg zur totalen Überwachung

Der EU reichen diese Maßnahmen offenbar noch nicht. In der Arbeitsgruppe »Informationsaustausch« des EU-Rates wird derzeit nach Informationen der *Süddeutschen Zeitung* diskutiert, ob der »Passenger Name Record« auch auf den See- und Landweg ausgeweitet werden soll, ob also in Zukunft auch Zug-, Bus- und Schiffsreisende überwacht werden sollen. Die meisten Staaten unterstützen die Idee, warnen aber vor juristischen und praktischen Hindernissen.

Elisabeth Niekrenz von der NGO Digitale Gesellschaft warnt laut SZ: »Würde auch der Schiffs- und Bahnverkehr erfasst, käme das einer vollständigen Überwachung der europäischen Reisebewegungen nahe – völlig unverhältnismäßig.«[230]

Begründet wird der Vorstoß für eine vollständige Überwachung – kaum überraschend – mit dem Kampf gegen den Terrorismus und die Organisierte Kriminalität. Das geht aus der Zusammenfassung des Arbeitsgruppentreffens hervor.[231] Demnach begründeten die Befürworter die Ausdehnung der Überwachung damit, dass Terroristen offenbar oft die Verkehrsmittel wechseln: Sie reisen etwa erst per Flugzeug, dann per Bus oder Bahn. »Broken travel« ist der Fachbegriff für dieses unterbrochene Reisen.

In Belgien, das seit Jahren fordert, auch Zugreisende zu erfassen, werden in Pilotprojekten bereits Daten über Kunden von Flixbus und Eurostar-Zügen erfasst.

Deutschland zögert noch und will erst die Auswertung des PNR-Systems für Flüge 2020 abwarten. Zudem seien »Bahntickets in Deutschland nicht zwangsläufig personengebunden, und die Flexibilität sei ein wesentlicher Vorteil der Eisenbahn in Deutschland«. Es fehle auch ein einheitliches Datenformat wie bei den Fluggastdaten.

Gegen eine Auswertung spricht sich auch Moritz Körner aus, Mitglied der FDP-Fraktion im Europäischen Parlament: »Die Ausdehnung der anlasslosen Reiseüberwachung reduziert den privaten Bewegungsradius der Menschen weiter.« 99,7 Prozent der vermeintlichen PNR-Treffer seien Irrtümer gewesen. »Statt mehr Datenmüll brauchen wir endlich mehr Kooperation zwischen den Ermittlungsbehörden. Wir werden die Nadel im Heuhaufen nicht schneller finden, indem wir den Heuhaufen größer und größer machen.«[232]

Wir wissen, wohin du fährst

Neben dem PNR will ein weiteres Projekt unsere Reisen überwachen: die Known Traveler Digital Identity (KTDI). Hinter dem Plan steht das Weltwirtschaftsforum.

Am 26. März 2020 stellte das WEF Spezifikationen und eine neue Website für das Projekt Known Traveler Digital Identity (KTDI) online.[233] Da kann jeder nachlesen, was sich hinter diesem Vorhaben verbirgt: eine Handy-App, die folgende Daten eines Reisenden umfasst:

- Biometrische Daten (zunächst Gesichtsbilder, möglicherweise auch Fingerabdrücke, Iris-Scans usw.)

116 Big Brother

- Von der Regierung ausgestellte Ausweise (Passnummer usw.);
- Reiseverlauf einschließlich Protokolle von Grenzübergängen, Hotelaufenthalten und möglicherweise auch Mietwagen und/oder anderen Veranstaltungen; Kaufprotokolle und möglicherweise Bankkontoinformationen und/oder andere Finanz- und Transaktionsaufzeichnungen;
- Vorausschauende »Risikobewertung« und Profilerstellung in Bezug auf mögliche Straftaten, die an jedem »Interventionspunkt« vor und während jeder Reise oder Transaktion erstellt wurden;
- Immunitätsnachweise wie Impfungen oder zeitnahe Testungen.

Nach dem KTDI-Plan soll jede Hotelübernachtung und jede andere Transaktion in einem digitalen Reisepass (dem sogenannten Trip-Pass) gespeichert werden, der bei Bedarf von den Behörden an bestimmten »Interventionspunkten« (wie Grenzübergängen oder Flughäfen) kontrolliert und ausgelesen werden darf. Wie in einem Science-Fiction-Film werden mit der ID verknüpfte »Präkriminalitätsprofile« erstellt – mit einer Bewertung von »hohes Risiko« bis »geringes Risiko«.[234]

Aktualität erhält das kaum bekannte Projekt durch Covid-19 und den geplanten »Immunity Passport«. Dieses digitale Dokument soll aufzeichnen, ob sein Besitzer gegen das Coronavirus geimpft wurde und er sich damit frei bewegen bzw. reisen kann.[235]

Bei einer Konferenz der Hotel Electronic Distribution Network Association (HEDNA) im Jahr 2019 prahlten Vertreter der US-Beratungsfirma Accenture (des Hauptauftragnehmers des WEF für das KTDI-Projekt) und die Hotelkette Marriott, wie eine Person auf der Grundlage von KTDI-Daten aus einer Menschenmenge ausgewählt werden könne, um diese per »Blacklisting« mit automatisierter Gesichtserkennung, »ohne dass die Person stehen bleibt oder die Kamera bemerkt«, zu identifizieren. Damit ist neben dem Aufbau der Reisehistorie mittels KTDI eine unbemerkte und stetige Massenüberwachung möglich.[236]

Schon 2 Jahre zuvor hatten Accenture und Microsoft auf dem ID2020-Gipfel der Vereinten Nationen (UN) in New York den ersten Prototyp dieses digitalen Ausweises vorgestellt. Er stützte sich auf Erfahrungen, die Accenture gesammelt hatte, während die Firma für den

Auf dem geraden Weg in die Eine-Welt-Diktatur 117

Hochkommissar der Vereinten Nationen für Flüchtlinge ein ID-System entwickelte. Damit waren bis 2017 bereits 1,3 Millionen Geflüchtete in 29 Ländern biometrisch – also mit Merkmalen wie Fingerabdrücken und Iris-Scans – erfasst worden, und bis Ende 2020 soll das System auf 75 Länder ausgeweitet werden.[237]

In den Entwicklungsländern setzt ID2020 vor allem darauf, im Rahmen von Impfprogrammen die Kinder biometrisch zu erfassen. Im September 2019 hat ID2020 zusammen mit der von der Gates-Stiftung maßgeblich finanzierten Impfallianz Gavi eine Kooperation mit der Regierung von Bangladesch verkündet. Im Rahmen dieser Kooperation soll »Impfung als Gelegenheit und Hebel genutzt werden, digitale Identitäten zu etablieren«.[238]

Das von Microsoft und Accenture entwickelte System kann aber nicht nur ein paar Millionen Flüchtlinge, sondern Milliarden von Erdenbürgern erfassen und den Zugriff auf deren Daten verwalten. Die Identitätsnachweise der Individuen sollen diejenigen ergänzen und auch ersetzen, die von den Regierungen der Heimatländer ausgestellt werden.

Im Januar 2020 stand das Projekt KTDI auf der Agenda der WEF-Konferenz in Davos. Es war bereits 2 Jahre davor in Davos Tagungsordnungspunkt gewesen. Wenige Panikwochen später wurden plötzlich freiwillige Corona-Apps zur Nachverfolgbarkeit der sozialen Kontakte der letzten 14 Tage als die Heilsbringer gegen Corona gefeiert. Apple und Google haben sich bereits auf eine entsprechende Bluetooth-Schnittstelle zum Datenaustausch der Apps geeinigt.

Mit der KTDI soll offenbar die »Lösung für eine weitere Ausbreitung des Coronavirus« gefunden worden sein. Beteiligt am KTDI-Projekt sind neben den bereits genannten WEF, Microsoft und Accenture: Accor, AirAsia, Amadeus, Department of Transport of Canada, Google, Hilton Worldwide, International Air Transport Association (IATA), International Civil Aviation Organization (ICAO), International Criminal Police Organization (INTERPOL), Marriott International, Ministry of Security and Justice of the Netherlands, National Crime Agency (NCA), National Migration Institute (INM), US Department of Commerce (DOC), US Department of Homeland Security (DHS), Visa, World Tourism Organization (UNWTO), World Travel & Tourism Council (WTTC), Zurich Insurance Group.[239]

Der Rockefeller-Plan: Testen und Überwachen
der gesamten Bevölkerung

Ein Dokument der Rockefeller Foundation fordert die nächste Phase
der Lösung für die Coronavirus-Krise: die Schaffung einer riesigen
landesweiten DNA-Datenbank der gesamten US-Bevölkerung. Dafür
sollen alle Amerikaner getestet und nachverfolgt werden. Durchgeführt werden soll diese Überwachung durch eine eigens geschaffene
Truppe von bis zu 300 000 Mann.[240]

Das am 21. April 2020 veröffentlichte Papier trägt den Titel »National Covid-19 Testing Action Plan – Pragmatic steps to reopen our
workplaces and our communities (Nationaler Covid-19-Testaktions-
plan – Pragmatische Schritte zur Wiedereröffnung unserer Arbeits-
plätze und unserer Gemeinden)«. Die 1913 gegründete, von New York
aus operierende Rockefeller Foundation, die das Papier herausgab, ist
neben der Bill & Melinda Gates Foundation eine der einflussreichsten
Stiftungen der Welt. Sie gilt als einer der Initiatoren der UNO und der
WHO. Es entbehrt nicht einer gewissen Ironie, dass diese Organisation, die sich einst aus den Einnahmen der Ölindustrie speiste und
die auf Öl basierenden Pharmaprodukte propagierte, nun einer der
Vorreiter der globalen Anti-Viren-Kampagne und damit der Welt-
gesundheit sein will.

Bevor ich aus dem aktuellen Dokument zitiere, möchte ich noch
auf ein Papier derselben Stiftung aus dem Jahr 2010 mit dem Titel
»Scenarios for the Future of Technology and Future Development
(Szenarien für die Zukunft der Technologie und zukünftige Entwicklung)« verweisen.[241]

Auf Seite 18 wird ein sogenanntes »Lockstep Scenario« beschrieben,
in dem »die Welt eine striktere, autoritäre Regierungskontrolle und
Führung« brauche, denn eine Pandemie habe einen tödlichen Einfluss
auf die Wirtschaft genommen.

Was dann folgt in diesem Szenario aus dem Jahr 2010, liest sich wie
eine Prophezeiung:

> Sogar nachdem die Pandemie zu Ende war, blieb die autoritäre Kontrolle
> und Überwachung der Bürger und ihrer Aktivitäten in Kraft, ja sie in-
> tensivierte sich sogar. Führer überall auf der Welt zogen die Zügel ihrer

Auf dem geraden Weg in die Eine-Welt-Diktatur 119

Herrschaft noch einmal an – meist, um die Probleme wie Terrorismus, Umweltzerstörung und steigende Armut einzudämmen. Weltweit gaben die Menschen bereitwillig ihre Freiheit im Austausch gegen mehr Sicherheit und Stabilität auf – in den entwickelten Industriestaaten mehr als anderswo. Sie akzeptierten dort biometrische Ausweise für alle und auch die staatliche Kontrolle der Schlüsselindustrien [...] Technische Neuerungen werden die Kontrolle und Überwachung der Bürger verbessern.[242]

Diese düstere Vorhersage aus dem Jahr 2010 wurde jetzt durch das Szenario unserer unmittelbaren Zukunft ergänzt.

Es beschäftigt sich nicht mit den Jahren, die vor uns liegen, sondern mit den kommenden Wochen. Im Vorwort des 2020-Dokuments wird ein Wiederaufleben des Coronavirus beschrieben und eine im Hintergrund beginnende 2. Welle.

Um eine gefährliche, ungewisse Rückkehr zur Normalität zu vermeiden, müssen die Vereinigten Staaten eine nachhaltige Strategie mit besseren Tests und der Rückverfolgung von Kontakten verfolgen und den Kurs so lange beibehalten, wie es dauert, einen Impfstoff oder ein Heilmittel zu entwickeln.

Dazu gehöre auch die Schaffung einer militärischen Einheit, um die »Gesundheit« zu regeln und zu verwalten. Diese Truppe soll mittels einer digitalen Testdaten-Plattform Kontakte nachverfolgen und wirkungsvolle Behandlungsprotokolle erstellen. Mindestens 100 000, möglicherweise bis zu 300 000 Mitarbeiter seien für diese Truppe einzustellen.[243]

Diese »Healthcare Corps« entsprechen dem, was Bill Clinton vor einigen Wochen in seinen Gesprächen mit den kalifornischen und New Yorker Gouverneuren forderte, als diese von einer »Armee von Spürhunden (*army of tracers*)« sprachen und das (von Clinton gegründete) AmeriCorps nutzen wollten, um Amerikas neue nationale Spürtruppe für die Kontaktnachverfolgung aufzubauen. Genau die Menschen, die durch die Lockdown-Politik arbeitslos geworden sind, sollen sich jetzt als Kontaktnachverfolger oder Kontaktermittler verpflichten, um anderen weiterhin dieselbe Tyrannei aufzuzwingen, die sie arbeitslos gemacht hat.[244]

Das nächste Zitat zeigt den Plan, jeden einzelnen Amerikaner innerhalb der nächsten 6 Monate zu testen: »Wir schlagen vor, dass sich unsere Nation um das kühne, ehrgeizige, aber erreichbare Ziel schart, die Testkapazität in den nächsten 6 Monaten rasch auf 30 Millionen Tests pro Woche zu erweitern.«

Im nächsten Abschnitt des Dokuments geht es um Überwachung und Monitoring. Einige wörtlich zitierte Stichworte dazu: »Integration und Erweiterung bundesweiter, staatlicher und privater Datenplattformen, um das gesamte Spektrum der Daten abzudecken, die zur Überwachung der Pandemie, zur Bereitstellung von Ressourcen und zur Beseitigung von Engpässen erforderlich sind [...] eine Echtzeit-Datenplattform zu entwickeln und zu integrieren.«

Schließlich kommt der Plan der Rockefeller-Stiftung zum Kern der Sache: die »eindeutige Patienten-Identifikationsnummer«, die nur ein anderer Begriff ist für das digitale Zertifikat, das Bill Gates fordert, oder für den Immunitätspass, den Jens Spahn einführen wollte (und der jetzt vermutlich über den Umweg der EU auf uns herniederkommt).

Wörtlich heißt es in dem Rockefeller-Dokument:

Bei einem so virulenten Infektionserreger wie Covid-19 müssen einige Datenschutzbedenken außer Acht gelassen werden [...] Diejenigen, die untersucht werden, müssen eine eindeutige Patienten-Identifikationsnummer erhalten, die mit Informationen über den Virus-, Antikörper- und schließlich Impfstatus eines Patienten in einem System verknüpft ist, das leicht mit anderen Systemen Informationen austauschen kann, um die Rückkehr zu normalen gesellschaftlichen Funktionen zu beschleunigen. Schulen könnten dies mit Anwesenheitslisten, große Bürogebäude mit Mitarbeiterausweisen, TSA [die Transportation Security Administration, deutsch: Transportsicherheitsbehörde. Sie untersteht dem US-Ministerium für Innere Sicherheit. Ihre 43 000 Mitarbeiter sind mit Polizeibefugnissen ausgestattet, Anm. d. Verf.] mit Passagierlisten und Konzert- und Sportstätten mit Ticketkäufern verknüpfen.

Mit anderen Worten, dies wird darüber entscheiden, ob die Bürger reisen, arbeiten, Handel treiben und ihre Grundrechte ausüben können.[245]

Die Bundeswehr als Test-Überwachungstruppe?

Seit 3. April 2020 stehen 15 000 Soldaten der Bundeswehr für den Einsatz im Landesinneren bereit. Im Oktober wurde das Kontingent noch einmal um 5000 Soldaten aufgestockt. Seltsamerweise unterstehen sie nicht mehr den Landeskommandos wie bisher, sondern den Kampftruppen. Und sie sollen auch militärische Waffen einsetzen dürfen, obwohl dies das Grundgesetz verbietet.[246]

Am 14. März 2020 hatte Bayerns Ministerpräsident Markus Söder einen flächendeckenden Inlandseinsatz der Bundeswehr gefordert.[247] Fünf Tage später präsentierte Verteidigungsministerin Kramp-Karrenbauer die Strategie der Bundeswehr gegen die Corona-Pandemie.[248] Dabei brachte sie auch den Einsatz von Soldaten für den Objektschutz von kritischer Infrastruktur in Deutschland ins Gespräch. Am 26. März wurde bekannt, dass das Innenministerium von Baden-Württemberg mit der Bundeswehr im Gespräch sei, ob nicht Soldaten die wegen hohen Krankenstands geschwächte Polizei unterstützen könnte. Damit stehen auch gemeinsame Patrouillen von Polizisten und bewaffneten Soldaten in der Öffentlichkeit im Raum.[249]

Bereits Mitte März begann die Bundeswehr, in Einzelfällen Amtshilfe zu leisten, so etwa bei der Bereitstellung und Einlagerung von Material, darunter Atemschutzmasken und Schutzanzüge, bei der Durchführung von Tests und bei der Versorgung von Lkw-Fahrern, die in Dutzende Kilometer langen Staus vor der Grenze zu Polen festsaßen. Bis Ende März waren gut 200 Anträge auf Amtshilfe bei der Bundeswehr eingegangen; davon waren 44 genehmigt worden, 9 waren abgeschlossen, 25 werden zurzeit durchgeführt.[250]

Seit 3. April 2020 standen dann 15 000 Soldaten für den Einsatz im Inland bereit: 6000 Soldaten für die nicht weiter definierte »Unterstützung der Bevölkerung«, 5500 für »Absicherung/Schutz«, 600 Militärpolizisten der Feldjäger für »Ordnungs-/Verkehrsdienst«, 2500 Logistiksoldaten mit 500 Lastwagen für »Lagerung, Transport, Umschlag« und 18 Dekontaminationsgruppen mit etwa 250 Soldaten der ABC-Abwehr für Desinfektionsaufgaben. Bis Mitte März hatten sich außerdem 8000 Reservisten freiwillig zum Einsatz gemeldet.[251]

Um diesen in der bisherigen Geschichte der Bundesrepublik nicht gekannten Großeinsatz der Bundeswehr zu führen, wurden Generalleutnant Martin Schelleis, dem Nationalen Territorialen Befehlshaber der Bundeswehr, vier regionale Stäbe unterstellt.

Und genau in dieser Umstrukturierung liegt die Brisanz. Denn bislang wurden die Soldaten im Katastrophenfall von den Landeskommandos der Bundesländer geführt. Ihnen übergeordnet war das Kommando Territoriale Aufgaben in Berlin, das wiederum dem Inspekteur der Streitkräftebasis (SKB) als Nationalem Territorialen Befehlshaber untersteht.

Ab 3. April wurden neue Organisations- und Führungsstränge gezogen. Um es vereinfacht zu sagen: Nicht mehr die Landeskommandos haben jetzt das Sagen, sondern die Führungsstrukturen der Kampftruppen. Unterhalb des Kommandos Territoriale Aufgaben ist jetzt die 10. Panzerdivision in Veitshöchheim bei Würzburg als regionaler Führungsstab Süd zuständig für die Länder Bayern, Baden-Württemberg, Rheinland-Pfalz, das Saarland, Thüringen und Sachsen. Die 1. Panzerdivision in Oldenburg organisiert als regionaler Führungsstab West die Hilfe in Nordrhein-Westfalen, Hessen, Niedersachsen, Bremen und Sachsen-Anhalt. Im Norden ist das Marinekommando in Rostock für Schleswig-Holstein, Mecklenburg-Vorpommern und Hamburg zuständig, im Osten das Luftwaffenkommando in Berlin für Berlin und Brandenburg.

Während der Nationale Territoriale Befehlshaber, in Person von SKB-Inspekteur Martin Schelleis, die direkte Kontrolle über Feldjäger und Einheiten der ABC-Abwehr behält, werden den vier regionalen Kampftruppen-Führungsstäben Soldaten für die logistische Unterstützung und zur Absicherung unterstellt – Letztere sind für Raum- und Objektschutz, Schutz kritischer Infrastrukturen und Sicherung vorgesehen.[252]

Die Bereitschaft von knapp 9000 Soldaten für »Unterstützung der Bevölkerung«, Logistik und ABC-Abwehr lässt sich mit dem Artikel 35 im Grundgesetz (Amts- und Katastrophenhilfe) juristisch rechtfertigen. Normalfall ist dabei überwiegend die technisch/logistische Unterstützung ohne Wahrnehmung hoheitlicher Aufgaben, vor allem nicht als Organ der vollziehenden Gewalt.

Die Absätze 2 und 3 dieses Grundgesetzartikels sagen klar, dass die Soldaten, die zur Unterstützung eingesetzt werden, an die Bestimmungen des jeweiligen Bundeslandes gebunden sind. Auch ihre

Auf dem geraden Weg in die Eine-Welt-Diktatur   123

sogenannten Eingriffsbefugnisse, also in welchem Umfang sie zum Beispiel Polizeirechte wahrnehmen dürfen, richten sich nach diesen zivilen Regeln.

Den Einsatz von über 6000 Soldaten und Feldjägern für polizeiähnliche Aufgaben im Inland allerdings gestattet das Grundgesetz nicht – es sei denn, es handelt sich um einen sogenannten Inneren Notstand (Artikel 87a). Der wäre aber nur dann gegeben, falls der Bund, ein Land oder die Verfassungsordnung durch militärisch organisierte und bewaffnete Unruhen bedroht sind. Die zweite Option ist der Spannungs- und Verteidigungsfall nach Artikel 115a, also der Moment, in dem die Regierung die Kriegsvorbereitung oder den Kriegseintritt Deutschlands erklärt. Beide Optionen sind damit für den aktuellen Fall (noch) ausgeschlossen.

Allerdings gibt es eine interne Anweisung der Truppe, derzufolge »in besonderen Ausnahmefällen und auf Weisung der Bundesministerin« der »Einsatz spezifisch militärischer Waffen [...] zulässig« sei. Hatte das Bundesverfassungsgericht dies 2006 noch für unzulässig erklärt, so hat es den Beschluss im Jahr 2012 revidiert und den Einsatz spezifisch militärischer Mittel, wenn auch mit gewissen Einschränkungen, erlaubt.[253]

Die Debatte über eine Grundgesetzänderung zur Ausweitung derartiger Einsätze hat bereits begonnen. Nach ersten Überlegungen des CDU-Militärpolitikers Roderich Kiesewetter, den Grundgesetzartikel 35 um die ausdrückliche Nennung von Pandemien als Einsatzgrund zu erweitern, hat sich Patrick Sensburg, Präsident des Bundeswehr-Reservistenverbandes sowie CDU-Bundestagsabgeordneter, entsprechend geäußert. Bezüglich der Einsatzfelder für die Bundeswehr müsse man »diskutieren«, was künftig unter »Sicherung kritischer Infrastruktur durch die Streitkräfte« zu verstehen sei, forderte Sensburg: »Bislang war damit das Wasserwerk oder Elektrizitätswerk gemeint.« Nun aber zeige sich, dass es dabei »auch um die Versorgung des Supermarkts um die Ecke oder von Lkw-Fahrern auf der Autobahn gehen kann«. Eine »Klarstellung« wäre »sinnvoll«.[254]

Von da ist es vermutlich auch nicht mehr weit, die Soldaten zur Überprüfung von Corona-Tests oder zur Verbringung von Infizierten in Quarantänezentren einzusetzen. Schon hat Bayerns Ministerpräsident Markus Söder Mitte September 2020 diese Karte gezogen. Zur

Kontrolle der Maskenpflicht auf öffentlichen Plätzen, bei denen der Abstand nicht eingehalten werden kann, will er nicht nur die Polizei, sondern auch die Bundeswehr heranziehen. Einhundert Bundeswehrsoldaten sollen die Gesundheitsämter unterstützen.[255]

Quarantänelager

Vielleicht werden also eines nicht allzu fernen Tages Soldaten ihre Mitbürger in Quarantänelager bringen. Solche Einrichtungen gibt es mancherorts bereits. Zum Beispiel in Neuseeland, einem Land, das bislang als gefestigte Demokratie galt. Positiv auf SARS-CoV-2 Getestete werden dort in sogenannten Quarantänecamps untergebracht.[256] Dazu wurden Kongresszentren, Hotels und Stadien umfunktioniert.[257]

Obwohl dies ein massiver Eingriff in die Freiheit der Menschen ist, ist kein Rechtseinspruch möglich. Der neuseeländische Gesundheitsminister Ashley Bloomfield erklärte, die obligatorische Quarantäne gelte sowohl für Neuinfizierte als auch für Verdachtsfälle unter engen Familienmitgliedern. Diese Vorgehensweise zeige, »wie ernst wir es meinen, wenn es darum geht, das Risiko einer andauernden Übertragung zu begrenzen. […] Das wird uns dabei helfen, eine weitere unbeabsichtigte Ausbreitung zu vermeiden.«[258]

Wie so eine Quarantäne aussieht, erläuterte Jacinda Ardern, die im Herbst 2020 mit großer Mehrheit wiedergewählte 40. Premierministerin, ihrem Volk in einer Videobotschaft. Jede einzelne Aktivität in diesen Lagern werde überwacht. Wer sich weigere, sich testen zu lassen, werde gezwungen, für längere Zeit im Camp zu bleiben. »Damit sind wir die Strengsten der Welt«, verkündete die Regierungschefin stolz.

Es gibt Länder, die eine Selbstisolierung fordern – wir gehen noch einen Schritt weiter. Wenn sich jemand in einen gemeinsam genutzten Raum begibt oder frische Luft schnappen will, so darf er das nicht allein. Ob er sich nun in einem Raum aufhält, ihn verlässt oder ins Freie geht – er wird ständig überwacht. Wir haben Millionen von Dollar investiert, um dies zu ermöglichen. […] Was tun wir mit Menschen, die sich nicht testen lassen wollen? Das können sie jetzt nicht mehr. Solange sich jemand weigert, lassen wir ihn nicht nach 2 Wochen wieder frei – er muss für weitere 14 Tage in der Quarantäneeinrichtung bleiben.[259]

Auf dem geraden Weg in die Eine-Welt-Diktatur   125

Bei diesen drastischen Maßnahmen reibt sich ein ausländischer Beobachter die Augen: Am 8. April 2020 hatte Neuseeland die weltweit niedrigste Todesrate von Covid-19-Infizierten zu verzeichnen: 0,1 Prozent.[260] Am 4. Mai 2020 war die Zahl der Neuinfektionen erstmals seit Wochen auf null gesunken.[261] Fünf Wochen später, am 8. Juni 2020, gab das Gesundheitsministerium bekannt, dass die letzte bekannte Corona-Patientin seit 48 Stunden symptomfrei sei und daher als geheilt gelte.

Nach 102 Tagen ohne Neuinfektionen meldete die Stadt Auckland Mitte August ein neues »Coronacluster«, mit 17 Trägern des Virus; einen von ihnen hatten infizierte Freunde und Verwandte besucht.[262] Einen Tag später war das Cluster auf 29 Personen angewachsen; zwei davon hatten das Virus offenbar bereits 200 km nach Süden getragen, in die Kleinstadt Tokorea.[263]

Obwohl also Neuseeland auch heute noch nahezu Covid-19-frei ist, hat das Land Corona-Lager eingerichtet, um dort alle »Infizierten« wegzusperren, notfalls gewaltsam.

Wie die Tageszeitung *The Guardian* berichtete, stehen Neuseelands Isolations- und Quarantäneeinrichtungen unter »extremem Stress«, weil Riesenandrang herrscht, seit alle Rückkehrer von Auslandsreisen routinemäßig dorthin verfrachtet werden.[264]

Quarantänecamps gibt es auch in China und Indien.[265] Selbst die Vereinigten Staaten machen mit bei dieser Art von »Seuchenschutz«. Bereits im Februar 2020 genehmigte das Verteidigungsministerium, militärische Einrichtungen zur Quarantäne von aus Übersee heimkehrenden Amerikanern zu nutzen, insbesondere von Evakuierten aus Wuhan und Passagieren des Kreuzfahrtschiffes »Grand Princess«.

Bei einem »Faktencheck« Mitte August bestätigte die Tageszeitung *USA Today* die Existenz von 15 solcher Basen.[266] »Wichtig« zu betonen fand sie, dass die Aufenthalte dort selbstverständlich bloß »zeitweilig« seien; »nach Einhaltung der 14-tägigen Quarantäne« werde man selbstverständlich wieder »freigelassen« – so als wäre Freiheitsberaubung ein staatliches Kavaliersdelikt, solange sie bloß ein kurzes Weilchen dauert.

Bereits im März 2020 rüstete Vietnam 145 Hotels zu Haftanstalten für »Infizierte« um.[267] Weitere Quarantänelager betreibt seither die vietnamesische Armee.[268] Schon bis Ende März wurden rund

126 Big Brother

50 000 Menschen aus über 95 Millionen Einwohnern dorthin geschafft, obwohl das Land bis dahin bei über 30 000 Tests erst 148 Infektionen verzeichnete – und keinen einzigen Corona-Todesfall.[269]

Nahezu zeitgleich mit Vietnam richtete auch der Himalajastaat Nepal Quarantänelager für »Infizierte« ein, die bis heute in Betrieb sind. Dabei vermelden Gesundheitsbehörden unter 28 Millionen Einwohnern gerade mal 102 (!) »bestätigte« Corona-Todesfälle.[270]

Über die bedrückenden Verhältnisse um die Corona-Camps berichteten drei nepalesische Wissenschaftler Ende Juni 2020 in der Onlinezeitschrift *Rural and Remote Health*:

> Die soziale Ächtung von Covid-19-Fällen nimmt rapide zu. Bewohner in der Nähe der Quarantänelager haben Bedenken geäußert und gegen diese Einrichtungen protestiert. Wer in den Lagern positiv getestet ist, wird stigmatisiert und schikaniert. Soziale Diskriminierung und mangelnde psychiatrische Versorgung führen häufig zu Konversionsstörungen, Panikattacken und Depressionen.
>
> Kürzlich erschien ein Bericht über Selbstmorde von positiv getesteten Patienten sowie über die angebliche Gruppenvergewaltigung einer Frau in einem Corona-Camp in Nepal. Diese dunklen und verzweifelten Taten sind weitere Beispiele für den Zustand des physischen, psychischen und sozialen Wohlbefindens in Nepals Quarantänelagern inmitten einer globalen Krise.[271]

Der geplante Gesundheitspass

Aber viele Regierungen werden ihren Bürgern bald den Ausweg zeigen, wie sie die 14-tägige Freiheitsberaubung in den Quarantänelagern vermeiden können: den sogenannten Covi-Pass.

Ein britisches Cybersicherheitsunternehmen testet in Zusammenarbeit mit mehreren Technologiefirmen in fünfzehn Ländern der Welt diesen Pass.[272] Er enthält die Covid-19-Testgeschichte und andere »relevante Gesundheitsinformationen«.[273] Laut der Website des Unternehmens besteht das Ziel des Passes darin, »sicher an den Arbeitsplatz zurückzukehren« und »soziale Interaktionen« wieder aufzunehmen, indem den Behörden »aktuelle und authentifizierte Gesundheitsinformationen« zur Verfügung gestellt werden.

Auf dem geraden Weg in die Eine-Welt-Diktatur   127

Diese Ziele entsprechen denen, für die sich Bill Gates seit Beginn der Lockdown-Maßnahmen im Zusammenhang mit Covid-19 einsetzt. In einem von Gates im April 2020 verfassten Essay[274] plädiert der »Philanthrop« für die Einführung von Massenverfolgungs- und Überwachungstechnologie in den USA.

Gates sagt voraus, dass die Möglichkeit, in naher Zukunft an öffentlichen Veranstaltungen teilzunehmen, von der Feststellung einer wirksamen Behandlung abhängen wird. Wie bereits weiter oben erwähnt, sprach er auch wiederholt davon, dass erst die Menschheit geimpft sein müsse, bevor sie wieder in ein halbwegs normales Leben zurückkehren könne. Diese Warnungen des Multimilliardärs decken sich perfekt mit den erklärten Zielen des Covi-Passes.

Entwickelt wurde der Covi-Pass von der englischen Firma VST Enterprises Ltd (VSTE).[275] VST genießt in den höchsten Kreisen der britischen Regierung große Wertschätzung, wie die lautstarke Befürwortung durch die ehemalige Premierministerin Theresa May zeigt, die auf der Covi-Pass-Website prominent dargestellt ist.[276] Praktisch gesehen hat VST nun eine direkte Partnerschaft mit der britischen Regierung und hat Verträge für den Einsatz seiner Technologie mit fünfzehn Ländern abgeschlossen, darunter Italien, Portugal, Frankreich, Indien, die USA, Kanada, Schweden, Spanien, Südafrika, Mexiko, die Vereinigten Arabischen Emirate und die Niederlande.[277]

In Zukunft sollen die biometrischen RFID-fähigen »Pässe« über ein Mobiltelefon oder einen Schlüsselanhänger zugänglich sein und mit farbigen Blinklichtern[278] anzeigen, ob eine Person negativ oder positiv getestet wurde oder ob ihr der Zutritt zu öffentlichen Orten verweigert werden soll. Die VCode®-Technologie, die von der EU mit dem »Seal of Excellence« ausgezeichnet wurde, stellt sicher, dass alle unsere persönlichen und gesundheitsbezogenen Daten für Behörden aus der Ferne zugänglich sind, ohne dass es zu unangenehmen und potenziell gefährlichen persönlichen Begegnungen mit der Polizei oder anderen Vollzugsbeamten kommt.

Aber noch einmal zurück zu Bill Gates. Er schließt seinen oben zitierten Leitartikel[279] mit einem Vergleich zum Zweiten Weltkrieg. Er stellt fest, dass besagter Konflikt ein »entscheidender Wendepunkt für unsere Elterngeneration« war, wie es die Covid-19-Pandemie jetzt für die unsere sei. Dies bedeute, dass die jetzt stattfindenden Veränderungen mit der Niederlage des Dritten Reiches durch die Alliierten vergleichbar seien.

Und noch ein Nachtrag zu Gates. Der stellvertretende Direktor der Bill & Melinda Gates Foundation, Hassan Damluji, verhöhnte in einem Interview[280] die Idee, dass die Covid-19-Pandemie in irgendeiner Weise nachlasse, und warnte sogar davor, dass die Pandemie bereits »tief in der dritten Welle« stecke. Seine Bemerkungen zielten speziell auf die Regionen ab, die er für die Stiftung betreut, darunter der Nahe Osten und Teile Asiens, die, wie er betonte, im Mittelpunkt der nächsten Welle stehen würden.

BEVÖLKERUNGSAUSTAUSCH

Der alte Plan vom Ende des weißen Mannes

SEIT DEUTSCHLAND AM 1. Juli 2020 die EU-Ratspräsidentschaft turnusmäßig übernommen hat, droht eine Neuauflage des EU-Richtungsstreits zur Flüchtlingspolitik – und eine weitere Spaltung der Gemeinschaft: Denn um jeden Preis will Merkel ihre Vorstellung von »Solidarität« den Nachbarn aufdrücken und sie zur Aufnahme zwingen. Und das ist ganz im Sinne des Plans, die Bevölkerung Europas auszutauschen.

Merkel und ihre Gefolgschaft halten an ihrer Vorstellung einer gemeinschaftlichen Aufnahme im Rahmen eines neuen europäischen Asyl- und Flüchtlingsrechts fest, das von Merkels Vasallin an der Spitze der EU-Kommission, Ursula von der Leyen, auf den Weg gebracht werden soll – freilich weiterhin gegen den erbitterten Widerstand vieler Mitgliedsstaaten, die angesichts einer epochalen Rezession und der Corona-Schäden völlig andere Sorgen haben als die Ingangsetzung einer neuen Massenflucht.

Genau die aber strebt Merkel an oder nimmt sie zumindest in Kauf – und die deutsche Ratspräsidentschaft soll ihr die notwendige Autorität und das Recht zum »Agenda-Setting« verschaffen. Deutlich hörbar werden schon wieder die üblichen Erpressungsmanöver vorbereitet: so etwa die populistisch-eingängige Darstellung, es sei »unsolidarisch«, dass Ungarn und Tschechien Geld von der EU empfangen, sich aber nicht an Pflichten beteiligen. Oder die Vorstellung, die von Deutschland geforderte Massenaufnahme von Menschen sei eine Gemeinschaftspflicht, die gegen Agrarsubventionen, Strukturhilfen und Ausgleichszahlungen aus Brüssel aufzurechnen sei.

Und natürlich stehen alle Zeichen schon wieder auf moralische Nötigung: Die nächsten »schrecklichen, unerträglichen Bilder« wabern durchs digitale Dorf. Was vor genau 5 Jahren die Schnappschüsse von an der Mittelmeerküste ertrinkenden Kindern und die wild kampierenden Budapester Bahnhofsflüchtlinge waren, die Angela Merkel zu ihrer einsamen Katastrophenentscheidung bewogen, sollen jetzt die

Eindrücke von den Flüchtlingslagern auf Lesbos sein. Wer da nicht für die sofortige Massenaufnahme der nächsten Charge ist, ist inhuman, unsolidarisch, uneuropäisch. Die Platte läuft seit Jahren in Dauerschleife, doch sie hat das Zeug zum Evergreen.

Pünktlich vor Übernahme der Präsidentschaft brachte sich daher Merkels Adlatus im EU-Parlament, EVP-Fraktionschef Manfred Weber, in Stellung. Er steckte schon einmal die Marschroute ab und ließ erahnen, was Europa in den 6 »deutschen« Monaten so blüht: Als gäbe es keine Corona-Krise, als stünde der Kontinent nicht wirtschaftlich am Abgrund, benennt Weber im Interview mit der *Zeit*[281] vor allem die Flüchtlingspolitik als Gemeinschaftsproblem. Diese sei gescheitert. Im Rahmen des neuen EU-Asyl- und Flüchtlingsrechts, das sich ganz an den Interessen von Flüchtlingslobbyisten, Schlepperverbänden und NGOs wie George Soros' »Open Society« orientieren soll (und weit mehr mit dem Globalen Migrationspakt als mit dem deutschen Grundgesetz gemein haben wird), soll daher ein Neuanfang gefunden werden.

Aus diesem Grund plädiert Weber – der übrigens der CSU, nicht den Grünen oder der Linkspartei angehört – für eine »größere Bereitschaft« der Mitgliedsstaaten, vor allem aus Ost- und Mitteleuropa, mehr Flüchtlinge aufzunehmen. Und er droht mit Abkehr vom Prinzip der Einstimmigkeit: »Ich erwarte, dass die Staats- und Regierungschefs jetzt den Mut haben, nicht mehr auf den Langsamsten zu warten« , so Weber laut Nachrichtenagentur *dts*.[282] Das also ist die Perspektive für die deutsche Ratspräsidentschaft: Berlin gibt den Ton vor, und wer nicht spurt oder mitmischt, wird übergangen.

Die Agenda, die schon lange vorbereitet wurde

Dass eine kleine internationale Elite im Geheimen diese Politik der deutschen Bundesregierung – nämlich den Austausch der europäischen Bevölkerung durch Angehörige fremder Kulturen – befohlen hat, ist keine »demokratiefeindliche Verschwörungstheorie«, wie es Stephan Harbarth, Vizepräsident am Bundesverfassungsgericht, Mitte November 2018 behauptet hat,[283] sondern einfach ein Fakt, der sich durch viele Äußerungen von Vertretern dieser internationalen Elite erschließen lässt.

Der alte Plan vom Ende des weißen Mannes 131

Beginnen wir mit der im Wiener *Standard* vom 7. Januar 2015 abgedruckten Aussage von Barbara Coudenhove-Kalergi, die noch vor der Öffnung der Grenzen für eine Million Asylanten am 5. September 2015 erschien:

> Europa bekommt ein neues Gesicht, ob es den Alteingesessenen passt oder nicht. Wir leben in einer Ära der Völkerwanderung. Sie hat eben erst begonnen, und sie wird mit Sicherheit noch lange nicht zu Ende sein.

Sie sagte damit punktgenau voraus, was wenige Monate später eintraf.[284] Am 5. Juli 2018 schrieb sie in ihrer Kolumne im *Standard*:

> Ein Europa, das homogen, weiß und christlich ist, gibt es nicht mehr und wird es nie mehr geben. Auch dann nicht, wenn es kein einziger Flüchtling mehr auf unseren Kontinent schafft.[285]

Barbara Coudenhove-Kalergi ist die Nichte des 1972 verstorbenen Gründers der Paneuropa-Bewegung, der für unseren Kontinent bereits 1925 eine eurasisch-negroide Mischrasse voraussah. Am 18. Mai 1950 war ihm der erste Karlspreis verliehen worden. Er verfasste zwei Schriften zum Thema Multikulturalismus: Es sind *Adel* aus dem Jahr 1922 und *Praktischer Idealismus* von 1925. In letzterem Werk legt er die These der zukünftigen Mischrasse nieder:

> Der Mensch der fernen Zukunft wird Mischling sein. Die heutigen Rassen und Kasten werden der zunehmenden Überwindung von Raum, Zeit und Vorurteil zum Opfer fallen. [...] Die Herrschaft des Volkes wird eine untergeordnete Position einnehmen. Über die neuen Millionenheere der eurasisch-negroiden Arbeitskräfte soll dann ein neuer Adel regieren. [...] Die eurasisch-negroide Zukunftsrasse, äußerlich der altägyptischen ähnlich, wird die Vielfalt der Völker durch eine Vielfalt der Persönlichkeiten ersetzen.[286]

Multikulturalismus war das neue Zauberwort. So sagte Altbundespräsident Christian Wulff im April 2017 anlässlich einer Diskussion zum Thema 500 Jahre Reformation: »Der Multikulturalismus ist die notwendige Reformation des 21. Jahrhunderts.«[287]

132   Bevölkerungsaustausch

Diese Ansicht wird auch von den die UNO beherrschenden Eliten geteilt. Der UN-Sonderbotschafter im Kosovo, Sergio Vieira de Mello, sagte am 4. August 1999 in einer Sendung des US-Radiosenders Public Broadcasting System (PBS):

Ich wiederhole: Unvermischte Völker sind eigentlich ein Nazi-Konzept. Genau das haben die Alliierten Mächte im Zweiten Weltkrieg bekämpft. Die Vereinten Nationen wurden gegründet, um diese Konzeption zu bekämpfen, was seit Jahrzehnten auch geschieht. Genau das war der Grund, warum die NATO im Kosovo kämpfte und das war der Grund, warum der Sicherheitsrat der Vereinten Nationen eine solch starke Militärpräsenz im Kosovo verlangt. Nämlich um ein System ethnischer Reinheit zu verhindern.[288]

So hat auch Wesley Clark, der Oberbefehlshaber der NATO-Streitkräfte im Kosovo-Krieg, erklärt:

Es gibt keinen Platz in einem modernen Europa für ethnisch reine Staaten. Das ist eine Idee aus dem 19. Jahrhundert; wir versuchen, den Übergang in das 21. Jahrhundert zu gestalten, und das werden wir mit multiethnischen Staaten machen.[289]

Ricardo Diez-Hochleitner, von 1991 bis 2000 Präsident des Club of Rome, ließ uns am 24. Januar 1999 im ZDF wissen:

Ich hoffe, dass im Jahr 2030 oder 2050 große Anteile von Menschen aus anderen Regionen in Europa leben werden; um es ganz deutlich zu sagen, Menschen anderen ethnischen Ursprungs: schwarz, gelb oder was immer. So wird aus Europa ein Schmelztiegel aus Ost und West, Nord und Süd. Und Europa verschmilzt auch mit dem Rest der Welt.[290]

Der US-Militärstratege Thomas P. M. Barnett, vormals Professor am U. S. Naval War College in Newport, Rhode Island, der in alle Entscheidungsprozesse der höchsten Geheimhaltungsstufe eingeweiht ist, schrieb bereits im Jahre 2006 in seinem Buch *Blueprint for Action – A Future Worth Creating* von der Wiederkehr einer biblischen Idealrasse:

Wer sich gegen die Vermischung der Rassen sträubt, handelt unmoralisch und unzeitgemäß. Ich bin mir sicher, dass die ersten Menschen hellbrauner Farbe waren.

Barnett über Europa: »Das alte Europa ist historisch gesehen längst tot und kann nicht wiedererweckt werden.« Ein ausgewogener Frieden könne dauerhaft nur durch umfassende Globalisierung erzielt werden, ein System gegenseitiger Abhängigkeiten, das dazu führe, dass Nationen nicht mehr selbstbestimmt agieren, sondern nur noch durch Einflüsse von außen gesteuert werden, ja sich letztlich auflösen. Dies müsse durch eine Vermischung mit anderen Rassen, die auch mit provozierten Flüchtlingsbewegungen muslimischer Menschen verbunden ist, geschehen. Der Widerstand gegen Rassenvermischung, Angleichung der Kulturen und Aufgabe ethnischer Identitäten sei irrational, amoralisch und auch sinnlos.

Damit die Globalisierung funktioniere, brauche es einen Strom von Einwanderern, der von keinem Volk, keiner Regierung und keiner Institution verhindert werden dürfe. Barnett fordert, Europa müsse jährlich 1,5 Millionen Zuwanderer aus der Dritten Welt aufnehmen. Die Flüchtlingsströme seien das Mittel zum Erreichen des Endziels der Globalisierung, der Gleichschaltung aller Länder dieser Erde. Rechtsgerichtete und einwanderungsfeindliche Politiker müssten zum Schweigen gebracht werden und hätten von der Bühne abzutreten.

Wie Michael Friedrich Vogt im Vorwort zu Barnetts Buch vermerkt, »ist Barnett mehr als ein Politiktheoretiker, er ist der Stichwortgeber und Blaupausenschreiber der politischen Realität des ausgehenden 20. und beginnenden 21. Jahrhunderts«.[291]

Eine UN-Studie vom 21. März 2000 empfiehlt wegen des Schrumpfens der Bevölkerung in Europa eine »Bestandserhaltungsmigration« aus Afrika und dem Nahen Osten. Um das »potenzielle Unterstützungsverhältnis«, das heißt das Verhältnis zwischen der Zahl der Menschen im erwerbsfähigen Alter (15–64 Jahre) und der Zahl der Senioren (65 Jahre oder älter) zu erhalten, seien für Deutschland jährlich 3 630 000 und für die gesamte EU jährlich 13 480 000 Migranten erforderlich.[292]

Deutsch-französische Vordenker

Am 29. Juli 2008 erklärte Jacques Chirac, unter der EU-Ratspräsidentschaft Frankreichs – diese währte unter Sarkozy vom 1. Juli bis 31. Dezember 2008 – sei eine positive, für alle gemeinsam geltende Asylpolitik auszuarbeiten. »Europa muss zu einer starken multiethnischen Gesellschaft werden.«[293]

Laut dem *Daily-Express* vom 11. Oktober 2008 war einem Report der EU-Statistikbehörde Eurostat zu entnehmen, dass einem Plan Brüsseler Ökonomen zufolge bis 2050 56 Millionen Immigranten aus Afrika nach Europa geholt werden sollen, um den Bevölkerungsrückgang auszugleichen. In diesem Bericht forderte die französische Europaabgeordnete Françoise Castex, dass Einwanderer legale Rechte und Zugang zu Sozialleistungen erhielten. Ferner wurde die EU aufgefordert, afrikanische Regierungen bei der Einrichtung von Migrationsinformationszentren zu unterstützen, um die Arbeitskräftemobilität zwischen Afrika und der EU besser zu managen.[294]

Geht es wirklich nur darum, den Bevölkerungsrückgang auszugleichen? Der frühere französische Präsident Nicolas Sarkozy verriet etwas ganz anderes. In seiner am 17. Dezember 2008 in der École polytechnique in Palaiseau vorgetragenen Rede sprach er offen von der ethnischen Vermischung:

> Was also ist das Ziel? Das Ziel ist die Rassenvermischung. Die Herausforderung der Vermischung der verschiedenen Nationen ist die Herausforderung des 21. Jahrhunderts. Es ist keine Wahl, es ist eine Verpflichtung! Es ist zwingend! Wir können nicht anders, wir riskieren sonst Konfrontationen mit sehr großen Problemen. Deswegen müssen wir uns wandeln und werden uns wandeln. Wir werden uns alle zur selben Zeit verändern: Unternehmen, Regierung, Bildung, politische Parteien, und wir werden uns zu diesem Ziel verpflichten. Wenn dies vom Volk nicht freiwillig getan wird, dann werden wir staatlich zwingende Maßnahmen anwenden.[295]

Ein weiterer Vorreiter des Bevölkerungsaustauschs ist Peter Sutherland, inzwischen verstorbenes Mitglied des Lenkungsrats der Bilderberger, vormaliger EU-Kommissar und bis 2017 Sonderberichterstatter der UNO für Migration. In ihrem Buch *Die geheime Migrationsagenda – Wie elitäre Netzwerke mithilfe von EU, UNO, superreichen Stiftungen und NGOs Europa zerstören wollen* bezeichnete Friederike Beck ihn als »manischen Migrationslobbyisten«. Sutherland hielt Deutschland und Europa für ethnisch zu homogen. Für ihn war der Nationalstaat ein »lästiges prähistorisches« Überbleibsel und das Böse schlechthin.[296]

Im Jahre 2012 sprach er von der »Entwicklung multikultureller Staaten« und forderte die EU auf, ihr Bestes zu tun, um die Homogenität der Mitgliedstaaten zu untergraben.[297] 2014 schlug er vor, die Geschlossenheit und die Souveränität der Nationalstaaten zu zerstören, indem große Migrationsströme dorthin gelenkt würden. Im Oktober 2016:

Es ist ein Affront gegenüber den europäischen Werten, gegenüber europäischer Würde und gegen die Gleichheit aller Menschen, nicht alle, auch die Wirtschaftsflüchtlinge, die in Europa leben wollen, hereinlassen zu wollen. Wirtschaftsflüchtlinge sind Kämpfer für das Überleben und für die Zukunft Europas.[298]

Sutherlands Forderungen fielen in Deutschland auf fruchtbaren Boden: Am 5. Oktober 2013 forderte Vizekanzler Sigmar Gabriel, dass die europäischen Staaten mehr afrikanische Flüchtlinge aufnehmen müssten.[299] Am 9. Juli 2015 rief der damalige Bundespräsident Joachim Gauck die Deutschen dazu auf, sich beim Wandel Deutschlands hin zum Einwanderungsland in Geduld zu üben. Es sei ein langer Prozess, bis aus der alten Mehrheitsgesellschaft und Einwanderern ein verändertes Deutschland hervorgehe. Dann aber werde das »gemeinsame Deutschsein« nicht mehr nur die gemeinsame Staatsbürgerschaft meinen, sondern es werde selbstverständlich sein, dass Deutsche auch schwarz, muslimisch oder asiatisch sein könnten.[300]

Anetta Kahane, Vorsitzende der Amadeu Antonio Stiftung und seit jeher entschlossene Kämpferin »gegen rechts«, also gegen Nation und Identität, erklärte im Juli 2015, »der Osten sei zu weiß«. Laut Kahane sei es die größte Bankrotterklärung der deutschen Politik seit der Wiedervereinigung, dass ein Drittel des Staatsgebiets weiß geblieben sei.[301]

Die Rechtfertigung der Flüchtlingswelle 2015

Kurze Zeit später, am 4. September 2015, öffnete Kanzlerin Merkel die Grenzen, und Hunderttausende strömten herein. Yascha Mounk, bis 2015 Mitglied der SPD, ordnete 3 Wochen später die Einwanderungswelle ein:

> Vor allem geht es um mehr als ein kurzes, fremdenfreundliches Sommermärchen. In Westeuropa läuft ein Experiment, das in der Geschichte der Migration einzigartig ist: Länder, die sich als monoethnische, monokulturelle und monoreligiöse Nationen definiert haben, müssen ihre Identität wandeln. Wir wissen nicht, ob es funktioniert, wir wissen nur, dass es funktionieren muss.[302]

Mounk lehrt in Harvard Politikwissenschaft und gehört drei Denkfabriken an, hinter denen zahlungskräftige Eliten stehen. Kein Wunder also, dass er am 20. Februar 2018 zu den *Tagesthemen* geladen wurde und dort verkündete:

> [...] dass wir hier ein historisch einzigartiges Experiment wagen, und zwar eine monoethnische und monokulturelle Demokratie in eine multiethnische zu verwandeln. Das kann klappen, das wird, glaube ich, auch klappen, dabei kommt es aber natürlich auch zu vielen Verwerfungen.[303]

Frans Timmermans, Vizepräsident der EU-Kommission, bläst ins selbe Horn. In einer Rede am 1. April 2016 vor dem Europäischen Parlament forderte er die Mitglieder des EP dazu auf, ihre Anstrengungen zu verstärken, monokulturelle Staaten auszuradieren und den Prozess der Umsetzung der multikulturellen Diversität bei jeder einzelnen Nation weltweit zu beschleunigen. Für Timmermans sind europäische Kultur und europäisches Erbe lediglich soziale Konstrukte. Europa sei schon immer ein Kontinent von Migranten gewesen, und europäische Werte bedeuteten, dass man multikulturelle Diversität zu akzeptieren habe. Wer sich dieser Diversität, dieser kulturellen Vielfalt entgegenstelle, stelle den Frieden in Europa infrage.

Nach Timmermans beruhe die Zukunft der Menschheit nicht länger auf einzelnen Nationen und Kulturen, sondern auf einem Vermischen von Kulturen und Identitäten. Kein Land solle der unvermeidlichen Vermischung entgehen, nirgends könnten homogene Gesellschaften bestehen bleiben. Die Vielfalt sei das Schicksal der Menschheit. Timmermans:

> Es wird keinen Staat mehr geben, selbst an den entferntesten Orten, der künftig nicht mit Vielfalt konfrontiert sein wird. Europa wird vielfältig sein, wie alle anderen Teile der Welt vielfältig sein werden.[304]

Auf diese Weise von Timmermans eingeschworen, schlug die EU-Kommission im Juli 2016 eine gemeinsame Neuansiedlungspolitik vor, die Personen, die internationalen Schutz benötigen, geordnete und sichere Wege garantieren sollte. Am 22. November 2016 gab António Guterres, bis 2015 Flüchtlingskommissar und seit dem 1. Januar 2017 Generalsekretär der UNO, den EU-Plänen die höheren Weihen, als er sagte, die Migration sei nicht das Problem, sondern die Lösung. Die europäischen Nationen hätten kein Recht darauf, ihre Grenzen zu kontrollieren, sie müssten stattdessen die ärmsten Menschen der Welt aufnehmen.

> Es muss anerkannt werden, dass Migration unausweichlich ist und nicht aufhören wird. Wir müssen die Europäer davon überzeugen, dass es multiethnische Gesellschaften sind, die den Wohlstand erzeugen – Gesellschaften, die auch multikulturell und multireligiös sind.

Die Politiker sollten diese Werte höherstellen als den mehrheitlichen Wählerwillen, forderte Guterres.[305]

Auch im darauffolgenden Jahr 2017 ging die Migrationspropaganda weiter: Am 29. August 2017 drängte EU-Migrationskommissar Dimitris Avramopoulos die europäischen Staaten dazu, deutlich mehr Flüchtlinge aus Afrika nach Europa umzusiedeln.[306] Am 13. September 2017 sagt Jean-Claude Juncker in seiner Rede zur Lage der Union:

> Obwohl die Fragen im Bereich Migration oft zu Debatten und Auseinandersetzungen führten, haben wir in vielen Bereichen soliden Fortschritt gemacht. Jetzt müssen wir unsere Bemühungen verdoppeln.[307]

138 Bevölkerungsaustausch

Am 18. Dezember 2017 erklärte Avramopoulos:

> Europas Migranten sind hier, um zu bleiben. Es ist Zeit, sich der Wahrheit zu stellen. Wir können und werden die Migration niemals stoppen können. Die Flüchtlingskrise in Europa könnte nachlassen, aber die weltweite Migration wird nicht aufhören. Es ist naiv zu denken, dass unsere Gesellschaften homogen und migrationsfrei bleiben, wenn man Zäune errichtet. Schließlich müssen wir alle bereit sein, Migration, Mobilität und Vielfalt als neue Norm zu akzeptieren und unsere Politik dementsprechend zu gestalten.[308]

Hierzu verabschiedete das EU-Parlament eine Entschließung, die besagt, »dass in den grundlegenden internationalen Menschenrechtsverträgen die Rechte aller Menschen, einschließlich der Migranten und Flüchtlinge, unabhängig von ihrem Rechtsstatus, anerkannt und die Staaten verpflichtet werden, sie zu achten, einschließlich des fundamentalen Grundsatzes der Nichtzurückweisung«.[309]

Am 23. April 2018 lobte UN-Flüchtlingskommissar Filippo Grandi das EU-Resettlement-Programm, denn es werde für die Verwundbarsten und Schwächsten einen legalen Weg der Migration eröffnen. Vor allem Kranken und Familien soll es helfen. Die EU-Kommission hatte das Programm im Sommer 2017 aufgelegt, um besonders Schutzbedürftigen, die vom Flüchtlingskommissar der UN ausgesucht werden, einen legalen, direkten und sicheren Weg nach Europa zu öffnen.[310]

Im Mai 2018 gelangte Avramopoulos zu folgender Kalkulation: »In den nächsten 2 Jahrzehnten werden mehr als 70 Millionen Migranten nötig sein«.[311]

Kritik an diesen Plänen der EU kommt vor allem von den Staaten des ehemaligen Ostblocks. So gehöre laut dem ehemaligen tschechischen Ministerpräsidenten Václav Klaus die Afrikanisierung Europas auch zu einer gewissen Taktik der EU-Elite. Mit den Migranten aus dem Nahen Osten und aus Afrika wolle diese den »neuen Menschen« im »neuen Europa« züchten. Das funktioniere aber nur, wenn die Nationalstaaten gesellschaftlich so durchgeschüttelt würden, dass ihre Bevölkerungen bereit seien, alle nationalen Kompetenzen an das neue Europa abzugeben.[312]

»Eine langfristige globale Ordnung«

Der sogenannte UN-Migrationspakt, der im Dezember 2018 in Marrakesch zwischen fast allen Mitgliedstaaten – mit Ausnahme der USA und einiger anderer Länder – abgeschlossen wurde, soll garantieren, dass Migranten ständig geordnet in andere Länder einwandern können. Die Rechte der Migranten sollen gestärkt und die Zielländer zur unbeschränkten Aufnahme verpflichtet werden. Grundlage des Pakts ist die sogenannte New Yorker Erklärung.

Diese Erklärung hatte die UN-Generalversammlung am 19. September 2016 beschlossen. Die Vertreter der UNO-Mitgliedstaaten hatten sich darin geeinigt, sich global um die gewaltigen Flüchtlings- und Migrationsbewegungen zu kümmern. Es sei nötig – heißt es in dem Papier –, eine langfristige globale Ordnung zu schaffen, welche die Migrationsbewegungen in geordnete, weitgehend ungefährliche Bahnen lenke.[313]

»Mit großer Besorgnis müssen wir mit ansehen, wie Flüchtlingen und Migranten in vielen Teilen der Welt zunehmend mit Fremdenfeindlichkeit und Rassismus begegnet wird«, heißt es im ersten Abschnitt der New Yorker Erklärung. Dies steigert sich noch im zweiten Abschnitt. Da heißt es unter Punkt 22:

> Unterstreichend, wie wichtig ein umfassender Ansatz für die mit diesem Thema verbundenen Fragen ist, werden wir einen am Menschen ausgerichteten, sensiblen, humanen, würdigen, geschlechtergerechten und umgehenden Empfang für alle Menschen, die in unseren Ländern ankommen, sicherstellen, und insbesondere für diejenigen, die im Rahmen großer Flüchtlings- oder Migrantenströme ankommen. Ebenso werden wir sicherstellen, dass ihre Menschenrechte und Grundfreiheiten uneingeschränkt geachtet und geschützt werden.

Schließlich stellte man in Punkt 24 quasi als Weltregierung ein Verbot der Zurückweisung auf:

> Wir erklären erneut, dass Menschen gemäß dem Grundsatz der Nichtzurückweisung an Grenzen nicht zurückgewiesen werden dürfen.

140   Bevölkerungsaustausch

Dann folgt der Eingriff in die Polizeihoheit der Nationen:

Wir werden sicherstellen, dass in Grenzgebieten tätige Amtsträger und Polizeibeamte darin geschult werden, die Menschenrechte aller Menschen zu wahren, die internationale Grenzen überschreiten oder zu überschreiten versuchen.

Den Globalen Migrationspakt vorangetrieben hat der außerordentlich einflussreiche UN-Sondergesandte für Migration von 2006–2016, der uns bereits bekannte Peter Sutherland. Bei einer Befragung im britischen Oberhaus hatte er 2012 gesagt: Die Tatsache der alternden Bevölkerung in Ländern wie Deutschland oder der südlichen EU sei das »Schlüsselargument [...] für die Entwicklung von multikulturellen Staaten«.

Auf einer Tagung des Council on Foreign Relations 2015 bekannte der hohe EU- und UN-Funktionär, der auch im Vorstand von Goldman Sachs, Mitglied der von David Rockefeller gegründeten Trilateralen Kommission und des Lenkungsausschusses der Bilderberger war:

Jeder, der meine Tweets auf Twitter liest und mir sagt, ich sei dazu entschlossen, die Homogenität der Völker zu zerstören, hat verdammt noch mal absolut recht! Genau das habe ich vor! [Applaus, Gelächter.] Wenn ich es morgen tun könnte, würde ich sie zerstören, mein eigenes Volk eingeschlossen.[314]

Sutherland war äußerst rührig, seit er 2006 vom ehemaligen UN-Generalsekretär Kofi Annan zum Sonderbeauftragten des Generalsekretärs (SRSG) für internationale Migration ernannt worden war. Ein Jahr später hatte er das »Global Forum on Migration and Development« (GFDM) ins Leben gerufen, also jene Organisation, die von der UNO mit der Durchführung des Globalen Pakts für Migration beauftragt worden war. Sutherland hatte bis September 2016, als er krank wurde (er ist am 7. Januar 2018 gestorben), den jeweiligen GFMD-Vorsitz strategisch beraten und unterstützt. Das GFMD hat, was Aufgaben und Ziele angeht, von ihm seine Prägung erhalten.

Der UN-Migrationspakt nimmt allen Staaten ihr souveränes Recht, selbst zu bestimmen, ob, wen und wie viele Migranten sie in ihre Ge-

Der alte Plan vom Ende des weißen Mannes   141

meinschaft aufnehmen wollen. Die Bundesrepublik Deutschland hat
den 2018 beschlossenen Pakt schon Anfang September 2015 mit der
Öffnung seiner Grenzen vorweggenommen und damit den Ländern
ein Beispiel gegeben, was sie erwartet, wenn sie die UN-Vereinbarung
befolgen.

Um die Realisierung des Flüchtlingspakts zu steuern, rief die UNO
ein »globales Flüchtlingsforum« ins Leben. Dieses soll alle 4 Jahre in
Genf stattfinden; dort sollen die Staaten finanzielle und andere Zusagen machen, was auf Freiwilligkeit basieren soll: Zusagen und Beiträge
würden durch jeden Staat selbst bestimmt.[315] Auch zahlreiche NGOs
und die von George Soros finanzierten Gruppierungen seiner »Open
Society Foundations« werden sich für die rasche weltweite Umsetzung
des Einwanderungspakts einsetzen.

Aber noch einmal zurück zu den Vereinbarungen von Marrakesch.
Da scheint mir ein Teil besonders berichtenswert. Er lautet:

> Die Staaten und relevanten Interessenträger werden im Einklang mit
> der innerstaatlichen Gesetzgebung, Politik und Planung im Gesund-
> heitswesen Ressourcen und Sachverstand bereitstellen, die die Auf-
> nahmeländer dabei unterstützen sollen, ihre nationalen Gesundheits-
> systeme zu erweitern und deren Qualität zu erhöhen, um den Zugang
> für Flüchtlinge zu erleichtern, insbesondere für Frauen und Mädchen,
> Kinder, Heranwachsende und Jugendliche, ältere Menschen, Menschen
> mit chronischen Erkrankungen, einschließlich Tuberkulose und HIV,
> Überlebende von Menschenhandel, Folter, Trauma oder Gewalt, ein-
> schließlich sexueller und geschlechtsspezifischer Gewalt, und Menschen
> mit Behinderungen.[316]

Diese Direktive deckt sich genau mit dem »EU-Resettlement-Programm«, das den legalen Weg für die in der EU anzusiedelnden Verwundbarsten und Schwächsten der Migration, vor allem aus Nordaf-
rika, eröffnet. Soll Europa zur Krankenstation für Afrikaner werden?

Es ist ja bekannt, dass die eine Billion US-Dollar an Hilfsgeldern,
die seit über 50 Jahren nach Afrika geschickt wurden, nur zu einem geringen Teil in Bildung und Gesundheit investiert wurden. Sie dienten
eher dem persönlichen Luxus und der Bewaffnung der herrschenden
Cliquen. Thilo Sarrazin hat die Lage sehr klar umrissen:

142   Bevölkerungsaustausch

Die Ursache des Flüchtlings- bzw. Migrationsdrucks sind die Verhältnisse in den Herkunftsstaaten, die geprägt sind von einer Herrschaft von Kleptokraten, von Diktatur, Korruption, fehlender Bildung, Vorherrschaft des Islam, Unterdrückung von Frauen usw. Es gilt hier wie bei der Religion: Nur die Muslime selbst können ihre Einstellung ändern, man kann ihnen das nicht aufzwingen. Und dasselbe gilt auch für fremde Länder, ob sie im Nahen Osten liegen oder in Afrika. Nur in den Ländern selber kann sich etwas ändern. Jedes Land kann sich so ändern, dass es seinen Menschen angemessene Lebensmöglichkeiten bietet. Wir können dies nicht dadurch kompensieren, dass wir Einwanderung aus diesen Ländern zulassen.[317]

Die wirkliche Migrationskrise kommt erst

Millionen Afrikaner werden sich in Bewegung setzen und, infiltriert von Terroristen, Europa ins Chaos stürzen. Diese düstere Prophezeiung stammt nicht von einem unverbesserlichen Verschwörungstheoretiker, sondern von David Beasley, Exekutivdirektor des Welternährungsprogramms der UNO. Der britische *Guardian* zitiert ihn in seiner Ausgabe vom 26. April 2018 wie folgt:

Ich sage den Europäern: Wenn ihr denkt, ihr hättet ein Problem mit der Migration gehabt, die aus dem Syrien-Konflikt und der Destabilisierung eines Landes mit 20 Millionen Einwohnern resultierte, dann wartet mal ab, bis die Sahel-Region (und angrenzenden Gebiete) mit 500 Millionen Menschen weiter destabilisiert wird. Und da müssen Europa und die internationale Gemeinschaft aufwachen.[318]

IS-Anführer fliehen, laut seiner Schilderung, nach der Zerstörung ihres »Kalifats« aus Syrien und verbünden sich mit anderen Terrororganisationen wie al-Qaida und Boko Haram, um in der Sahelzone durch Konflikte und Hunger eine gigantische Migrationswelle auszulösen, mit deren Hilfe sie nach Europa gelangen und es ins Chaos stürzen können: »Es wird dasselbe Muster wie vor ein paar Jahren sein, außer dass diesmal mehr IS und andere extremistische Gruppen den Flüchtlingsstrom infiltrieren werden.«

Er weist in dem Artikel weiterhin auf den Zusammenhang zwischen unterlassener Hilfe für die Menschen vor Ort (resultierend in Hunger)

Der alte Plan vom Ende des weißen Mannes   143

und der daraus hervorgehenden Mobilisierbarkeit der Notleidenden durch Extremisten hin. Das ist nicht so schwer zu verstehen: Wenn wir es nicht tun, gibt ihnen jemand anders Nahrung, ideologische Hilfe-stellung und eine Wegbeschreibung nach Europa. Bereits die letzte »Flüchtlingskrise aus Syrien« wurde maßgeblich durch die kurzsich-tige Kürzung der Hilfsmittel für die Kriegsflüchtlinge in der Region ausgelöst. Mit den bekannten Folgen.

Und was tut Europa? Europa, besser gesagt die EU, mischt weiter ganz vorne mit, wenn es um die Destabilisierung der Krisenherde im Nahen Osten und Afrika und die ausreichende Belieferung mit Waf-fen geht. Die dringend benötigten Gelder für tatsächlich notleidende Menschen und die Hilfe vor Ort bleiben jedoch aus.

37 bis 60 Millionen Flüchtlinge durch die Kriege der USA

Mindestens 37 Millionen Menschen sind aufgrund der »Anti-Terror«-Kriege nach dem 11. September 2001 aus ihrem Zuhause geflüchtet, lautet die Bilanz von Autoren des »Projektes Kriegskosten« der US-amerikanischen Brown University, zitiert von der deutschen Website Heise.[319] Gezählt wurden Binnenflüchtlinge und Flüchtlinge jenseits der jeweiligen Staatsgrenzen. Eine weniger vorsichtige Schätzung würde sogar auf bis zu 59 Millionen Flüchtlinge kommen, wie der leitende Autor des Berichts, David Vine von der American University in Washington, gleich zu Anfang schreibt.[320]

Dem Bericht über die Entstehung massenhafter Flucht durch Kriege nach 9/11 liegen militärische US-Interventionen in acht Ländern als Reaktion auf die Terroranschläge vom 11. September zugrunde.[321] Se-hen wir uns die Zahlen der dadurch entstandenen Flüchtlingsströme genauer an. Geflohen sind:

- ▶ 5,3 Millionen Afghanen (26 Prozent der Vorkriegsbevölkerung)
- ▶ 3,7 Millionen Pakistanis (3 Prozent der Vorkriegsbevölkerung)
- ▶ 4,4 Millionen Yemeniten (24 Prozent der Vorkriegsbevölkerung)
- ▶ 4,2 Millionen Somalier (46 Prozent der Vorkriegsbevölkerung)
- ▶ 1,7 Millionen Filipinos (2 Prozent der Vorkriegsbevölkerung)
- ▶ 9,2 Millionen Iraker (37 Prozent der Vorkriegsbevölkerung)

144 Bevölkerungsaustausch

- ► 1,2 Millionen Libyer (19 Prozent der Vorkriegsbevölkerung)
- ► 7,1 Millionen Syrer (37 Prozent der Vorkriegsbevölkerung)[322]

Dass die Schätzung von 37 Millionen Flüchtlingen als niedrig angesetzt ausgewiesen wird, liege auch daran, dass man eine Menge anderer Konflikte bei der Zählung ausgespart habe, sagt der von Heise zitierte Bericht weiter. Insgesamt hätten US-Truppen seit der Ankündigung des »Global War on Terror« durch George W. Bush in 21 Ländern Kampfeinsätze bestritten,[323] so der Professor für politische Anthropologie, David Vine, Autor eines Buches über die Geschichte endloser US-Konflikte.

Zur Zahlengrundlage, auf die sich dieser Bericht beruft: Genannt werden Statistiken über Flüchtlinge und Asylsuchende, die vom UNHCR (Flüchtlingskommissar der UN) stammen; Statistiken über Binnenflüchtlinge kamen auch vom Internal Displacement Monitoring Centre (IDMC); genutzt wurden Daten der Internationalen Organisation für Migration (IOM) wie auch vom UN-Büro für die Koordinierung von humanitärer Hilfe (OCHA). Dazu noch weitere Datenquellen zum Vergleich und zur Überprüfung.

Der Bericht räumt selbst ein, dass eine derartige Statistik sehr problematisch ist. Allein die Spannweite zwischen den 37 Millionen Flüchtlingen in der vorsichtigen Schätzung und den möglichen 59 Millionen zeigt, dass es mehr um eine Größenordnung geht oder gehen kann als um präzise belastbare Zahlen.

Auf jeden Fall kann man festhalten, dass die Absicht, den Nahen und Mittleren Osten ins Chaos zu stürzen und die Nationalstaaten zu zerstören, aufgegangen ist – ebenso wurde das zweite Ziel erreicht: Europa durch Massenmigration zu destabilisieren.

MACHTKAMPF

Der globale Krieg der Oligarchen

IM MITTLEREN OSTEN, in Zentralasien und in Afrika brechen die Nationalstaaten durch Unruhen und Bürgerkriege zusammen. Südamerika schwankt und fällt durch Putsche und Staatsstreiche ins Chaos. In Europa sind die reichen Länder des Nordens durch Masseneinwanderung, Wirtschaftskrisen und Bürgerkriegszustände im Sinne des Konzepts vom Kampf der Kulturen (Samuel Huntington) geschwächt. Unter dem Zusammenbruch ihrer Peripherie leiden auch die Großmächte. Die USA, im Innern in zwei politische Lager zerrissen, schlittern in den Bankrott. Die Wirtschaft der beiden aufstrebenden Großmächte China und Russland lahmt. Dieser Zustand der Welt hat sich durch die Ausrufung der Corona-Pandemie Anfang 2020 und den darauf folgenden Lockdown massiv verschärft.

Hinter dieser globalen Krise verbirgt sich der Machtkampf der drei großen Oligarchen-Gruppen: der amerikanischen, der russischen und der chinesischen. Sie sind die Unternehmensakteure des Globalismus. Wer gehört ihnen an? Die gewichtigsten Akteure sind die Großbanken mitsamt ihren Offshore-Geldwäsche-Einrichtungen, Steueroasen, Hedgefonds und Geheimkonten. Danach kommt der Militärisch-Industrielle Komplex (MIK) mitsamt seinen »Rüstungsvertragspartnern«, den Sicherheits- und Söldnerunternehmen und Geheimdienst-Tarnfirmen. Ferner gehören zu den globalen Drahtziehern: die Erdöl- und Energiekonzerne; die Biotech-Großkonzerne, die Landwirtschaft und Nahrungsmittelindustrie kontrollieren; die großen Pharmakonzerne sowie die Kommunikationsgiganten und Medienkonzerne – die Propagandamaschine des Globalismus.

Seit Jahren führt in der Liste der 500 erfolgreichsten Unternehmen der Welt, die die Zeitschrift *Fortune* herausgibt, die US-Supermarktkette Walmart mit einem Jahresumsatz von über 500 Milliarden Dollar (der deutsche Bundeshaushalt liegt – zum Vergleich – bei 329 Milliarden Euro) vor dem chinesischen Ölriesen Sinopec und dem chinesischen Stromversorger State Grid mit jeweils knapp 400 Mil-

146   Machtkampf

liarden Umsatz im Jahr die Liste an, gefolgt von den beiden Ölfirmen Royal Dutch und Saudi Aramco. Volkswagen belegt mit knapp 300 Milliarden Dollar Jahresumsatz den siebten Platz. Die restlichen Konzerne, die ganz vorn in der *Fortune*-Hitliste auftauchen, setzen sich zusammen aus Pharmakonzernen, Banken, Versicherungen, Computerfirmen und Telekommunikation. Amazon rangiert in dieser Vor-Corona-Auflistung auf dem neunten Platz.[324]

Langfristig wird sich wohl die Rangordnung der Liste durch die angebliche Corona-Pandemie kräftig verschieben: Google, Amazon, Microsoft und die Pharmariesen werden vermutlich die Riege anführen, während Erdöl- und Automobilkonzerne ins zweite Glied zurücktreten – ein Machtwechsel, ein tatsächlicher »globaler Neustart«.

Die Weltregierung der Global Players

Diese globalen Riesenfirmen bestimmen die Politik. Klingt nach Verschwörungstheorie, ist aber wissenschaftlich belegt, unter anderem durch eine im Juli 2015 veröffentlichte Studie der US-Universität Princeton. Die hatte untersucht, in wessen Interessen die amerikanischen Politiker wirklich agieren. Das Fazit des Studienautors Martin Gilens, der die Untersuchung gemeinsam mit Benjamin I. Page von der Northwestern University durchgeführt hat, ist ernüchternd:

> Das zentrale Ergebnis unserer Forschung ist, dass die Wirtschaftseliten und organisierte Gruppen, die Wirtschaftsinteressen vertreten, einen substanziellen unabhängigen Einfluss auf die Politik der US-Regierung haben. Gruppen, die die Interessen der Masse der Amerikaner vertreten, sowie einzelne, durchschnittliche Bürger, haben dagegen wenig bis gar keinen Einfluss auf die Politik.[325]

Die Forscher hatten Meinungsumfragen untersucht und festgestellt, dass sich von den Ergebnissen dieser Umfragen so gut wie nichts in einer konkreten politischen Umsetzung wiederfinden lässt. Die Umfragen unter den Eliten fanden sich jedoch in der konkreten Politik der Regierungen wieder.

Die Studie zeigt klar, dass die Regierung nicht das umsetzt, was die Mehrheit wünscht:

In den Vereinigten Staaten regiert die Mehrheit nicht, zumindest nicht in dem Sinn, dass es eine Kausalität zwischen den Wünschen der Bevölkerung und den Gesetzen gibt. Sobald eine Mehrheit anderer Meinung ist als die Wirtschaftseliten oder organisierte Gruppen, verliert die Mehrheit. Obwohl in den USA das Mehrheitsprinzip in die Verfassung eingebaut ist, stellen wir fest: Selbst wenn ziemlich große Mehrheiten eine bestimmte Politik wollen, bekommen sie sie nicht.[326]

Dies führe zu einer Aushöhlung der Demokratie:

Unsere Analyse zeigt, dass die Mehrheit der Amerikaner tatsächlich nur wenig Einfluss auf die Politik ausübt, die von der Regierung betrieben wird. Natürlich genießen die Amerikaner das Wahlrecht, die Freiheit der Rede und die Versammlungsfreiheit. Doch wir glauben: Wenn die Gesetzgebung von mächtigen Wirtschaftsorganisationen und einer kleinen Gruppe von einflussreichen Amerikanern dominiert wird, dann ist die Behauptung Amerikas, eine demokratische Gesellschaft zu sein, ernsthaft gefährdet.[327]

Die oben genannten Global Players interagieren mit Regierungseinrichtungen, internationalen Finanzinstitutionen und Geheimdiensten. Die staatlichen Strukturen haben sich in Richtung dessen entwickelt, was der ehemalige kanadische Diplomat und Universitätsprofessor Peter Dale Scott in seinen zahlreichen Büchern als Deep State bezeichnet.[328] Dieser Tiefe Staat besteht aus verdeckt agierenden geheimdienstlichen Einrichtungen, Denkfabriken, geheimen Ausschüssen und beratenden Gremien. In denen werden die letztlich wichtigen Entscheidungen im Sinne einflussreicher Unternehmensinteressen getroffen.

Gleichzeitig infiltrieren nachrichtendienstliche Akteure zunehmend die Vereinten Nationen, darunter auch mit besonderen Aufgaben betraute Behörden. Sie durchsetzen Nichtregierungsorganisationen, Gewerkschaften und politische Parteien mit ihren Verbindungsleuten. Die Entscheidungen, die vom Wirtschaftsestablishment hinter verschlossenen Türen getroffen wurden, werden dann von diesen Vertrauensleuten in den Regierungen und Parlamenten umgesetzt.

148   Machtkampf

Die Kommunikation wird durch die flächendeckende Überwachung von NSA und anderen Geheimdiensten kontrolliert. Das ist schon hinreichend beschrieben worden.[329] Aber ich möchte noch einmal kurz ein paar Schlagworte geben, die das ganze Ausmaß der Kontrolle veranschaulichen.

»Wir wissen, wo du bist. Wir wissen, wo du warst. Wir wissen mehr oder weniger, worüber du nachdenkst.«[330] Verwaltungsratschef Eric Schmidt hat mit diesem Satz im Jahr 2010 den Einfluss seines Unternehmens, der Suchmaschine Google, beschrieben. Seit 1998 ist es zu einem globalen Konzern gewachsen, der weltweit mehr als 100 000 Menschen beschäftigt. Im Jahr 2019 setzte das Unternehmen Alphabet, welches die Muttergesellschaft von Google und weiteren Unternehmen ist, rund 161,86 Milliarden US-Dollar um. Im Vergleich zum Vorjahr stieg der Umsatz um rund 18 Prozent. Gemessen am Börsenwert gehörte Alphabet zu den profitabelsten Internetfirmen weltweit. Im Juni 2019 lag der Marktwert des Unternehmens bei 741 Milliarden US-Dollar. Wertvollstes Unternehmen war zu dem Zeitpunkt Microsoft mit einem Börsenwert von 1,01 Billionen US-Dollar.[331]

Google ist nicht nur die größte Suchmaschine der Welt, sondern mit YouTube auch die größte Videoplattform (die gleichzeitig die zweitgrößte Suchmaschine ist), mit Chrome der größte Browser, mit Gmail der meistgenutzte E-Mail-Dienst und mit Android das größte Betriebssystem für mobile Geräte.

Google, Facebook, Amazon und Apple sind weitaus mächtiger, als die meisten Menschen ahnen. Ihre Macht beruht auf der Fähigkeit, exponentiell zu wachsen. Eric Schmidt glaubt, dass es mit Ausnahme von biologischen Viren nichts gebe, was sich mit derartiger Geschwindigkeit, Effizienz und Aggressivität ausbreite wie diese Technologieplattformen, und dies verleihe auch ihren Machern, Eigentümern und Nutzern neue Macht. In den USA werden sie bereits die »vier apokalyptischen Reiter« genannt.[332]

Neben diesen vier großen Internetkonzernen streben die Eliten aus internationalen Financiers, Zentralbankern, politischen Anführern und Mitgliedern diverser Denkfabriken und Geheimgesellschaften die totale Globalisierung an. Carroll Quigley, Mentor von Bill Clinton und Mitglied des Council on Foreign Relations, beschreibt diese Eliten in seinem Buch *Tragödie und Hoffnung*:

Die Macht des Finanzkapitalismus hatte (eine) weitreichende Zielsetzung, nicht weniger als die Schaffung eines Weltsystems der Finanzkontrolle in privaten Händen, das in der Lage wäre, das politische System eines jeden Landes und die Wirtschaft der Welt als Ganzes zu beherrschen. Dieses System sollte feudalistisch von den Zentralbanken der Welt kontrolliert werden, die sich aufeinander abstimmen, durch geheime Vereinbarungen, die bei häufigen Treffen und Konferenzen erzielt werden. Die Spitze der Systeme sollte die Bank für Internationalen Zahlungsausgleich in Basel, Schweiz, sein; eine private Bank im Besitz und unter der Kontrolle der Zentralbanken der Welt, die selbst private Gesellschaften waren. Jede Zentralbank [...] versuchte ihre Regierung durch ihre Fähigkeit, die Kredite des Finanzministeriums zu kontrollieren, die Devisen zu manipulieren, das Niveau der wirtschaftlichen Tätigkeit im Land zu beeinflussen und kooperative Politiker mithilfe von nachfolgenden wirtschaftlichen Belohnungen in der Wirtschaftswelt zu beeinflussen und zu beherrschen.[333]

Aber es sind nicht die Köpfe an der Spitze der Zentralbanken, die am Steuer stehen. Es sind die noch zentralisierteren globalen Institutionen wie der Internationale Währungsfonds, die Weltbank und die Bank für Internationalen Zahlungsausgleich.

Ihr Ziel ist die Globalisierung. Um dieses Ziel zu erreichen, müssen souveräne Bürger und Staaten abgeschafft werden. Dieser Schritt erfordert wiederum den Abbau von Grenzen. Der eigentliche Zweck hinter der Politik der offenen Grenzen und der Globalisierung ist die Auslöschung des Wettbewerbs der verschiedenen Ideologien. Die Wahlmöglichkeiten müssen aus unserem Denken und unserer Umwelt verschwinden, damit die Globalisierung funktionieren kann.

Das Konzept einer einzigen Weltkultur wird als die beste aller möglichen Kulturen dargestellt. Da ihre Prinzipien allen anderen überlegen seien, bedürfe es keiner Grenzen mehr. Aus diesem Grund werden Kulturen, die die Souveränität über die Globalisierung stellen, als das absolute Böse (zum Beispiel Putins Russland) gebrandmarkt. Das Konzept der unterschiedlichen Kulturen, das auf unterschiedlichen Ansichten beruht, müsse psychologisch von den zukünftigen Generationen mit dem absoluten Bösen gleichgesetzt werden. Andernfalls könne kein globales System ohne Grenzen geschaffen werden.

Die große Polit- und Militärshow als Ablenkung

Um zu verschleiern, welche Machtkämpfe mit welchen Akteuren tatsächlich ablaufen, wird in den Hauptstädten und Regierungssitzen eine perfekt inszenierte Politshow abgezogen. Und wer eignet sich dafür besser als US-Präsident Donald Trump? In der »Nationalen Sicherheitsstrategie der Vereinigten Staaten (NSS)« – vorgestellt vom Weißen Haus am 17. Dezember 2017 – behauptet Trump, China und Russland seien entschlossen, die Sicherheit und den Wohlstand Amerikas auszuhöhlen und «die ökonomische Freiheit und Fairness zu untergraben, ihr Militär zu vergrößern und mittels Daten- und Informationskontrolle ihre Bevölkerung zu unterdrücken und ihren Einfluss auszuweiten.«[334]

Dieses Feindbild, das auch von den Medien des Westens immer wieder heraufbeschworen wird, findet sich so schon in dem im Oktober 2014 vorgestellten Operationskonzept »Siegen in einer komplexen Welt 2020-2040«. Erstellt wurde das Papier vom U.S. Army Training and Doctrine Command (TRADOC). Es definierte schon lange vor Trump Russland und China als Hauptbedrohung der USA, die als Erste zu eliminieren seien. Nordkorea und der Iran stehen erst an zweiter Stelle.[335]

Wie überall sieht man auch beim TRADOC-Papier: Es sind die von den Drahtziehern bezahlten und gesteuerten Denkfabriken, neudeutsch: Thinktanks, die mit ihren Studien und Prognosen die Richtung der Politik vorgeben. Sie inszenieren – wie schon vor dem Ersten und dem Zweiten Weltkrieg und dem darauf folgenden Kalten Krieg – einen Schaukampf für das Weltpublikum: USA/NATO gegen Russland/China. Dass es offensichtlich nur eine Show ist, sehen wir schon an der Tatsache, dass beide »Systeme« auf das Streben nach Gewinn ausgerichtet sind. Einen Gegensatz zwischen Kapitalismus (USA) und Sozialismus (China) zu konstruieren hieße, die ökonomischen Fakten zu ignorieren. Bestenfalls kann man im Fall Chinas von einem staatlich gelenkten Kapitalismus sprechen.

Das in der öffentlichen Wahrnehmung stattfindende Ringen hatte Mitte der 1990er-Jahre begonnen – schließlich musste ein Ersatz für den beendeten Konkurrenzkampf USA-UdSSR her. Zudem war der Versuch gescheitert, sich das russische Riesenreich nach dem Zusammenbruch der Sowjetunion (1991) ökonomisch einzuverleiben. Offenbar gelang es Wladimir Putin, der Ende 1999 die Regierung übernahm, die russischen Oligarchen an seine Seite zu zwingen. Unter Putin besann sich Russland wieder auf einen eigenen Weg und ergab sich nicht mehr vorbehaltlos den westlichen Wünschen. Ab da brachen die alten Gräben wieder auf. Spätestens seit dem 7. Mai 2012, dem Beginn der dritten Amtszeit des russischen Präsidenten, ist die Konfrontation offen zutage getreten – wie wir an einigen markanten Beispielen sehen werden.

Natürlich steht hinter dem Schaukampf auch die tatsächliche Konfrontation der global agierenden Unternehmen, neudeutsch: der Global Players um die Vorherrschaft über die knapper werdenden Ressourcen und die Kontrolle ihrer Transportwege. Die russischen und chinesischen Oligarchen haben aber nicht die gleiche Keule zur Hand wie ihre amerikanischen Konkurrenten. Dazu müssen wir nur die Militärausgaben der beiden Parteien betrachten: Laut dem Stockholm International Peace Research Institute (SIPRI) haben 2019 von den fast 2 Billionen Dollar Militärausgaben weltweit die USA mehr als zehnmal so viel für ihr Militär (732 Milliarden Dollar) ausgegeben wie Russland (65 Milliarden) und knapp dreimal so viel wie China (261 Milliarden) – und da sind die Rüstungsausgaben der anderen NATO-Staaten noch nicht mitgezählt.[336]

Durch die gewaltige Rüstung des Westens und durch die Kette von Hunderten von US-Stützpunkten entlang ihrer Grenzen und entlang der wichtigsten Handelsrouten auf den Meeren fühlen sich die beiden aufstrebenden Mächte (also ihre Drahtzieher) bedroht. Sie unterstellen Washington, einen Angriff auf die beiden eurasischen Staaten zu planen. Ein ähnliches Gefühl herrschte im deutschen Kaiserreich 1914 vor, als das Reich durch die Bündnisse der anderen europäischen Mächte eingekreist war.

Donald Trumps außenpolitische Agenda

Mit der Präsidentschaft von Donald Trump schien sich die Zielrichtung der US-Konzerne und ihres Transatlantischen Imperiums zu verändern. Der Milliardär hatte am 27. April 2016 in Washington, D. C., seine außenpolitischen Thesen öffentlich dargelegt, als er auf

152 Machtkampf

Einladung des Center for the National Interest, einer 1994 durch den ehemaligen US-Präsidenten Richard Nixon gegründeten Denkfabrik, eine Rede hielt.[337]

Trump kritisierte eine wachsende Ziellosigkeit der US-Außenpolitik und den Mangel an neuen, zeitgemäßen Visionen. Die Vereinigten Staaten müssten ihre ökonomischen wie auch ihre außen- und sicherheitspolitischen Interessen neu definieren und als westliche Hegemonialmacht in einer multipolaren Sicherheitsarchitektur ein stärkeres »Burden Sharing« mit ihren Verbündeten erreichen.

Unter dem Slogan »America First« werde eine von ihm geleitete US-Regierung die Grundlagen für eine neue Außenpolitik schaffen, welche die von ihm identifizierten Fehlentwicklungen der Vergangenheit korrigiert und Amerikas Interessen wieder in den Vordergrund rücken werde. Klar verurteilte er die bisherige Politik, Chaos zu stiften. Ich bin auf diese Politik ausführlich in meinem bereits genannten Buch *Durch globales Chaos in die Neue Weltordnung* eingegangen. Die Idee, das westliche Demokratiemodell in Länder zu exportieren, die keine Erfahrung damit oder kein Interesse daran haben, hat sich laut Trump als Irrweg erwiesen.

Dass dieser angebliche Export der US-Demokratie in die Welt nur als Vorwand für Amerikas Kriege benutzt wurde, hat Trump nicht erwähnt. Wohl aber kritisierte er die von den Globalisten eingeführten unfairen Handelsabkommen und die dadurch verursachte Deindustrialisierung und den Abbau von Arbeitsplätzen.

Trump stellte stattdessen nationale Interessen in den Vordergrund und einen damit einhergehenden Protektionismus in der Außenwirtschaftspolitik.

Trump formulierte auch den Anspruch, dass sich die US-Verbündeten angemessen an der militärischen Lastenverteilung beteiligen müssten. Dies gelte sowohl für einzelne NATO-Mitgliedstaaten mit niedrigen Verteidigungsausgaben als auch für die asiatischen Verbündeten wie etwa Südkorea und Japan, was deren Schutz gegenüber den Aggressionen Nordkoreas und den geopolitischen Ambitionen Chinas betreffe.

Zugleich betonte Trump, dass der US-Anspruch aufrechterhalten werden solle, eine sichere und freie Welt anzuführen, was nur durch ein angemessen ausgestattetes und finanziertes Militär möglich sei.

Der globale Krieg der Oligarchen   153

Trump unterstrich, dass er bei Amtsantritt mit den NATO-Verbünde-
ten in einen Dialog über die Lastenverteilung und die Aktualisierung
oder Neudefinition der Bündnisstrategie einsteigen wolle.

Als seine Globalziele nannte Trump die Wiederherstellung der
wirtschaftlichen Stärke der USA und ihrer militärischen Dominanz.
Dann wiederholte er seine Kritik an der von der Chaostheorie geleiteten bisherigen US-Politik: Amerikanisches Handeln habe in Libyen,
im Irak, in Ägypten und Syrien zu Chaos und Instabilität geführt sowie dem Islamischen Staat (IS) und anderen radikalen Kräften aus
dem islamistischen Umfeld den Raum zur Herrschaftsausdehnung gegeben. Der Iran versuche, einen Teil des entstandenen Machtvakuums
zu füllen, was wiederum zu Gegenmaßnahmen von Saudi-Arabien
geführt habe.

Die USA müssten sich wieder auf die Stabilisierung und Eindämmung von Krisen konzentrieren und dürften nicht versuchen, anderen Völkern und Kulturen durch Nationenbildung westliche Strukturen aufzuzwingen. Um diese Stabilisierung zu erreichen, werde – so
Trump – ein Hauptaugenmerk auf der Eindämmung und Bekämpfung
des radikalen Islamismus und der dazugehörigen Terror-Infrastruk-
tur liegen. Dies solle in enger Zusammenarbeit mit den Verbündeten
aus der »muslimischen Welt« erfolgen, sodass die USA es vermeiden
könnten, selbst in größerem Umfang Bodentruppen einzusetzen.

Trump betonte vor allem die Notwendigkeit der friedlichen Ko-
existenz und perspektivischen Ausweitung der Zusammenarbeit mit
Russland und China. Denn die genannten Länder seien mit den USA
durch viele gemeinsame Interessen verbunden, die es gemeinsam
wahrzunehmen gelte.

Am Ende von Trumps erster Amtszeit ist von diesen hehren Zie-
len nichts mehr zu sehen: Von Entspannung gegenüber Russland und
China kann keine Rede sein. Die militärische Einkreisung der beiden
Hauptkonkurrenten geht unvermindert weiter.

Entlang der russischen Westgrenze fanden und finden zahlreiche Manöver und Truppenverlegungen statt. Im Mittleren Osten hat
sich – einem Bericht der Columbia Law School Human Rights Cli-
nic und des Sana'a Center for Strategic Studies zufolge – die Anzahl
der Drohnenangriffe unter US-Präsident Trump im Vergleich zum
Durchschnittswert der Obama-Regierung vervierfacht.[338]

154   Machtkampf

Dass Trump die alte Hegemonialpolitik seiner Vorgänger weiter vorantreibt, zeigt am deutlichsten seine Politik gegenüber China. Nicht nur ins Südchinesische Meer ließ Trump seine Flotte gegen China auslaufen. Auch im Indischen Ozean – den mehr als 60 Prozent der weltweiten Öllieferungen und 70 Prozent des gesamten Containerverkehrs zwischen den asiatischen Industrienationen und dem Rest der Welt passieren – braut sich ein neuer Kalter Krieg zusammen. Auf der einen Seite steht eine Allianz aus den Vereinigten Staaten, Indien, Australien und Japan. Sie halten jährlich gemeinsame Marineübungen ab. Auf der anderen Seite steht China. Das Konfliktpotential sei hoch, schreibt die österreichische Tageszeitung *Der Standard*, die USA und China befänden sich auf Kollisionskurs.[339]

Das verräterische Strategiepapier

In Donald Trumps zweitem Regierungsjahr 2018 kam noch dazu heraus: Ein Strategiepapier diente als Blaupause für seine Weltpolitik. Pikanterweise stammt es von einer politisch einflussreichen US-Denkfabrik, die eng mit der Demokratischen Partei und dem Tiefen Staat verbunden ist und es 2016 veröffentlichte.[340]

Das Center for a New American Security (CNAS) fordert in diesem Papier eine straffe militärische Interventionspolitik im Ausland. Unter der Federführung von Michele Flournoy, der damaligen Chefin der Denkfabrik, und der Mitwirkung einiger neokonservativer Autoren wurde diese »Roadmap« entwickelt, die den bezeichnenden Titel »Stärkung der amerikanischen Macht. Strategien zur Ausweitung des US-Engagements in einer hart umkämpften Weltordnung« trägt. Flournoy wurde übrigens mittlerweile ersetzt durch Victoria »Fuck the EU« Nuland, die sowohl in den 8 Jahren der Regierung George W. Bush als auch unter der Ägide von Barack Obama großen Einfluss auf die US-Außenpolitik nahm. Sie ist zusammen mit ihrem Mann Robert Kagan eine der Führungsfiguren der Neokonservativen. An dieser Personalie sieht man schon, wie eng verbandelt Demokraten, Republikaner und Neokonservative sind, wenn es um die Ziele der US-Weltpolitik geht. Vermutlich kann man sogar davon sprechen, dass beide nach außen so verfeindet auftretenden Lager die gleiche, vom Tiefen Staat angeordnete Außenpolitik betreiben.

Der globale Krieg der Oligarchen   155

Zurück zum Strategiepapier: Anstatt auf eine vernünftige Außenpolitik zu setzen, die auf die Akzeptanz der neuen globalen Machtverhältnisse aufbaut, will das CNAS das US-Militär mit deutlich größerem Einsatz von Soldaten und Gerät im Ausland aktiv werden lassen. Die Stärkung der militärischen Abschreckung (also noch mehr Nuklearwaffen), die Erweiterung von regionalen Bündnissen und Sicherheitspartnerschaften (also noch mehr US-Militärbasen und US-Militär im Ausland) sollen Konflikte mit aufsteigenden und etablierten Mächten eindämmen.

Dieses Papier zeigt genau das auf, was der republikanische Präsident Donald Trump in seiner ersten Amtszeit umsetzte: massive militärische und politische Interventionen rund um den Erdball – natürlich immer verbunden mit einer Propagandashow, die genau das Gegenteil versprach.

Wir erinnern uns an den von Trump angekündigten Truppenabzug aus Syrien, der dann aber leider nicht stattfinden konnte, weil man die syrischen Ölquellen vor dem IS schützen müsse.

Im Dezember 2019 beschloss das Pentagon sogar, die Zahl der US-Soldaten zum Schutz der syrischen Ölquellen zu erhöhen. Auch aus Afghanistan zogen sich die USA nicht zurück – wäre ja auch zu schade gewesen um die reichhaltigen Reserven des Landes an Kupfer, Gold, Kobalt, Lithium, Uran und vor allem Opium, dessen Weltbedarf Afghanistan zu 90 Prozent deckt. Die 4000 GIs, die Trump zurückholen will, hatte er zuvor als Verstärkung geschickt. Mit dem Abzug der 4000 wäre also lediglich der Personalbestand wie zu Obamas Zeiten hergestellt.

Wenn wir noch weiter die ersten 4 Jahre Trump Revue passieren lassen, dann kommen wir zu dem Schluss: Überall da, wo sich Amerika Vorteile verspricht bzw. einen Konkurrenten am Horizont auftauchen sieht, wird wirtschaftlich, politisch oder militärisch interveniert. Ganz so, wie es das Strategiepapier vorschreibt.

Unter Trump wurde das Militärbudget wieder deutlich ausgeweitet – im Jahr 2020 sind das 735 Milliarden US-Dollar[341] – und auch die Verbündeten (das heißt: die NATO und damit auch Deutschland) mussten auf massiven Druck Washingtons mehr Geld in die Kriegswirtschaft stecken. Der Nutzeffekt war, dass die Verbündeten bei den US-Rüstungskonzernen einkauften. Das sind finanzielle und personelle Ressourcen, die dann bei der wirtschaftlichen und sozialen Entwicklung der Verbündeten, die oft auch wirtschaftliche Konkurrenten sind, fehlen.

Als Hauptgegner wird in dem CNAS-Papier vor allem Russland genannt, welches bei den Falken in Washington stets als »Aggressor« bezeichnet wird, obwohl es ja gerade die Amerikaner samt Vasallenanhang selbst sind, die Regime Changes und Revolten anzetteln, Islamisten und Terroristen unterstützen sowie weltweit neue Konflikte schüren. Unter Trump wurden die Sanktionen gegen Russland massiv verschärft und die NATO-Manöver nahe der russischen Grenzen ausgeweitet.

Auch gegen den Iran soll laut CNAS-Papier militärisch vorgegangen werden. Das Strategiepapier stellt einen Forderungskatalog auf, in dem politische, wirtschaftliche und militärische Maßnahmen aufgelistet sind. Auch wird gefordert, die verbündeten Golfstaaten mit noch mehr Waffen und Kriegsgerät einzudecken. Immerhin soll Irans Erzfeind, Saudi-Arabien, ja bei einem möglichen Krieg gegen den Iran mit eingebunden werden. Wir erinnern uns, dass Trumps erste Auslandsreise nach Saudi-Arabien führte, wo er Rüstungsdeals im dreistelligen Milliardenbereich abschloss. Oder daran, dass er im Oktober 2019 weitere 3000 Soldaten nach Saudi-Arabien schickte. Außerdem wurden damals unter anderem zwei Patriot-Raketenabwehrsysteme und zwei Kampfjetgeschwader dorthin verlegt.

Vor allem aber drängt das CNAS darauf, sich auf einen Krieg mit China vorzubereiten. Beim Londoner NATO-Gipfel Ende 2019 wurde das westliche Militärbündnis auf diese kommende Auseinandersetzung eingeschworen. Japan, Australien und Indien will Washington in diesen Anti-China-Bund mit einbeziehen. Ebenfalls im Dezember 2019 stufte US-Verteidigungsminister Mark Esper China als oberste Priorität für das US-Militär ein.

Blickt man auf die außenpolitischen Handlungen des republikanischen Präsidenten, dann wird klar: Donald Trump befolgt den strategischen Plan des Tiefen Staats sehr genau. Dass dieser Plan mit den außenpolitischen Zielen der Demokraten übereinstimmt, zeigt: Die geopolitische Ausrichtung der USA wird nicht von den Politikern in Washington vorgegeben, sondern von den Bossen von Industrie und Wirtschaft, den wirklichen Entscheidern also.

Der globale Krieg der Oligarchen   157

Die Aufrüstung der USA

Das United States Army War College (USAWC) ist nicht irgendeine Fortbildungsstätte des US-Militärs. Es ist die höchste Bildungseinrichtung der U.S. Army. Die Universität befindet sich in Carlisle, Pennsylvania, auf dem historischen Gelände der Carlisle Barracks, einem Stützpunkt, dessen Geschichte bis in die 1770er-Jahre zurückreicht. Das USAWC besteht aus verschiedenen Instituten, die der Forschung und der Ausbildung von Studenten dienen. Von hier kommen künftige höhere Stabsoffiziere sowie Beamte des Verteidigungsministeriums und der Geheimdienste. Die Ausbildung der Studenten ist auf Führung und Strategie ausgerichtet sowie auf die Leitung von Verbundoperationen und internationalen Operationen.

Wenn also das USAWC eine Studie herausgibt, dann sollte man sie beachten.[342] Richtig: Sie haben sich gefragt, warum dann davon in unseren Mainstream-Medien nichts zu lesen war. Vermutlich weil es das 141 Seiten starke Memorandum nicht auf Deutsch und in kleinen Häppchen serviert gibt. Dabei lässt die Autorenschaft durchaus aufhorchen. Mitgearbeitet haben das Office of the Secretary of Defense (OSD), das U.S. Central Command (USCENTCOM), das U.S. Pacific Command (USPACOM), das U.S. Northern Command (USNORTH-COM), das U.S. Special Operations Command (USSOCOM); ferner U.S. Forces, Japan (USFJ), die Defense Intelligence Agency (DIA), der National Intelligence Council (NIC), das U.S. Strategic Command (USSTRATCOM), U.S. Army Pacific (USARPAC) und Pacific Fleet (PACFLT). Nach eigenen Angaben wurde die Studie auch mit mehreren (neokonservativen) Denkfabriken abgestimmt: dem American Enterprise Institute (AEI), dem Center for Strategic and International Studies (CSIS), der RAND Corporation und dem Institute for the Study of War (ISW).

Die Welt ist auf dem Weg ins Chaos, fürchten die Autoren der Studie, weil nicht nur die Macht der USA schwindet, sondern weil überall die Autorität der Regierungen bröckelt. Überall könnten neue »arabische Frühlinge« aufbrechen, warnen die Militärstrategen.

Dass globales Chaos geschaffen werden soll, das dann den Ruf nach einer Neuen Weltordnung auslöst, dieser Gedanke war bisher nur »Verschwörungstheoretikern« wie mir vorbehalten gewesen. Jetzt wird auf einmal zugegeben, dass man mit Unruhen auch in den westlichen Ländern, einschließlich der USA, rechnet. Besonders die USA und ihre Bevölkerung müssen mit einer Erosion der öffentlichen Sicherheit rechnen. Schuld an diesem weltweiten Zweifel an der Autorität der Regierungen seien die Fake News, die dank Internet überall Verbreitung fänden.

Interessant übrigens, was die Chefstrategen des Pentagons als Gegenmaßnahme empfehlen: Mehr Überwachung, bessere Propaganda durch »strategische Manipulation« und ein größeres und flexibleres US-Militär. Mehr Überwachung heißt für die Autoren der Studie, die Möglichkeiten der Massenüberwachung besser zu nutzen. Sie sind das größte, ausgefeilteste und integrierteste System in der Welt.

Womit wir schon beim Kern der Studie wären: Weil die globale Ordnung, also die Führung durch die USA, gefährdet sei, sei eine Kraftanstrengung für den Ausbau des Militärs erforderlich, damit ebendiese Dominanz nicht schwinde. Die Studie sieht sich folgerichtig auch als Weckruf für die USA. Ausbau und Aufrüstung des Militärs sei die einzige Option. Nur sie erlaube den USA, den Ausgang internationaler Dispute zu diktieren, weil sie mit dem Einsatz dieser militärischen Macht drohen könne. Das US-Militär müsse auch in Zukunft in der Lage sein, ungefährdet Zugang zu strategischen Regionen, Märkten und Ressourcen zu haben.

Natürlich werden China und Russland als Konkurrenten genannt, die den Herrschaftsanspruch der USA über die Welt infrage stellen. Aber auch der Iran und Nordkorea, die dem imperialen Anspruch der USA in ihren Regionen widerstehen und den US-Einfluss zerstören wollen. An anderer Stelle heißt es sogar, die beiden »Schurkenstaaten« stünden der Expansion der von den USA geführten Ordnung im Weg.

Die Einkreisung Russlands geht weiter

Sehen wir uns einmal genauer an, wie die beiden Konkurrenten China und Russland in Schranken gehalten werden sollen. Was Russland betrifft, so geht die Entwicklung, die ich bereits in meinem letzten Buch über die Neue Weltordnung aufgezeigt habe,[343] unvermindert weiter: Russland wird von den USA und der ihm untergeordneten NATO weiter eingekreist. Dazu möchte ich einige Beispiele nennen.

Laut einem »Schutzplan« für Polen und das Baltikum soll an der NATO-Ostflanke die Infrastruktur verstärkt, das Truppenkontingent vergrößert und das Kämpfen mehr trainiert werden.[344]

Zu diesem Zweck werden derzeit überall im Baltikum – wie auch in Polen, Bulgarien und Rumänien – Stützpunkte errichtet. Dort kann schweres Kampfgerät in großer Anzahl vorgehalten werden, was die Stationierung zusätzlicher Truppeneinheiten binnen kürzester Zeit ermöglicht. Durch die direkte Nähe zur russischen Grenze sind solche Zentren die perfekten Stützpunkte für eine Offensive im Falle eines Konfliktes.

Außerdem wird im Baltikum intensiv Angst verbreitet. Ende Juni 2020 zum Beispiel fand in Litauen eine massive Luftwaffenübung statt: »Ramstein Alloy« mit über 20 teilnehmenden Flugzeugen, geführt vom Allied Air Command der NATO in Ramstein. Geübt wurden Luftschläge gegen Bodenziele eines Gegners mit leistungsfähiger Flugabwehr.[345]

Russland hatte zuvor mehrmals erklärt, auf Militärmanöver an seinen Westgrenzen zumindest für die Dauer der Coronavirus-Pandemie zu verzichten, und noch im Mai das NATO-Hauptquartier dazu aufgerufen, dasselbe zu tun.[346] Das Bündnis ignorierte den Appell aus Moskau: Seit dem Frühjahr bis in den Sommer 2020 hinein hielt die NATO Großmanöver mit unverkennbar antirussischer Ausrichtung ab.

Der wichtigste Vorposten an der Ostflanke der NATO ist Polen. Die polnische Führung wetteifert darum, mehr ausländische Truppen im Land zu stationieren. Präsident Duda hat Ende Juni 2020 mit Präsident Trump über die Möglichkeit gesprochen, eine amerikanische Panzerjagddivision nach Polen zu verlegen. Die Unterhaltskosten – circa 1½–2 Milliarden Dollar pro Jahr – würde Warschau übernehmen. »Fort Trump« könne der Stützpunkt genannt werden, schlug Duda seinem amerikanischen Amtskollegen schmeichelnd vor.[347]

Dass das westliche Militärbündnis damit gegen die NATO-Russland-Grundakte verstößt, die »die zusätzliche Stationierung beträchtlicher Kampftruppen in der Nähe der russischen Grenze« verbietet,[348] überrascht nicht. Washington zerstört seit Jahren auf konsequente Weise alle Grundlagen der europäischen Sicherheit: erst der Ausstieg aus dem INF-Vertrag, dann aus dem Open-Skies-Abkommen und zuvor der Schlag gegen die Umsetzung des KSE-Vertrags.

160   Machtkampf

Aber das ist bei Weitem nicht alles: Die NATO hat der Ukraine – und daneben auch Mazedonien, Georgien und Bosnien-Herzegowina – den Status des Beitrittskandidaten verliehen. Damit rückt die NATO an Russlands Grenzen vor – und das mit beispielloser Geschwindigkeit.

»Wir arbeiten extrem hart an einer NATO-Mitgliedschaft. Unser Ziel ist es, in den kommenden 10 Jahren Teil des Bündnisses zu sein«, sagte der frühere ukrainische Präsident Petro Poroschenko in einem Interview mit den Zeitungen der Funke-Mediengruppe, das am 19. März 2018 veröffentlicht wurde, und er fügte hinzu: »Die NATO wäre mit der Ukraine viel stärker und effizienter als heute.« Die NATO-Staaten könnten laut Poroschenko von der Ukraine die »Auseinandersetzung mit Russland« lernen.[349]

Was er damit meint, ist allerdings unklar. Denn Kiew kämpft seit 2014 erfolglos im Osten des Landes gegen prorussische Rebellen. Mehr als 10 000 Menschen wurden in dem Konflikt bislang getötet.

Mit Blick auf die Krimkrise erklärte Poroschenko: »Russland hat das internationale Ordnungssystem nach dem Zweiten Weltkrieg ruiniert. Es gibt für die globale Sicherheit keine Alternative zu einer starken NATO. [...] Jetzt brauchen wir einen Aktionsplan zur vollen NATO-Mitgliedschaft.«[350]

Ein solcher Aktionsplan sieht die Anpassung an NATO-Standards vor. Schon jetzt gibt die Ukraine nach Regierungsangaben 6 Prozent der ukrainischen Wirtschaftsleistung für Verteidigung aus – mehr als die anderen NATO-Mitgliedsländer mit Ausnahme der USA.[351]

Die NATO und die Ukraine sind schon nach dem Ende des Kalten Krieges aufeinander zugegangen. Im Jahr 1991 war die Ukraine dem Nordatlantischen Kooperationsrat und 3 Jahre später der »Partnerschaft für den Frieden« beigetreten. Die Beziehungen waren 1997 durch die Unterzeichnung der Charta für eine besondere Partnerschaft gestärkt worden. Es wurde die NATO-Ukraine-Kommission (NUC) gegründet.

Als Reaktion auf den Russland-Ukraine-Konflikt baute die NATO seit 2014 kontinuierlich Stützpunkte in dem Land auf und rüstete die ukrainischen Streitkräfte mit westlichen Waffen aus. Mittlerweile betreibt die U. S. Navy einen Stützpunkt im Schwarzmeerhafen von Otschakiw, gut 100 Kilometer nördlich der Krim.[352]

Derzeit sind nach Angaben der NATO im Westen der Ukraine 300 US-Soldaten als Ausbilder tätig. Sie trainieren alle 55 Tage ein neues Bataillon der ukrainischen Streitkräfte. Am Ende der 55 Trainingstage finden Feldübungen statt. Die Aufgabe der Ausbilder sei es, eine Ausbildungsstruktur aufzubauen, damit sich die ukrainischen Soldaten ab einem gewissen Zeitpunkt selbstständig trainieren können, so die NATO.[353]

Nach NATO-Standards werden auch die taktischen Übungen der Brigaden und der Bataillone abgehalten. Knapp die Hälfte der Generalstabsstrukturen der ukrainischen Armee sind bereits in Übereinstimmung mit der typischen Struktur der NATO-Kommandoeinheiten gebracht worden. Weiterhin wurde eine Reservistenarmee bestehend aus 140 000 Mann gegründet.[354] US-amerikanische und NATO-Truppen haben seit 2014 dazu beigetragen, die ukrainische Armee von etwas über 100 000 auf 250 000 Soldaten zu vergrößern.

Aber es geht der NATO um weitaus mehr als nur um die Ukraine. Am 2. März 2018 schlossen die Ukraine, Moldawien und Georgien ein Verteidigungsbündnis gegen Russland. Der Bund erneuerte die am 10. Oktober 1997 geschlossene Sicherheitsallianz, die ihren Namen aus den Anfangsbuchstaben der vier ursprünglichen Partnerstaaten ableitet: GUAM (Georgien, Ukraine, Aserbaidschan und Moldawien). Jeder der vier GUAM-Staaten bietet Konfliktmöglichkeiten, denn jeder grenzt an Russland bzw. an dessen Verbündete.

Gerade der südwestliche Nachbar der Ukraine, Moldawien, will mit aller Macht in die NATO. Das Land kündigte größere Waffenkäufe beim Bündnis an und räumte den U. S. Marines bereits den Stützpunkt Bulboaca ein. Von dort sind es nur etwa 10 Kilometer bis zur Grenze Transnistriens, jener kleinen abgespaltenen Teilrepublik, die unter dem Schutz Moskaus steht. Sollte es von anderen NATO-Mitgliedstaaten Bedenken gegen den Beitritt dieses von Korruption gebeutelten Landes geben, könnte Moldawien dennoch – sozusagen durch die Hintertür – beitreten, indem es sein Militär in das Rumäniens integriert.

Georgien hat seit dem Fünf-Tage-Krieg im August 2008 gegen Russland nicht aufgehört, an die NATO-Tür zu klopfen. Es hat den Anschein, dass US-Präsident Trump bald die Tür öffnen wird.

Auch die baldigen NATO-Mitglieder Mazedonien und Bosnien-Herzegowina nehmen eine wichtige geopolitische Rolle für das

162 Machtkampf

Bündnis ein: Mit ihrem Beitritt ist der Ring um das mit Russland befreundete Serbien geschlossen. Umgeben von Ungarn im Norden, Rumänien im Osten, Bosnien-Herzegowina im Westen und Montenegro, dem Kosovo und Mazedonien im Süden bleibt Belgrad auf Dauer keine andere Wahl, als selbst dem Militärbund beizutreten.

Was bedeuten nun diese Entwicklungen für einen möglichen Krieg des Westens gegen Russland? Die Möglichkeiten, einen NATO-Bündnisfall auslösen zu können, erhöhen sich mit einer Mitgliedschaft der Ukraine, Moldawiens und Georgiens enorm.

Der Plan des Tiefen Staates für Russland

In den US-Denkfabriken gibt es noch viel weitreichendere Pläne als die Ausdehnung der NATO bis an die Grenzen Russlands. Die Washingtoner Tageszeitung *The Hill* und ihre Onlineausgabe gelten als einflussreiche Meinungsbildner in der amerikanischen Hauptstadt. Sie werden im Weißen Haus und von den Abgeordneten des Repräsentantenhauses mehr gelesen als jede andere Publikation. Man sollte also beachten, was dort verlautbart wird – speziell wenn es um Russland geht.

Im Jahr 2019 hat Janusz Bugajski in *The Hill* einen Artikel veröffentlicht, der die Politik Washingtons gegenüber Russland genau beschreibt. »Managing Russia's Dissolution« ist die Überschrift des Beitrags, oder auf Deutsch: »Wie man die Auflösung Russlands betreibt«.[355]

Janusz Bugajski ist ein hochrangiges Mitglied des »enter for European Policy Analysis (CEPA), einer einflussreichen Denkfabrik in Washington. Finanziert wird das CEPA vom US-Außenministerium, vom US-Verteidigungsministerium, von der US-Mission bei der NATO, von der – wiederum vom Außenministerium finanzierten – Denkfabrik National Endowment for Democracy und von den größten Rüstungskonzernen wie Raytheon, Bell Helicopter, BAE Systems, Lockheed Martin und Textron.[356]

Bugajski ist außerdem Vorsitzender der Abteilung für die europäische Südzentrale im Foreign Service Institute des US-Außenministeriums. Kurzum: Bugajski gehört zum Militärisch-Industriellen Komplex und zum Tiefen Staat. Und wenn einer wie er etwas von sich gibt, dann lesen wir darin die amerikanische außenpolitische Denkrichtung. Der geradezu fanatische Hass auf alles Russische verbindet Bugajski mit dem früheren geopolitischen US-Chefdenker Zbigniew Brzeziński. Erhellend ist dazu gleich der erste Satz von Bugajskis Artikel:

Russlands anhaltende Attacken gegen die Ukraine und seine beharrliche Untergrabung westlicher Staaten zeigen, dass Washington und Brüssel es nicht geschafft haben, die imperialistischen Ambitionen Moskaus zu zügeln. Konfrontation, Kritik und begrenzte Sanktionen haben lediglich die Wahrnehmung des Kreml verstärkt, dass der Westen schwach und vorhersehbar ist. Um den Neoimperialismus Moskaus einzudämmen, ist eine neue Strategie erforderlich, eine, die den Abstieg Russlands fördert und die internationalen Folgen seiner Auflösung bewältigt.

Aber: Russland hat die Ukraine nie attackiert; Russland hat bis dato keinerlei »imperialistische Ambitionen« gezeigt; Russland untergräbt auch nicht »westliche Staaten«.

Im zweiten Absatz beschreibt Janusz Bugajski die Vorgehensweise, wie Washington sein Weltimperium erhalten und jeden, der dem im Wege steht, schwächen und zerstören will. Die Strategie gegenüber Russland lautet: die Russische Föderation in Einzelteile zu zerbrechen und aufzulösen. Um dieses Ziel zu erreichen, müsse der Westen die seit Langem bestehenden, von ihm behaupteten regionalen und ethnischen Spannungen innerhalb der Russischen Föderation unterstützen und anheizen.

Wir erinnern uns: Genau dieselbe Taktik wurde Ende der 1990er-Jahre angewendet, um Jugoslawien zu spalten und daraus schwache kleine Länder zu schaffen, die sogenannte Balkanisierung. Damals heizte der Westen die ethnischen Spannungen zwischen Serben, Kroaten, Bosniern, Slowenen, Mazedoniern und Kosovaren an. Daraus entstand der Balkankonflikt, der Jugoslawien als Union zerstörte, indem er die Völker in blutige Auseinandersetzungen trieb. Schließlich zerbombte die NATO in einem völkerrechtswidrigen Angriff die Infrastruktur Serbiens.

Das Resultat: Jugoslawien gibt es nicht mehr, und es entstanden einzelne Länder, die der NATO und der EU einverleibt wurden bzw.

erpresst wurden, diesen Bünden beizutreten – natürlich stets im Namen von »Demokratie« und »Menschenrechten«.

Zurück zu Russland und Bugajski. Der holt nämlich im Verlauf des Artikels noch viel weiter aus: US-Ziel dürfe nicht die Selbstbestimmung der wegbrechenden russischen Territorien sein, sondern die Annexion dieser durch die Nachbarländer. So schreibt er: »Einige Regionen sollen sich Ländern anschließen wie Finnland, Ukraine, China und Japan, von denen Moskau sich gewaltsam in der Vergangenheit Territorien angeeignet hat.«

Haben wir hier etwas in der jüngsten Geschichte verpasst? Russlands Auseinandersetzungen mit Finnland und Japan fanden im Umfeld des Zweiten Weltkriegs statt und gehören eher zur Geschichte der Sowjetunion. Welches Territorium hat sich Russland von der Ukraine gewaltsam angeeignet? Bugajski meint offenbar die Krim, deren Bewohner allerdings mit 97 Prozent für eine Wiedervereinigung mit Russland gestimmt hatten. Der Autor hat offenbar auch vergessen, dass sich Russland nach der Auflösung der Sowjetunion komplett aus Osteuropa zurückgezogen hat. Er erwähnt nicht, dass Gorbatschow sogar die Rückgabe von Königsberg angeboten hatte, was aber Kohl und Genscher abgelehnt hatten. Und welches Territorium soll sich Russland von China angeeignet haben?

Es soll mit Lügen begründet werden, was offenbar die strategischen Denker in den USA mit Russland vorhaben: das Land in Einzelteile zu spalten, um es ein für alle Mal zu schwächen und von der Weltbühne verschwinden zu lassen. Russland darf kein Gegenpol zu dem angestrebten Weltimperium sein und soll nur als Rohstoffquelle dienen, die man ausbeuten kann.

Aufmarsch an Chinas Grenzen

Der zweite Hauptfeind der US-Oligarchen ist China. Und auch gegen den Wirtschaftsgiganten hat die NATO ihre Kriegsvorbereitungen hochgefahren. Wegen der inszenierten Corona-Krise ist in der Öffentlichkeit untergegangen, dass NATO-Generalsekretär Jens Stoltenberg die Reform des Militärbündnisses mit der Bezeichnung »NATO 2030« angekündigt hat. Was dem Scharfmacher vorschwebt, ist die Ausdehnung des eigentlich nordatlantischen Bundes in den Pazifik und die

Aufrüstung gegen China.[357] Stoltenberg sagte in einer Onlinekonferenz mit den Verteidigungsministern der NATO-Staaten, dass die Mitgliedsländer der Versuchung nationaler Lösungen widerstehen und den Werten – Freiheit, Demokratie und Rechtsstaatlichkeit – gerecht werden müssten, wenn sich der Westen mit der strategischen Partnerschaft zwischen Russland und China befassen will, die das globale Gleichgewicht der Kräfte verändert. Um dies zu erreichen, müsse der Westen militärisch stark bleiben, politisch geschlossener auftreten und weltweit einen breiteren Ansatz verfolgen.

»Breiterer Ansatz« ist hierbei nur ein anderer Ausdruck für Expansion. Das Positionspapier »NATO 2030«, verabschiedet von den NATO-Außenministern im Dezember 2020, schlägt vor, das Militärbündnis auf den pazifischen Raum auszuweiten und Australien, Neuseeland, Japan sowie Südkorea in die NATO aufzunehmen. Auch mit Indien wolle man militärisch eng zusammenarbeiten. Darüber hinaus will sich die Allianz auf eine umfassendere politische und ökologische Dimension ausdehnen: Der Kampf gegen den Klimawandel sei ebenso ernst wie der Kampf gegen den Terrorismus und sollte daher in das Betriebssystem der NATO aufgenommen werden.[358]

Die NATO hatte bereits auf ihrem Gipfeltreffen in London im Dezember 2019 einen geopolitischen Kurswechsel vollzogen und China zu seinem Feind erklärt. In ihrer Abschlusserklärung haben die NATO-Staaten zum ersten Mal explizit die aufstrebende Militärmacht China als mögliche neue Bedrohung erwähnt:

»Wir erkennen, dass der wachsende Einfluss und die internationale Politik Chinas sowohl Chancen als auch Herausforderungen darstellen, die wir als Allianz zusammen angehen müssen«, heißt es in der Abschlusserklärung.[359]

Verteidigungsministerin Annegret Kramp-Karrenbauer hatte bereits vor dem Gipfel in vorauseilendem Gehorsam den Einsatz der Bundeswehr zur Sicherung der globalen Handelswege gefordert und auch die Entsendung eines Kriegsschiffes der Marine ins Südchinesische Meer in Aussicht gestellt.[360]

Assistiert wurde ihr natürlich von den deutschen Staatsmedien. So hatte zum Beispiel der transatlantische Influencer Claus Kleber am 4. Dezember 2019 im *heute journal* gleich nach dem Bericht über den NATO-Gipfel einen Beitrag des China-Korrespondenten (der zuvor

166   Machtkampf

ZDF-Korrespondent in Washington war) Ulf Röller über die Aufrüstung Chinas gebracht – mit zum Teil monatealten Filmausschnitten übrigens.[361]

Interessant an dieser Entwicklung ist: Die NATO übernimmt nun den »Pivot to Asia«, also den Schwenk nach Asien, den Hillary Clinton und Barack Obama im Dezember 2011 ankündigten und der jetzt von Donald Trump mit seinem Handelskrieg gegen China forciert wird. Das nordatlantische Bündnis soll also globale Aufgaben übernehmen, genauer: sich auf die Auseinandersetzung mit dem neuen großen Rivalen China vorbereiten. Militärisch beginnt diese Auseinandersetzung dort, wohin jetzt deutsche Kriegsschiffe geschickt werden sollen: im Südchinesischen Meer.

Stoltenberg schwört das Bündnis in seiner Erklärung zur »NATO 2030« darauf ein: »China investiert massiv in moderne militärische Fähigkeiten, darunter auch in Raketen, die alle mit der NATO verbündeten Staaten erreichen können. Sie nähern sich uns im Cyberspace. Wir sehen sie in der Arktis, in Afrika … und sie arbeiten mehr und mehr mit Russland zusammen«.[362]

Wie schon so oft drehte hier der oberste Einpeitscher der NATO einfach die Fakten ins Gegenteil: Nicht China und auch nicht Russland rücken Europa und Nordamerika militärisch immer näher, sondern die NATO tut es in deren Richtung. Die Angebote, die Russland und China dem Westen im Laufe der Jahre immer wieder gemacht haben – sei es in Fragen wie Terrorismusbekämpfung, Weltraumforschung, Asteroidenabwehr oder globalen Infrastrukturprojekten in der Arktis und im Rahmen der breiteren Belt and Road Initiative –, wurden allesamt vom Militärisch-Industriellen Komplex des Westens, der die NATO und das Atlantische Bündnis beherrscht, kaltschnäuzig abgelehnt.

Es ist bezeichnend, dass zur selben Zeit, als Stoltenberg von der Bedrohung durch die beiden eurasischen Mächte sprach, die Übung »Baltic Operations« ablief, das größte NATO-Manöver in der Ostsee mit einer Armada an Kriegsschiffen, U-Booten und Kampfjets vor der Küste Russlands. Gleichzeitig trafen vor der Küste Chinas drei amerikanische Flugzeugträger ein – die USS Theodore Roosevelt, die USS Ronald Reagan und die USS Nimitz. Darüber hinaus genehmigte der Senatsausschuss der Streitkräfte 6 Milliarden Dollar an Geldern für die Pazifik-Verteidigungsinitiative.

Ein weiterer Schritt zu einer Konfrontation ging aus einem Bericht des Republikanischen Studienausschusses hervor, der von Außenminister Pompeo mit verfasst wurde und in dem gefordert wird, die chinesische Führung zu sanktionieren, Russland als staatlichen Sponsor des Terrors aufzuführen und die Anwendung militärischer Gewalt gegen jeden zu genehmigen, der auf einer Liste der »Ausländischen Terrororganisationen« steht.[363]

Wenn man bedenkt, dass die iranische Revolutionsgarde darin aufgeführt wird, ist es nicht schwer zu erkennen, wie schnell Länder, die mit dem Iran Geschäfte machen, als »staatliche Sponsoren des Terrors« betrachtet werden können, die den Einsatz militärischer Gewalt von Amerika aus rechtfertigen. Russland und China sind wichtige Geschäftspartner des Iran.

Die Expansion der NATO in den pazifischen Raum, um das Programm »NATO 2030« umzusetzen, bezahlen natürlich die Steuerzahler der NATO-Mitgliedsländer. Und ihre Soldaten sollen in Zukunft auch auf der anderen Seite der Erde Europa »verteidigen« und dort sterben. Dass sie dabei der Weltbeherrschung aus ökonomischen Gründen dienen, dürfte inzwischen jedermann klar sein. Um die Werte – Freiheit, Demokratie und Rechtsstaatlichkeit – geht es ganz sicher nicht, ist es noch nie gegangen.

Carlo Masala, Professor an der Bundeswehr-Universität in München, brachte es bereits 2015 in einem Papier für die Konrad-Adenauer-Stiftung auf den Punkt:

> Deutschlands Wohlstand hängt vom freien, internationalen Seehandel und vom ungehinderten Zugang zu den Rohstoffmärkten ab. Die Gewährleistung maritimer Sicherheit im Indischen Ozean ist daher essenzielles Interesse Deutschlands. Berlin muss sich – viel stärker als bisher – in der Region engagieren.[364]

Der Krieg gegen China – Phase 1

Bevor es zu einem heißen Krieg mit Waffen kommt, werden erst andere Geschütze aufgefahren. Unter Präsident Trump läuft der Handelskrieg gegen China auf vollen Touren. Gleichzeitig beginnt die innere Destabilisierung des Gegners. Dazu eignet sich besonders die

168   Machtkampf

Anklage wegen »Menschenrechtsverletzungen«, denen dann Unruhen folgen.

Genau diesen Ablauf sehen wir in Chinas nordwestlicher Provinz Xinjiang. Das riesige Land mit seinen 1,64 Millionen Quadratkilometern – das größer ist als der Iran oder die Mongolei und fast fünfmal so groß wie Deutschland – bildet die chinesische Westgrenze zu den Stan-Staaten und zu Indien. Das sind von Nord nach Süd: Kasachstan, Kirgistan, Tadschikistan, Afghanistan, Pakistan und Indien.

Xinjiang ist seit alters Chinas Tor nach Zentralasien. Durch dieses Tor verlaufen die alte und die Neue Seidenstraße (One Belt, One Road). Auch für den Zusammenhalt Chinas ist die Provinz von entscheidender Bedeutung, grenzt sie doch in ihrem Süden an das sogenannte Autonome Gebiet Tibet.

Insgesamt befindet sich ein Fünftel der Kohle-, Gas- und Erdölvorkommen Chinas in Xinjiang, was die Region zu der mit der höchsten Konzentration von fossilen Energievorräten Chinas macht. Die Rohstoffreserven sind gewaltig. Sie betragen laut dem U.S. Army Command and General Staff College Fort Leavenworth 2,2 Billionen Tonnen Kohle, 10,3 Billionen Kubikmeter Erdgas und 20,9 Milliarden Tonnen Erdöl.[365]

Wenn die »Menschenrechtsverletzungen in Xinjiang« als Punkt auf der Tagesordnung des deutschen Bundestags stehen, wie geschehen am 8. November 2019, dann bedeutet das, dass der Fokus der Öffentlichkeit auf diese Region gelenkt werden soll.

Der Sprecher der chinesischen Botschaft in Berlin protestierte auch sofort danach: Deutschland habe sich »eklatant« in innere Angelegenheiten eingemischt – eine »grobe Verletzung der Souveränität Chinas«. In Xinjiang habe es »seit nunmehr 22 Monaten in Folge keine gewaltsamen Terrorattacken« gegeben. »China ist davon überzeugt, dass Sicherheit und die Wahrung der Menschenrechte untrennbar miteinander verbunden sind.« Am Ende der Protestnote heißt es dann:

Wir hoffen, dass die deutsche Seite das Anliegen und die Demarche der chinesischen Seite ernst nehmen wird, um sicherzustellen, dass die deutsch-chinesischen Beziehungen sich auch weiterhin in die richtige Richtung entwickeln.[366]

Der Bundestag folgte mit seiner Verurteilung Chinas nur dem allgemeinen Trend: Schon Wochen zuvor rückte die angelsächsische Presse Xinjiang in die Schlagzeilen, weil das muslimische Turkvolk zu Hunderttausenden in Umerziehungslagern interniert sein soll.[367] Die von George Soros mitfinanzierte Organisation Human Rights Watch berichtet von willkürlichen und zeitlich unbefristeten Inhaftierungen.[368] Michelle Bachelet, die UN-Hochkommissarin für Menschenrechte, forderte sofortigen Zugang zur Region für UN-Experten und bezeichnete die Vorwürfe als »zutiefst erschütternd«.[369]

Von den 23 Millionen Menschen, die in Xinjiang leben, sind rund zehn Millionen Uiguren. Zusammen bilden Uiguren und die ihnen verwandten Turkvölker (Kasachen und Kirgisen) weiterhin eine absolute muslimische Mehrheit im autonomen Gebiet. Ein Zehntel von ihnen ist laut UN in Internierungslagern eingesperrt.[370] Menschenrechtsorganisationen berichten, die chinesische Regierung unterziehe die Uiguren einer regelrechten Gehirnwäsche, um sie im »chinesischen Geist« zu erziehen.[371]

China streitet den Vorwurf nicht völlig ab und betitelt die Haftanstalten als »Bildungseinrichtungen«. Viele Uiguren seien von »religiös-extremistischem Gedankengut« beeinträchtigt, China biete dagegen Kurse an, wie man »Bürger einer Nation« werde.[372]

Dass China mit dieser Umerziehung scheitern wird, ist auf den ersten Blick gar nicht einsehbar. Denn die Muslime in Sinkiang – so der alte Name der Provinz – genießen viele Ausnahmen und Sonderregeln. Zum Beispiel dürfen sie mehrere Kinder haben, während den anderen Chinesen nur eines erlaubt ist.

Außerdem hat sich die Provinz zu einer wirtschaftlich erfolgreichen chinesischen Region mit jährlichen zweistelligen Wachstumsraten entwickelt. Unter solchen Voraussetzungen lässt es sich gut in der Hauptstadt Ürümqi studieren. Noch in den 1980er-Jahren fand man hier überwiegend Lehmhütten. Heute ist Ürümqi eine moderne Millionenmetropole mit über 3,5 Millionen Einwohnern, Chinas Tor nach Zentralasien und Knotenpunkt im Netzwerk von Öl- und Gasfeldern der Region sowie der Trasse der Neuen Seidenstraße.

Gleichzeitig hat sich auch die Demografie Ürümqis massiv gewandelt: Im Jahr 2010 machten Uiguren nur noch 13 Prozent der Bevölkerung aus. Die Politik der massiven Ansiedlung von Han-Chinesen, der

170   Machtkampf

chinesischen Mehrheitsbevölkerung, hat die muslimischen Uiguren dort zur Minderheit gemacht.

Aber das ist nicht im ganzen Land so: Im Südwesten der riesigen Provinz bilden die Uiguren immer noch die Mehrheit. Das raue Klima der gewaltigen Gebirgsmassive und der Taklamakan-Wüste – der zweitgrößten Sandwüste der Erde mit einer Fläche so groß wie Großbritannien ohne Nordirland – macht es den Han-Chinesen schwer, sich gegen die aufsässigen Turkvölker zu behaupten. Seit 2007 vergeht dort kein Jahr ohne Terroranschläge. 2009 brach eine uigurische Revolte in der Provinzhauptstadt aus. Der Zorn entlud sich gegen die chinesische Zivilbevölkerung und staatliche Institutionen. Ein regelrechter Mob tobte in den Straßen, plünderte chinesische Geschäfte, verwüstete chinesische Wohnungen und Häuser und setzte Regierungsgebäude in Brand. 194 Menschen – die meisten von ihnen Han-Chinesen – fielen der Revolte zum Opfer. Wie viele Uiguren zu Tode kamen, als die Revolte blutig niedergeschlagen wurde, ist bis heute unbekannt.

Im Jahr 2013 schwappte die uigurische Gewalt ins chinesische Herzland über: Auf dem Pekinger Tiananmen-Platz raste ein Auto in eine Menschenmenge. 2014 attackierten schwarzgekleidete Personen die Passanten im Hauptbahnhof von Kunming mit Messern und Macheten. Im Folgejahr attackierten drei Uiguren am Bahnhof von Guangzhou Zivilisten mit Messern.

Uigurische Terroristen agieren jedoch nicht nur auf regionalem oder nationalem Territorium. Über ein globales Netzwerk sind sie mit den Dschihadisten im Ausland verbunden. Unter den legendären Gefangenen von Guantanamo Bay fand sich eine Vielzahl von Uiguren, ebenso unter al-Quaida- und IS-Kämpfern. Zu Beginn der NATO-Operation »Arabischer Frühling«, die die Muslimbruderschaft in allen arabischen Staaten in den Jahren 2010/11 an die Macht bringen sollte, hatte die Volkrepublik China – wie einige westliche Länder – den Abgang der Islamisten in den Nahen Osten erleichtert. Eine Taktik, die allerdings nicht aufging. Denn die in Libyen und Syrien kämpfenden Islamisten wurden zum Vorbild für die muslimische Jugend vieler Länder – angefeuert von den von Saudi-Arabien finanzierten Koranschulen. Kein Wunder, dass auch aus Xinjiang immer neue Terrorrekruten kamen.

Mindestens 5000 uigurische Kämpfer befinden sich derzeit in Idlib in Syrien. Sie werden vom türkischen Geheimdienst unterstützt.[373]

Daher haben nicht nur Russland (Tschetschenen-Kämpfer) und Europa Angst vor der Rückführung der Terrorkrieger in ihr Ursprungsland, sondern auch China. In Malaysia, in Indonesien, in Thailand und auf den Philippinen sind bereits etliche aus Syrien geflohene chinesische Dschihadisten eingetroffen.

Die Sabotage der Neuen Seidenstraße

Das Projekt der Neuen Seidenstraße wird aber nicht nur in Chinas Nordwesten sabotiert. Es soll auch im Südwesten gestoppt werden. Nur so ist zu verstehen, warum Indien 2019 den autonomen Sonderstatus der Himalaja-Region Kaschmir aufhob. Pakistan verlegte daraufhin Militärtechnik und Mehrzweckkampfflugzeuge an die pakistanisch-indische Grenze. Wieder einmal drohte ein Krieg zwischen den beiden Atommächten. Verlierer einer solchen Auseinandersetzung wären aber nicht nur die beiden Kriegführenden selbst, sondern auch China: Der pakistanische Teil der Neuen Seidenstraße wäre damit verhindert und vermutlich auch Chinas Zugang zu den pakistanischen Häfen. Indien hatte am 5. August 2019 per Dekret den autonomen Sonderstatus seines Teils der Himalaja-Region Kaschmir sowie der mehrheitlich muslimisch geprägten Provinz Dschammu aufgehoben. Premierminister Narendra Modi begründete den Schritt mit den Worten, der neue Status würde wirtschaftliche Entwicklung und Frieden in das Himalaja-Gebiet bringen.

Konnte man bislang eigene Gesetze in und für seine Gebiete erlassen, die zum Beispiel Indern anderer Bundesstaaten verboten, in der Region Immobilien zu erwerben, ist dies nun passé. Tatsächlich ist es sogar so, dass die Einwohner Kaschmirs nicht einmal mehr im Bundesstaat Dschammu und Kaschmir leben: Sie sind nun Einwohner der zwei Bundesstaaten umfassenden neu geschaffenen Union Territories namens Dschammu und Kaschmir bzw. Ladakh.

Islamabad kündigte als Reaktion auf Indiens Anordnung an, den Botschafter des Landes auszuweisen und zugleich auch seinen Botschafter aus Neu-Delhi zurückzurufen. Darüber hinaus setzte Pakistan den bilateralen Handel aus.

172   Machtkampf

China hatte durch die Sprecherin des Außenministeriums, Hua Chunying, verlautbaren lassen, dass Indiens Aufhebung des Autonomiestatus »inakzeptabel« sei und dass dieses Vorgehen keine rechtliche Bindung (für die Kaschmiris) mit sich bringe. Monate zuvor hatte China verkündet, im Zuge seines Projekts der Neuen Seidenstraße in den nächsten Jahren 60 Milliarden Dollar in den »Chinesisch-Pakistanischen Wirtschaftskorridor« zu investieren. Der nördliche Teil dieses Korridors sollte durch den pakistanischen Teil Kaschmirs führen, der auch von Indien beansprucht wird. Indien hatte aufgrund dieses Korridors auch die Teilnahme am Seidenstraßen-Gipfel in Peking abgelehnt.

Die USA wiederum unterstützen Indien, da sie »One Belt, One Road« (OBOR, wie die Neue Seidenstraße offiziell genannt wird) mit allen Mitteln verhindern wollen. Denn das Seidenstraßenprojekt bedroht die globale Vormachtstellung der USA. Der Wirtschaftsexperte Dirk Müller geht davon aus, dass »das Seidenstraßenprojekt unvorstellbaren Reichtum nach Eurasien bringen kann – ohne dass die USA davon profitieren«.[374] Im Gegenteil: Die Neue Seidenstraße gefährdet nicht nur die amerikanischen Exporte nach China, sondern nach ganz Eurasien.

Daher ist es kein Zufall, dass sich das Verhältnis zwischen Islamabad und Washington in den letzten Jahren dramatisch verschlechtert hat. Im Jahr 2018 twitterte US-Präsident Donald Trump: »Die USA haben Pakistan in den letzten 15 Jahren fälschlicherweise mehr als 33 Milliarden Dollar gegeben. Wir haben im Gegenzug nichts außer Lügen und Täuschung zurückbekommen.«[375] Folgerichtig bezogen die USA im jüngsten Konflikt klar Stellung für Indien. Außenminister Mike Pompeo bezeichnete die indischen Luftangriffe als »Anti-Terror-Operation« und forderte Pakistan auf, »mehr gegen den Terrorismus zu unternehmen«.[376]

Auch die europäischen US-Vasallen stimmen übrigens in den Chor der Gegner der Neuen Seidenstraße ein. Dass sie sich selbst dabei am meisten schaden, sprich: die eigene europäische Wirtschaft aufs Abstellgleis stellen, nehmen sie gehorsam hin. Aber das kennen wir ja schon von den Sanktionen gegen Russland. In einer gemeinsamen Stellungnahme kritisieren 27 der 28 EU-Botschafter in Peking, die Seidenstraßen-Initiative laufe der EU-Agenda für die Liberalisierung des Handels entgegen und verschiebe das Kräfteverhältnis zugunsten subventionierter chinesischer Unternehmen.[377]

Zudem bekenne sich Peking zwar offiziell zu den Spielregeln der Welthandelsorganisation, unterfüttere dies aber nicht mit »greifbaren Taten«, heißt es in dem Bericht, der allein vom Vertreter Ungarns nicht mitgetragen wurde.

Die Regierung in Peking wolle mit dem Plan die internationalen Beziehungen und die Globalisierung nach ihren Vorstellungen umgestalten, schreiben die EU-Diplomaten weiter. »Gleichzeitig verfolgt die Initiative einheimische politische Ziele wie die Reduktion von Überkapazitäten, den Ausbau von Chinas Rolle in internationalen Märkten, die Schaffung neuer Exportmärkte und die Sicherung des Zugangs zu Rohstoffen.«

Statt also die Chance dieses riesigen eurasischen Entwicklungsprojekts für Europa zu ergreifen, beginnen die europäischen Politiker dank ihrer transatlantischen Vernetzungen auf das chinesische Jahrhundertprojekt einzuprügeln.

Siegt die Landmacht über die Seemacht?

OBOR steht im Zentrum der chinesischen Strategie, die westlichen Landesteile zu entwickeln und in den Nachbarländern eine wirtschaftliche Stabilität zu fördern, die gleichzeitig den Nachschub von Rohstoffen sichert und neue Handelsmärkte schafft. Seit seinem Amtsantritt im März 2013 haben Chinas Präsident Xi Jinping und sein Premierminister Russland, Turkmenistan, Kasachstan, Usbekistan und Kirgistan besucht – alle liegen entlang der vorgeschlagenen Route des Seidenstraßenprojekts.

Die historische Seidenstraße – ein Netz von Karawanenstraßen, das vom Mittelmeer bis nach China reichte – verband schon im Jahr 141 v. Chr. Europa mit dem fernen Osten. Hier wurden Handelsgüter, aber auch Ideen und Kultur ausgetauscht. Über 2000 Jahre später setzt China dazu an, die alten Routen wiederzubeleben.

Laut Staatschef Xi sollen nicht nur China, sondern weitere 65 Länder entlang der Neuen Seidenstraße von neuen Handels- und Kommunikationsbeziehungen profitieren. In diesem Wirtschaftsraum leben 4,4 Milliarden Menschen – also fast zwei Drittel der Weltbevölkerung. Hier wird knapp ein Drittel der weltweiten Wirtschafts-leistung produziert. Dieser gigantische Wirtschaftsraum wird erstmals von Kontinentalmächten dominiert – ein Dorn im Auge der Seemacht USA. Seit 400 Jahren beherrschen Seemächte wie Portugal, Spanien, Holland, Frankreich und England die Welt. Nun wird die eurasische Weltinsel für Seemächte unangreifbar, wie es vormals England für Landmächte war.

Der eurasische Wirtschaftsraum ist im Krisen- und Konfliktfall unabhängig vom Meer, das die USA samt allen Meeresengen beherr-schen. Die US-Flugzeugträgerflotten sind nicht mehr als gigantische Schrottberge. China setzt nicht auf weltweite Militärstützpunkte, son-dern auf Handelsbeziehungen, die im beiderseitigen Interesse sind, und spricht angesichts des bedeutenden Megaprojekts des 21. Jahr-hunderts von einer »Schicksalsgemeinschaft«. Es einigte sich bereits mit Russland auf die Bindung des Seidenstraßenprojekts an die Eura-sische Wirtschaftsunion und die Entwicklung Sibiriens. Auch Ungarn will dieses Projekt gemeinsam mit China voranbringen. Sollte China alle 65 Anrainerstaaten auf Augenhöhe mit ins Boot holen, könnte von Eurasien ein Friedensimpuls ausgehen. Aus diesem eurasischen Nukleus könnte dann weltweit eine multipolare Friedensordnung ent-stehen: das wäre das Aus für die unipolare Weltordnung Washingtons.

Alle diese Entwicklungen zeigen, dass China überall in Europa die Investitionen und Handelsbeziehungen beschleunigt ausbaut. Europa könnte also mit der Neuen Seidenstraße an eine neue geopolitische Nabelschnur angeschlossen werden und damit seinem Untergang ent-kommen. Genau das will Washington natürlich nicht. Seine Helfer in den europäischen Parlamenten und Regierungen und Medien sorgen dafür, dass dieser Herrscherwille umgesetzt wird.

Die globalen Projekte der beiden »Feindstaaten«

Zur Neuen Seidenstraße sollen noch zwei neue Projekte dazukom-men. Der Internationale Nord-Süd-Transportkorridor soll St. Pe-tersburg mit dem indischen Hafen Mumbai verbinden – abseits der traditionellen Route über den Sueskanal. Und die Nordostpassage, vorbei an Russlands Nordküste, soll als neue »Polar-Seidenstraße« den Handel zwischen Europa und China ankurbeln.

Der globale Krieg der Oligarchen 175

Auch das ein Indiz für die veränderte geopolitische Lage: Als Donald Trump beim G7-Treffen vorschlug, zum alten G8-Format mit Russland zurückzukehren, antwortete der Kreml kurz und kühl:»Wir legen den Akzent auf andere Formate.«[378]

Ein solches Alternativformat ist der Gipfel der Shanghaier Organisation für Zusammenarbeit (SCO), der gleichzeitig zum G7-Treffen in China stattfand. Gegründet wurde die SCO vor 17 Jahren von Russland, China und vier zentralasiatischen Staaten. Im vergangenen Jahr sind Indien und Pakistan dazugekommen. Der Iran und die Türkei sind mögliche Beitrittskandidaten.

Im Bereich der SCO sind jetzt zwei neue Projekte angestoßen worden, die nicht nur die verschiedenen Stränge der Neuen Seidenstraße ergänzen, sondern auch ein Rohstoffreservoir erschließen sollen, das die Energie der nächsten Jahrzehnte sichern wird.

Das erste Projekt ist der Nord-Süd-Transportkorridor (INSTC). Er ist mit nur 7200 Kilometern deutlich kürzer als die Standardroute durch den Sueskanal: Statt 35-40 Tage sollen die Frachten von Russland nach Indien künftig nur 20-23 Tage unterwegs sein. INSTC führt von der indischen Hafenmetropole Mumbai über den Iran, Aserbaidschan ins russische Astrachan und von dort aus weiter nach Moskau und Sankt Petersburg.

Der jetzige Transportweg über Europa und China sei zu teuer und zu lang und für schnellverderbliche Güter wie Früchte gar nicht geeignet, sagt der indische Handelsminister. Testtransporte über die neue Route hätten gezeigt, dass die Kosten um rund 30 Prozent verringert werden können. Dies werde dem gegenseitigen Handel zwischen Indien und Russland zusätzliche Impulse verleihen.

Das zweite Projekt: China will »gemeinsam mit anderen Staaten« Seerouten für die Handelsschifffahrt in der arktischen Region schaffen — eine »Polar-Seidenstraße«. Es gehe um einen »Wirtschaftskorridor zwischen China und Europa über das Nordpolarmeer«, heißt es in einem »Weißbuch« genannten Programm der chinesischen Staatsführung zur Erschließung der Arktis.

Warum die Volksrepublik großes Interesse am nördlichen Seeweg hat, ist naheliegend: Alle anderen transeurasischen Schiffsrouten könnten sich auf lange Sicht als sehr instabil erweisen – vor allem hinsichtlich der Sicherheit. Die Standardroute über die Straße von

Malakka und den Sueskanal ist von US-Stützpunkten eingerahmt, und der gesamte Nahe Osten ist politisch instabil. Die Route über Zentralamerika und den Panamakanal ist ohnehin nur beim Handel zwischen Asien und den USA sinnvoll. Die Nordwestpassage an Nordamerika vorbei steht unter US-Kontrolle. Also bleibt die Nordostpassage, vorbei an Russlands Nordküste.

Schon Ende 2018 hatten die russischen und chinesischen Schiffsbauer und Polarforscher gemeinsame Projekte in der Region vereinbart. Aber China ist nicht nur am Warentransit interessiert, sondern auch an der Förderung von Rohstoffen in der Arktis. Deshalb wird die Volksrepublik den Aufbau der Infrastruktur entlang der neuen Routen fördern und die Reeder bei Testfahrten durch das Eismeer unterstützen.

Das Kernziel des Projekts: »Aufbau eines wirtschaftlichen Seekorridors zwischen China und Europa über das nördliche Polarmeer«, so die chinesische Führung. Zunächst solle das Polarmeer erforscht werden, um Umweltschutz und Sicherheit der Schifffahrt zu garantieren. Gemeinsam mit den Arktisanrainern wolle die chinesische Führung die Öl-, Gas- und Rohstoffförderung in der Arktisregion vorantreiben sowie den Tourismus und die Fischerei entwickeln. Dabei würden die Kulturräume und die Traditionen der einheimischen Bevölkerung geschützt sowie Maßnahmen zum Umweltschutz ergriffen, beteuert die chinesische Führung. Der Schiffsverkehr im Polarmeer solle dann im Einklang mit den völkerrechtlichen Verträgen gesteuert werden, heißt es weiter im Positionspapier.

Die Arktis ist für Moskau wie für Peking eine Zukunftsregion. Gewaltige Öl- und Gaslagerstätten werden dort vermutet, und im Zuge des Klimawandels ist die Förderung bald zu erwarten. US-Geologen taxieren die Ölvorräte der Arktis auf rund ein Fünftel, die Gasvorräte gar auf ein Viertel der Weltreserven. An Gold, Silber und seltenen Erden ist die Region auch überaus reich.

Wie die russische Nachrichtenagentur *Sputnik* berichtet, ist China bereits in die größten russischen Arktisprojekte eingestiegen – wie zum Beispiel in die Flüssiggasproduktion Yamal SPG an der russischen Nordküste. Die Chinesen halten rund ein Drittel der Anteile am 27-Milliarden-Dollar-Projekt des russischen Gasriesen Nowatek: 9,9 Prozent gehören dem Silk Road Fund, weitere 20 Prozent hat der chinesische Ölkonzern China National Petroleum erworben. Zudem beabsichtigt Peking, sich am Bau eines Tiefwasserhafens in der Nähe der russischen Küstenstadt Archangelsk zu beteiligen.

Washington wird nervös

Die Arktis hat für Russland nicht nur eine ökonomische, sondern vor allem auch eine immense strategische Bedeutung. Das Nachrichtenportal *Sputnik*, welches quasi-staatliche Nachrichten verbreitet, meldet: In den an das Nordpolarmeer anliegenden Gebieten befinden sich Anlagen des russischen Raketenfrühwarnsystems. Und an der Küste der Barentssee ist der Großteil der russischen Atom-U-Boot-Flotte stationiert: sieben von zehn der strategischen Riesen zählen zum Bestand der Nordmeerflotte. Dort, unter dem Eis der Arktis, patrouillieren sie auch rund um die Uhr, jederzeit zum Abschuss ihrer ballistischen Flugkörper bereit. Auch bei den russischen Fernfliegerkräften mit ihren strategischen Bombern steht die Region im Mittelpunkt des Interesses: Die russische Luftwaffe erschließt seit Jahren neue Flugplätze im Norden oder setzt die alten aus Zeiten des Kalten Krieges wieder instand – ich bin in einigen meiner früheren Bücher ausführlich darauf eingegangen.

Bei amerikanischen Spitzenpolitikern und der Pentagon-Führung lösen diese regen Aktivitäten Ängste aus. Sie wollen die militärische Infrastruktur im hohen Norden ausbauen und ein Stabsquartier auf US-Territorium gründen, um zu zeigen, wer der wirkliche »Anführer der NATO und der ganzen Welt« (so die ehemalige Vize-Außenministerin der Vereinigten Staaten, Paula Dobriansky)[379] in der Arktis sei.

Vor diesem Hintergrund ist auch verständlich, warum die NATO Norwegen seit Anfang 2020 militärisch verstärkt. Kampfschiffe der Allianz üben seither deutlich häufiger zusammen mit der norwegischen Marine in der Barentssee und im Nordmeer als zuvor. Aufklärungsmissionen nehmen in Ausmaß und Häufigkeit zu: Norwegische Spionageschiffe sind in der Nähe russischer Grenzen aktiv, während amerikanische Seefernaufklärer von norwegischen Flugplätzen zu Einsätzen in der Arktisregion starten. Die Regierung in Oslo hat das Abkommen mit Washington über die Stationierung amerikanischer Marineinfanteristen auf norwegischem Boden verlängert und die Stärke des US-Kontingents gleich verdoppelt.

In Vardø, der östlichsten Gemeinde des Landes, nur wenige Kilometer von Russland entfernt, errichtet die Allianz ein als »Globus 3« bezeichnetes Radar. Es ist in der Lage, bis tief ins russische Kernland zu blicken und Raketentests sowie Schiffsbewegungen der Nordmeerflotte der NATO-Führung zu melden. An der norwegischen Nordküste werden mehrere Flugplätze modernisiert, und der Hafen Grøtsund wird für die Aufnahme amerikanischer Atom-U-Boote umgebaut.

Schon seit Jahren docken die atomaren U-Boote der USA, die im Nordatlantik patrouillieren, in Norwegen an. Auf norwegischen Stützpunkten sind AWACS- und Aufklärungsflugzeuge der NATO stationiert. Weitere Flugplätze in Norwegen stehen der NATO als Logistikknoten zur Verfügung. Landesweit stehen Lager für das schwere Material und Kasernen für das Personal der Verbündeten bereit.

Warum aber der ganze Aufwand? Ganz einfach: Vor der norwegischen Küste verläuft der einzige Weg in den Atlantik, den die strategischen U-Boote der russischen Nordmeerflotte nehmen können.

Das ist auch der Grund, warum selbst Corona die NATO nicht davon abhielt, im Norden Europas (und anderswo) mit dem Säbel zu rasseln. Das bisher größte NATO-Manöver »Defender 2020«, das ursprünglich wegen Corona abrupt gestoppt worden war, fand dann doch statt. Noch vor dem Manöverstopp waren über 6000 US-Soldaten und 3000 Stück Militärausrüstung über den Atlantik transportiert worden. Weitere 9000 gepanzerte Fahrzeuge und Container waren aus den US-Waffendepots in den Niederlanden und Deutschland gen Osten, vornehmlich Polen, verlegt worden. In der Übung Allied Spirit vom 5. bis 19. Juni 2020 auf dem Truppenübungsplatz Drawsko Pomorskie in Polen wurden unter anderem eine Luftlandeoperation und eine Flussüberquerung in Divisionsgröße geübt.

Weitere Militärmanöver im Kontext von »Defender 2020« waren ein Artilleriemanöver im Ostseeraum sowie Luftlandeoperationen auf dem Balkan und in der Schwarzmeerregion.

Die USA gaben im Jahr 2020 rund 340 Millionen Dollar für »Defender 2020« aus und über 100 Millionen für das ostasiatische Pendant »Defender Pacific«. Im folgenden Jahr soll es dann genau umgekehrt sein: Für »Defender Europe 2021« hat die US-Armee 150 Millionen Dollar beantragt, für »Defender Pacific« 364 Millionen.[380]

Deutschland marschiert ganz vorne mit

Auffallend ist, dass die transatlantischen Netzwerke sich selbst in den Wochen des Corona-Lockdowns für die Wiederaufnahme des NATO-Manövers stark gemacht hatten. Christian Mölling etwa von der Deutschen Gesellschaft für Auswärtige Politik sieht in dem Manöver »eine Demonstration der Stärke. Das Signal ist: Die Nato ist in der Lage, einen Krieg zu führen – man sollte sich also besser nicht mit ihr anlegen. Damit will man Russland klarmachen, dass es keinen Sinn macht zu versuchen, politische Ziele mit militärischen Mitteln durchzusetzen.«[381]

Claudia Major und Dominic Vogel von der die Regierung beratenden Stiftung Wissenschaft und Politik bliesen ins gleiche Horn:

Seit dem 16. März stehen die Räder still. [...] Doch sobald die Umstände es wieder zulassen, sollte die Übung wiederholt werden: Die militärischen Herausforderungen bleiben unabhängig von der Pandemie bestehen, von Russland bis Terrorismus. Bundeswehr und NATO-Verbündete müssen unverändert in der Lage sein, einander Beistand zu leisten, sollten sie Opfer eines bewaffneten Angriffs werden. Und so muss geprobt werden, was viele europäische Länder verlernt haben: der schnelle und sichere Transport über Staatsgrenzen hinweg. Dabei geht es um eine interne Verfahrensübung, nicht um das Durchspielen eines Angriffsszenarios.[382]

Wie die politische Elite unseres Landes die künftige Rolle Deutschlands an der Seite der Weltbeherrscher sieht, zeigt ein Gastbeitrag, den Martin Jäger, Staatssekretär im Ministerium für wirtschaftliche Zusammenarbeit und Entwicklung, am 6. September 2020 für die *Frankfurter Allgemeine Zeitung* schrieb. »Die Bundesrepublik wird sich auch künftig an Interventionen beteiligen müssen. Mehr noch: Deutschland und Europa sollten aus eigener Kraft interventionsfähig werden.«[383] Bitte beachten Sie, dass diese markigen Worte nicht etwa aus dem Verteidigungs-, sondern aus dem Entwicklungshilfeministerium kommen.

»In der näheren und weiteren Nachbarschaft Europas muss Ordnung herrschen, und diese Ordnung sollte eine europäische sein. Dies kennzeichnet Deutschlands neue strategische Lage«, schreibt Jäger weiter und steigert sich zu der Aussage:

Die Bundesrepublik muss ihr Verhältnis zur Intervention überdenken. Intervenieren bedeutet, einen Konflikt durch Einmischung von außen zur Entscheidung zu bringen. Eine solche Machtprojektion kann unterschiedliche Gestalt annehmen: von der diplomatischen Drohung über die Verhängung von Sanktionen und die Waffenlieferung bis zum Einsatz militärischer Gewalt. Die Intervention ist die kleine Schwester des Krieges und die giftige Freundin der Diplomatie – nicht eben die Gesellschaft, in der wir Deutsche uns gern aufhalten.

Bedenken werden von Jäger brüsk zur Seite gewischt:

Gegen eine deutsche Beteiligung an militärischen Einsätzen werden vor allem rechtliche Bedenken angeführt. Doch damit überzeugen wir außer uns selbst niemanden mehr. Völkerrecht und Grundgesetz lassen mehr Raum, als wir nutzen. Wollen wir ernsthaft behaupten, der Einsatz französischer Spezialkräfte bei der Terrorbekämpfung im Sahel sei völkerrechtswidrig? Er ist es nicht. Wir sollten uns vielmehr anschließen.

Jäger verweist auf den angeblich »überaus erfolgreichen« Kampf gegen den »Islamischen Staat«: »Soldaten der Bundeswehr bildeten kurdische Kämpfer an Lenkraketen aus. Heute heißen Kinder im Nordirak Milan, in Erinnerung an das von Deutschland gelieferte Waffensystem. Daran lässt sich anknüpfen.« Wäre es nicht noch schöner, so möchte man ironisch hinzufügen, wenn andere Kinder irgendwo auf der Welt Leopard 3 hießen?

»Wofür sollte Deutschland intervenieren?«, fragt der Staatssekretär weiter und gibt gleich die Antwort:

Zur Wahrung des Weltfriedens und der internationalen Sicherheit, zum Schutz eines Partnerlandes und unserer Handelswege. Weil nur so Gräueltaten wie einst in Ruanda oder Srebrenica verhindert werden. Vielleicht künftig einmal zur Verteidigung globaler öffentlicher Güter, etwa von Schutzzonen in afrikanischen Regenwäldern.

Europa – und allen voran Frankreich – warte auf Deutschland, vermutet Jäger.

Wer in Berlin zögert, sollte bedenken: Auch der Verzicht auf eine Intervention hat Konsequenzen. Das lehrt in tragischer Weise das Beispiel Syrien. Heute bestimmen dort Russland, Iran und die Türkei, der Westen ist mehr getrieben als handelnd. Russland hat in Syrien nur wenige tausend Soldaten stehen. Eine Streitmacht europäischer Staaten gleicher Größe hätte Schlimmeres verhindert.

Zum Schluss hat Jäger noch drei Vorschläge:

Der Bundestag billigt künftig auf Basis europäischer Mandate den bewaffneten Einsatz deutscher Streitkräfte im Ausland. Ausbildern der Bundeswehr wird im Einsatz erlaubt, einheimische Einheiten ins Gefecht zu begleiten. Deutschland liefert Partnern wie der Ukraine in Notsituationen Milan-Lenkwaffen zur Selbstverteidigung. Damit wären erste Schritte getan.

Wäre doch gelacht, wenn nicht bald auch ukrainische Kinder Milan hießen!

Bei solchem Denken passt es gut, dass auch die Bundesmarine mitten in der Corona-Krise zurück zu den Waffen rief: Sie will im Norden ihre Präsenz ausbauen. Die »Nasse Nordflanke« soll bei einem möglichen Krieg mit Russland geschützt werden. Deswegen werden neue Korvetten und Fregatten angeschafft. Ein neues NATO-Marinekommando in Rostock gibt es bereits.

Die Bundeswehr müsse für »Randmeerkriege« gerüstet sein, hieß es bereits in der »Konzeption der Bundeswehr« vom Juli 2018.[384] Verteidigungsministerin Kramp-Karrenbauer ging in einer Rede am 12. März 2020 genauer darauf ein. Die Landes- und Bündnisverteidigung betreffe drei maritime Räume:

Erstens die Ostsee. Sie ist eine wichtige Nachschubroute ins Baltikum. Und was oft vergessen wird: Unter den NATO/EU-Anrainern der Ostsee hat Deutschland die größte Marine. Daraus erwächst uns eine besondere Verantwortung zu führen und zu koordinieren. [...] Der zweite maritime Raum ist der Nordatlantik. Hier beschäftigt mich vor allem die GIUK-Lücke, die gedachte Linie zwischen Grönland, Island und Großbritannien. Ihr kommt hohe strategische Bedeutung zu, da sie über den Zugang zu den nordatlantischen Versorgungslinien entscheidet. Hier geht es um die Verbindung zwischen Nordamerika – also unseren Verbündeten USA und Kanada – und Europa. Deswegen brauchen wir an dieser Stelle mehr Präsenz und Wirkmöglichkeit. Denn was vielen nicht bewusst ist: Hier geht es auch um den Schutz der Tiefseekabel zwischen Europa und Amerika, die für die digitale Kommunikation und die digitale Wirtschaft enorm wichtig sind.

Und zum Dritten – oft vernachlässigt – das Schwarze Meer. Ein maritimer Raum, in den Russland verstärkt wirkt, wo Russland Druck ausübt. Deshalb ist es wichtig, dass wir unsere NATO- und EU-Partner in der Region stärken.«[385]

Insbesondere mit Blick auf die Ostsee wurde 2018 die Einrichtung eines NATO-Marinekommandos (Baltic Maritime Component Command, BMCC) in Rostock beschlossen, das sich augenblicklich im Aufbau befindet. Anfang Januar 2019 nahm der »German Maritime Forces Staff« – kurz DEU MARFOR – in Rostock seine Arbeit auf. Er wird die maritimen Operationen an der Nordflanke der NATO planen und führen, bis dann das BMCC übernimmt. Laut einer Pressemitteilung der Marine wird Rostock das »maritime Führungskommando für Operationen in der Ostsee und an der Nordflanke des Bündnisses, aber auch in anderen Regionen«.[386]

Vor allem sei es erforderlich, für die baltischen Staaten, falls nötig, eine »Nachversorgung über die Ostsee« sicherzustellen, heißt es in einer weiteren Bundeswehr-Presseerklärung:

Die Ostsee verlängert die Nordflanke bis zu unseren östlichen NATO-Partnern Estland, Lettland, Litauen und Polen. Sie fungiert als nasse Flanke, über die Nachschub organisiert werden muss. Es ist deswegen essentiell, dass die Seeverbindungen nach Osten offenbleiben.[387]

Daher brauche man fünf weitere Korvetten der Klasse K130. Sie sollen bis 2022 beschafft sein. Auch neue Fregatten brauche man für diesen Bündnisauftrag. Zunächst zwei der neuen Klasse-127-Schiffe sollen ebenfalls gebaut werden. Das mag ganz friedlich und defensiv klingen, aber im geografischen Vorfeld dieser maritimen Landesverteidigung, in der Arktis, geht es ganz anders zu: Da fährt die U. S. Navy provokative »Einsätze zur Stärkung der freien Schifffahrt«, wie wir es seit Ende des Kalten Krieges nicht mehr gesehen haben.

Drei US-Zerstörer und eine britische Fregatte wagten sich im Sommer 2020, begleitet von einem Trossschiff, in die Barentssee und weitere Gewässer oberhalb des Nordpolarkreises. Russland betrachtet den größten Teil der Barentssee als Teil seiner Hoheitsgewässer. Anschließend wurden sogenannte FONOPs (Freedom of Navigation Operations, dt.: Einsätze zur Sicherung der Schifffahrtsfreiheit) als Standardpraxis für Seeeinsätze von USA und NATO im arktischen Norden etabliert.

Die Schiffe von USA und NATO, die künftige FONOPs im Arktischen Meer durchführen sollen, sind nach Informationen der Website *Russia Today* mit dem Aegis-System ausgestattet. Dieses System zum Schutz der Schiffe vor Raketenangriffen ermöglicht nicht nur den Start von Boden-Luft-Raketen, sondern auch den Start schiffgestützter Marschflugkörper der Baureihe Tomahawk.

Mit ihrer Reichweite von über 1650 Kilometern würde ein Aegis-Schiff, das Tomahawks geladen hat, die in Sibirien stationierten russischen strategischen Raketenstreitkräfte und einige weitere Ziele mehr bedrohen können. Im Moment entwickelt die US-Marine neue Flugkörper, die Interkontinentalraketen (ICBMs) abfangen können. Dazu muss man wissen, dass die überwiegende Mehrheit der strategischen Nuklearstreitkräfte Russlands – und insbesondere diejenigen, deren Elemente in Sibirien stationiert sind – so konfiguriert sind, dass sie die Arktisregion überfliegen müssen, bevor sie ihre Ziele in den Vereinigten Staaten erreichen.

Der Krieg gegen China – Phase 2

Es gibt Websites, die behaupten, Corona sei ein Mittel der biologischen Kriegsführung – perfekt platziert im Zentrum des Hauptgegners um die globale Herrschaft, ideal getimt zur Winterzeit und so tariert, dass die chinesische Staatsführung dies als Biowaffenangriff wahrnimmt, ohne es beweisen zu können, in Panik gerät und überreagiert. Gibt es Hinweise, dass diese Theorie wahr sein könnte?

184   Machtkampf

Francis Boyle kämpft seit Jahrzehnten gegen die Entwicklung und den Einsatz von Biowaffen. Boyle hat einen Abschluss der Universität Chicago, einen Doktor der Jurisprudenz aus Harvard und einen Abschluss in Politikwissenschaft.

In einem Interview[388] stellte er seine Theorie über die Ursprünge des Coronavirus vor: Boyle zufolge hat die US-Regierung zwischen dem 11. September 2001 und dem Oktober 2015 rund 100 Milliarden Dollar in Programme zur biologischen Kriegsführung gesteckt. Er hält Covid-19 für einen waffenfähigen Krankheitserreger. Covid-19 enthalte Genmaterial von SARS, ein ohnehin bereits waffenfähig gemachtes Coronavirus, sowie Genmaterial des HI-Virus und möglicherweise des Grippevirus. Federführend bei dieser Forschung ist nach Boyle die privat finanzierte Johns Hopkins University. Genau: Das ist das Institut, das uns immer die neusten Zahlen über die weltweiten Infektionen liefert.

Diese Johns Hopkins University ist landesweit der größte Empfänger von Forschungsgeldern der Bundesbehörden, darunter die National Institutes of Health, die National Science Foundation und das Verteidigungsministerium. Außerdem hat die Universität Millionen Dollar an Forschungsgeldern von der Bill & Melinda Gates Foundation bekommen. 2016 investierte Johns Hopkins mehr als 2 Milliarden Dollar in Forschungsprojekte, das 38. Jahr in Folge mehr als alle anderen amerikanischen Hochschulen.

Boyle versichert in dem Interview:

> Sollten Sie der Meinung sein, ich sei wissenschaftlich nicht ausreichend qualifiziert für das Thema: Der führende Molekularbiologe des MIT unterstützt meine Aussagen.

Mit China befinden sich die USA in einem Wettbewerb um die Dominanz in der Welt. Alle Bemühungen der USA, durch Strafzölle, Spekulationsblasen, bunte Proteste und Revolutionsversuche China zu schwächen, sind bisher gescheitert.

Das könnte sich nun ändern: Mit Covid-19 ist ein finanzieller Schaden erzeugt worden, mit dem China sicher noch lange zu kämpfen haben wird. Hinzu kommt, dass die chinesische Führung nicht sicher sein kann, dass immer wieder neue Covids auftauchen – wie es ja auch in der Vergangenheit schon der Fall war.

Gegen Ende 1997, kurz nachdem China die Souveränität über Hongkong wiedererlangt hatte, traf der Ausbruch des H5N1-Virus, bekannt als Vogelgrippe, das Land. Dann, 2002/2003, löste ein Coronavirus die SARS-Epidemie aus. Anfangs noch unschlüssig, begann China mit konzertierten Aktionen im Sommer 2003, und SARS konnte schnell unter Kontrolle gebracht werden. Die mangelhafte Berichterstattung über die Epidemie von Seiten der Regierung führte damals zu Misstrauen in der chinesischen Öffentlichkeit.

Zurück zum Coronavirus: Die langfristigen Konsequenzen von Corona sind noch nicht absehbar, aber sie deuten sich bereits an. Vietnam, Indien und Malaysia verzeichnen einen großen Anstieg ihrer Exporte in die USA. Neue Versorgungsketten werden aufgebaut. Dies wird die mittelfristige ökonomische Aktivität außerhalb Chinas anregen. Insbesondere die global agierenden Konzerne, die ihre Basis in den USA haben, werden in neue Standorte und in die Vervielfältigung der Versorgungsketten investieren.

Etwa 80 Prozent der weltweit gehandelten Gütermenge wird auf Seewegen transportiert, und China beherbergt sieben der zehn meistfrequentierten Containerhäfen, gemäß der UN-Konferenz für Handel und Entwicklung. Nebenan haben Singapur und Südkorea auch je einen Megahafen.

Die großen Schiffskonzerne wie Maersk, MSC Mediterranean Shipping, Hapag-Lloyd und CMA-CGM haben verkündet, dass sie die Anzahl der Schiffe, die China und Hongkong mit Indien, Kanada, den Vereinigten Staaten und Westafrika verbinden, reduziert haben.[389]

Die internationale Schifffahrtsorganisation The Baltic and International Maritime Council (kurz: BIMCO), die aus 1900 Reedereien, Schiffsmaklern, Vermittlern, Schiffsbeteiligten und Schifffahrtsagenturen besteht, berichtet von begrenzter oder nicht existierender Nachfrage von chinesischen Käufern für Güter, die über See geliefert werden, wie Kohle, Erdöl, Eisenerz und anderen.[390] Der Mangel an Aktivität spiegelt sich in den tief gefallenen Erdölpreisen wider.

Das deutsche Logistikunternehmen DHL meldete »schwere Verwerfungen in internen und externen Cargo-Verschiffungen, Lkw-Transporten und Cargo-Dienstleistungen«. Die Behinderungen könnten schwere Auswirkungen auf die Versorgungskette und Industrieproduktion in China in Industriebereichen für Automobile, Pharma und medizinische Versorgung und Hochtechnologie haben, so die DHL.[391]

Der Chef der Denkfabrik Strategic Forecast (Stratfor), George Friedman, schrieb in einem Artikel:

China ist ein Land, dessen Dynamik im Kern auf dem internationalen Handel basiert. Unter Druck seitens der USA würde das gefährliche Coronavirus im günstigsten Fall diesen Handel zum Erliegen bringen. Daraufhin würde die chinesische Regierung, wie wohl jede andere Regierung auch, für das beschuldigt werden, was schiefgelaufen ist, und auch für die unwirksame Handhabe des Virus und ihre Unfähigkeit, die wirtschaftlichen Konsequenzen zu verstehen. Ab dann hätten wir leichtes Spiel.

Der Grund hinter *dieser Übung* [Hervorhebung durch d. Verf.] ist, dass das Coronavirus weder ein geopolitisches noch ein politisches Ereignis ist. Krankheiten treten mit einer gewissen Häufigkeit auf, aber unter Einbeziehung der chinesischen Dynamik und der aktuellen Lage Chinas kann das Virus zu einem geopolitischen und politischen Ereignis heranwachsen, in dessen Folge die inneren Spannungen Chinas zur Explosion kommen könnten, wobei das Coronavirus das Fass zum Überlaufen bringen und so Chinas internationale Machtstellung unterhöhlen könnte.[392]

Von einer »Übung« sprach auch US-Außenminister Mike Pompeo am 20. März 2020 vor der Presse: »We're in a live exercise here to get this right.« –»Wir sind in einer Live-Übung hier, um das klarzustellen.« Donald Trump flüsterte ihm darauf von der Seite zu: »You should have told me!« – »Das hätten Sie mir sagen müssen!«[393]

Gleichzeitiger Krieg gegen China und Russland

Die Zielrichtung der US-Oligarchie, die Konkurrenten aus Russland und China nicht zu mächtig werden zu lassen, ist nach dem Gesagten eindeutig. Aber der Ton wird in letzter Zeit immer aggressiver. Zwei einflussreiche Denkfabriken, Bloomberg und das Council on Foreign Relations, trommelten 2019 beinahe gleichzeitig für einen Krieg gegen die chinesisch-russische Allianz – kurz bevor US-Präsident Trump am amerikanischen Nationalfeiertag die Macht und Größe des US-Militärs beschwor.

Ein Professor und ein Finanzanalyst forderten auf der einflussreichen Website der Agentur Bloomberg das Pentagon auf, sich für einen Krieg gleichzeitig gegen China und Russland zu rüsten.[394] Und sie schlugen auch gleich Alarm – den Militärisch-Industriellen Komplex wird's freuen – indem sie warnten: Die Vereinigten Staaten und ihre Verbündeten seien nicht vorbereitet auf eine russisch-chinesische Allianz, die allein aus dem Grund, dass sie existiert, eine Gefahr sei für die USA und die gesamte westliche Welt. Als Lobbyisten der Rüstungsindustrie entpuppten sich die beiden Experten mit ihrer Forderung: Die USA müssten baldigst damit anfangen, sich auf einen Konflikt gegen die beiden Großmächte gleichzeitig vorzubereiten. Denn sonst könnte es passieren, dass Washington schutzlos dastünde. Dann nämlich, wenn einer der beiden – Peking oder Moskau – durch einen Krieg die Kräfte der Vereinigten Staaten binde, während der andere der beiden – Moskau oder Peking – dem schutzlosen Amerika den Gnadenstoß verpasse.

Die Urheber dieser Ideen sind Professor Hal Brands, Experte für Geostrategie an der Johns Hopkins University, und der ehemalige Admiral James Stavridis, heute Finanzanalyst bei der Carlyle Group.

Ihre beiden von Bloomberg veröffentlichten Artikel sind indes keine Ausnahme:

Das Gefühl vom »Niedergang Amerikas« und dem »Tod der US-Hegemonie« durchzieht die gesamte politische Fachliteratur in den USA, und das schon seit Jahren. Gleichzeitig wird das Volk mit der Propaganda des Medienfastfoods in alter Manier manipuliert: Hollywood dreht weiter Filme darüber, wie die Bomben-Demokratie alle besiegt. Die Macher von PC-Spielen bringen ihren Usern bei, dass russische Kampfpiloten unschuldige Syrer töten, während Weißhelmen rückhaltlos zu glauben sei. Die Fernsehstationen hören nicht auf, das amerikanische Militär zu preisen. Und vor allem US-Präsident Donald Trump schwadroniert immer wieder – zuletzt am 4. Juli 2020 – dass Amerika noch nie so mächtig gewesen sei wie heute.

Aber das ist wohl die Propaganda für das Wahlvolk. Die Eliten sehen das anders. Ein Beleg dafür ist die Juni-Ausgabe (2019) der vom außenpolitischen Taktgeber Council on Foreign Relations herausgege-

188   Machtkampf

benen Fachzeitschrift *Foreign Affairs* – die sich ja an die Influencer und Entscheider richtet: »Schaut man zurück, kann man sagen, dass der Niedergang unausweichlich erscheint«, heißt es darin.[395] Man müsse sich heute mit der »Washingtoner Wahnvorstellung« vom Ende des vergangenen Jahrhunderts »einer ewig-guten US-Hegemonie« auseinandersetzen. Es sei an der Zeit, eine »Obduktion der US-Herrschaft der letzten Jahrzehnte« vorzunehmen, jener Zeit, »als die US-Eliten ihr Erbe und ihren guten Namen verschwendeten«.

Der Bloomberg-Artikel offenbart eine anscheinend tiefsitzende Angst der Washingtoner Politeliten: »China und Russland wollen die ›Weltinsel‹ kontrollieren«, schreibt Stavridis.[396] Und dies ist aus seiner Sicht eine existenzielle Bedrohung für die USA. Die »Weltinsel« – ein Begriff der beiden geopolitischen Vordenker, des Briten Halford Mackinder (vor 100 Jahren) und des Amerikaners Zbigniew Brzeziński (Berater verschiedener US-Regierungen), der sie von Mackinder übernommen und populär gemacht hat – umfasst das gesamte Eurasien.

Stavridis analysiert, in wie vielen Bereichen China und Russland kooperieren, und kommt zu dem Schluss: Das Endziel dieser Zusammenarbeit sei eine russisch-chinesische Kontrolle über Eurasien und Afrika. Die USA und ihre Verbündeten würden an die »Peripherie der Welt« verdrängt.

Als Gegenmaßnahme schlägt Stavridis vor, alles zu tun, um Europa an die USA zu binden, und es nicht zuzulassen, dass die russisch-chinesische Allianz die europäischen Länder verführe. Die USA und ihre Verbündeten »müssen tun, was möglich ist, um das vereinte Europa zu unterstützen und das Netz von Allianzen, Partnerschaften und freundschaftlichen Beziehungen entlang der gesamten Peripherie Asiens zu stärken«.[397]

Die Experten plädieren also nicht für eine Normalisierung der Beziehungen zwischen Moskau und Washington, sondern für Zwangsmaßnahmen gegen die beiden Konkurrenten. Übrigens nicht nur gegenüber Moskau und Peking, sondern auch gegenüber Berlin, Paris und Brüssel.

Professor Brands schreibt sogar, Amerika müsse eine »richtige Kombination von Möglichkeiten und Konzepten« erarbeiten, »um Russland und China zu besiegen, bevor sie ihre Streitkräfte entscheidend vergrößern«. In absehbarer Zukunft würden die USA in eine

»angespannte und gefährliche Rivalität gleichzeitig mit China und Russland« involviert sein.[398]

Für uns in Deutschland bedeutet dies: Washington wird jede Annäherung der Bundesrepublik an Russland und China torpedieren und uns noch fester an sich ketten – soweit da überhaupt noch eine Steigerung möglich ist.

SCHLUSSWORT

Lassen wir die Neue Weltordnung scheitern!

Auch wenn das bisher Gesagte danach klingt, als wären die Drahtzieher ganz nahe an ihrem Ziel einer Neuen Weltordnung, gibt es
dennoch Lichtblicke und Hoffnungsschimmer.

Zunächst einmal fällt auf, dass die Propaganda mit dem todbringenden Virus doch nicht so ganz funktioniert. Mehr und mehr Menschen hinterfragen die offizielle Story von der sich ausbreitenden
Seuche. Dabei helfen auch die Daten des Statistischen Bundesamts.
Sie belegen für das erste Halbjahr 2020, dass es in diesem Zeitraum
in Deutschland eher eine Untersterblichkeit gab als massenweise
»Corona-Tote«. Im »Influenza-Monatsbericht« des RKI wird festgestellt, dass in »Sentinel-Proben« seit April keine Coronaviren mehr
nachgewiesen werden konnten.[399] Die »Pandemie« war folglich bereits
vor dem »Lockdown« beendet.

»Sentinel« ist ein Wächter, der in diesem Fall dazu dient, bereits
erfasste Daten zu überprüfen – früher, als man in Deutschland noch
deutsche Begriffe verwendete, nannte man das Rückstellproben. Dieses Qualitätssicherungsprogramm besteht seit etlichen Jahren. Seit
Februar 2020 werden die Rückstellproben auch auf SARS-CoV-2 getestet. Das RKI meldet: Seit der 16. Kalenderwoche gab es keine Nach-
weise mehr von SARS-CoV-2 im »Sentinel«.[400]

Natürlich ist dieser Satz nicht an prominenter Stelle im RKI-Bericht
platziert, und selbst wenn man ihn gefunden hat, muss man sich durch
nebensächlichen Wust arbeiten, bis man zu dem entscheidenden Satz
kommt. Die 16. Kalenderwoche 2020 war Mitte April, also just zu dem
Zeitpunkt, als Ausgangssperren und Lockdown verkündet wurden.

Aber auch davor weist dieser Bericht nur 0,3 Prozent der Proben
als SARS-CoV-2-positiv aus. Diese Testungen sind nicht mit dem
PCR-Test durchgeführt worden, der bis heute nicht auf seine Zuverlässigkeit überprüft (»validiert«) wurde. Dabei ist zu beachten, dass
diese Rückstellproben nicht einem statistischen Modell entstammen,
sondern vielmehr Proben von Erkrankten sind. Selbst wenn diese

0,3 Prozent auf die gesamte Bevölkerung übertragen werden, fällt es schwer, von einer Epidemie zu sprechen.

Denn »Epidemie« heißt: ein zeitlich und örtlich begrenztes vermehrtes Auftreten von Krankheitsfällen einheitlicher Ursache innerhalb einer menschlichen Bevölkerung. Epidemie heißt also massenweise Erkrankte und nicht massenweise Infizierte. Die riesige Zahl an Erkrankten gab es aber nicht, und so muss richtigerweise von einer »Pseudoepidemie« gesprochen werden. Dazu findet sich folgende Definition: »Eine Pseudoepidemie, auch Quotient-Epidemie genannt, ist eine Scheinepidemie, die auf erhöhte diagnostische Aktivitäten zurückgeht und nicht durch eine echte Zunahme von Infektionen ausgelöst ist.«[401]

Genau das ist der Fall. Die Testungen in Deutschland bewegen sich seit Sommer 2020 im Bereich über einer Million pro Woche, haben also um ein Vielfaches zugenommen. Nach wie vor wird dazu der PCR-Test verwendet, und selbst das RKI gibt zu, dass dieser Test eine Quote von über einem Prozent »falsch-positiv« ausweist. Betrachten wir dazu die angebliche Anzahl an »Infizierten«, fällt sofort auf, dass diese kleiner ist als die falsch-positive Quote. So kann davon ausgegangen werden, dass es seit Monaten überhaupt keine Corona-Infizierten gibt. Da schließt sich der Kreis, denn die Rückstellprobenanalyse des RKI belegt genau das. Seit Mitte April, also bereits vor Beginn des Corona-Wahnsinns, ist dieses angebliche Höllenvirus verschwunden.

Im Falle der Grippe spricht man von einer Grippewelle, wenn während einer Saison in verschiedenen Regionen über 10 Prozent der Bevölkerung an Grippe erkrankt sind. Das CDC (Center for Disease Control) in den USA spricht von einer Influenza-Epidemie, wenn in einem bestimmten Winter die Übersterblichkeit an Grippe und Lungenentzündung gegenüber einem durchschnittlichen Winter um mehr als 7,5 Prozent erhöht ist.[402]

Wie rechtfertigen die Verantwortlichen ihre Panikmache, wenn nicht einmal 0,3 Prozent auf das Corona-Virus positiv getestet wurden und nur ganz wenige davon überhaupt Symptome einer Krankheit aufzeigen?

Vergleichen wir dazu die Daten des Statistischen Bundesamts, dann sehen wir, dass die Todeszahlen um etwa 35 000 größer sein, also im Bereich von 520 000 Toten liegen müssten, um eine Quote von 7,5 Pro-

Lassen wir die Neue Weltordnung scheitern! 193

zent zu erreichen. Das Gegenteil ist der Fall. Laut Statistik starben im ersten Halbjahr 2020 etwa 5 Prozent weniger Deutsche als in den ersten 6 Monaten des Jahres 2018.

Lag das am milden Verlauf der winterlichen Grippewelle? Von Januar bis einschließlich Juni 2020 wurden nur 411 Grippe-Todesfälle ausgewiesen, aber etwa 9000 mit Corona. Die langjährige Anzahl an Grippetoten wird normalerweise mit etwa 20 000 und mehr angegeben. Eine Anzahl von kleiner 10 000 hat es bis jetzt in keiner Statistik gegeben.

Nimmt man also 10 000 auch für das Jahr 2020 als absolutes Minimum an Grippetoten an, bleibt für Corona nichts übrig. Offensichtlich gab es die geringfügige Anzahl von weniger als 10 000 Grippetoten im Winter und Frühjahr, und so wird auch verständlich, warum in Deutschland weniger als 9000 Corona-Tote angegeben werden. Mehr gibt die Sterbestatistik einfach nicht her, und selbst dazu mussten die Grippetoten einfach verschwinden.

Aus dieser Betrachtung kann man ableiten, dass wahrscheinlich nicht ein einziger Todesfall wegen Corona zu beklagen ist. Ja, »mit«, nicht »an« … vielleicht. Hätten wir also von Corona gar nichts gemerkt, wenn nicht gezielt getestet worden wäre – mit einem Test, der nicht validiert ist?

Fairerweise muss man hinzufügen und fragen: Hätten wir ohne die Hygiene- und Abstandsmaßnahmen vielleicht wieder mehr als 10 000 Grippetote im Jahr 2020 zu beklagen gehabt?

Nimmt man also die Zahl der angeblichen Corona-Toten (9000) und die der an Grippe gestorbenen (411) zusammen, dann kommt man auf eine Sterblichkeit, die das Jahr 2020 als eines mit der geringsten Sterberate an Influenza-Erkrankten ausweist. Aber waren die 9000 Todesfälle tatsächlich auf Corona zurückzuführen?

Schon kurz nach Ausbruch der angeblichen Pandemie hatte der Hamburger Gerichtsmediziner Klaus Püschel bei seinen vom RKI verbotenen Leichenbeschauungen festgestellt, dass nicht ein einziger der als Corona-Tote Bezeichneten an Corona gestorben ist, und er hat mehr als zwanzig untersucht.[403]

Setzen wir diesen Faktor auch bei uns an, sind wir bei einer Anzahl von weniger als 500 »Corona-Todesfällen«. Bei einer Bevölkerung von 83 Millionen ist das einer auf 166 000.

194   Schlusswort

Zumindest in Deutschland hat es nie eine Pandemie gegeben, nicht einmal eine Epidemie. Das RKI selbst bestätigt, dass es in den Rückstellproben seit April keinen Nachweis mehr gibt für das Auftreten des SARS-CoV-2-Virus.

Damit ist auch klar, dass mit der Ausrufung der Pandemie ganz andere Ziele verfolgt wurden, als Menschenleben zu retten – eben flächendeckende Überwachung und Kontrolle, Zwangsimpfung, ein kompletter Neustart der Wirtschaft und als Endziel eine Neue Weltordnung mit einer von den globalen Konzernen gesteuerten Weltregierung.

Dennoch: Die Drahtzieher haben dieses Ziel noch lange nicht erreicht. Sie sind ihm dank Corona sicher ein großes Stück nähergekommen. Aber sie stoßen jetzt auf Widerstand – und genau davor haben sie Angst. Diese Angst vor unserem Aufbegehren ist spürbar – vergleichbar mit der Nervosität der DDR-Regierung in den letzten Tagen ihres Wirkens.

Deswegen ihre Zwangsmaßnahmen. Deswegen ihre Panik, alles überwachen zu müssen. Deswegen ihr massiver Angriff auf Zweifler und Kritiker. Deswegen ihr Versuch, die freiheitlich demokratische Grundordnung Deutschlands auszuhebeln.

Die Mächtigen mögen die dickeren Knüppel haben als wir, aber die werden ihnen nichts nützen, wenn wir keine Angst vor ihnen haben. Die Mächtigen werden die Globalisierung mit aller Gewalt durchzudrücken versuchen, aber sie werden scheitern, wenn wir eigenständige Gemeinschaften bilden, die frei von der Mainstream-Wirtschaft sind. Die Mächtigen können die Sklaverei der Massen anstreben, aber sie werden scheitern, wenn wir uns unsere Freiheit und Unabhängigkeit nicht nehmen lassen.

Die Mächtigen und ihre Helfer in Regierungen und Medien werden sich überall da einmischen, wo wir versuchen auszubrechen. Aber sie werden kapitulieren müssen, wenn Millionen von Menschen gleichzeitig lokale Bemühungen unternehmen. Die Mächtigen werden ihr Ziel der totalen Kontrolle und Herrschaft nicht erreichen, wenn Millionen von Menschen aus ihrem System aussteigen.

Der wirkliche Test wird mit dem endgültigen Zusammenbruch der bestehenden Wirtschaft kommen. Wenn die Stagflation noch stärker zunimmt als jetzt und sich die Preise für Güter des täglichen Bedarfs

Lassen wir die Neue Weltordnung scheitern! 195

einmal verdoppeln oder verdreifachen und die Arbeitslosigkeit noch weiter in die Höhe schießt. Wenn die Menschen dann nach der globalistischen Lösung schreien, dann haben die Drahtzieher ihr Ziel erreicht: Die Masse wird sich der eigenen Unterwerfung beugen. Wenn aber die Menschen den Zusammenbruch als Weckruf verstehen und ihr eigenes, dezentrales – also regionales – System aufbauen, dann haben die globalistischen Strippenzieher verloren. Und wir haben (endlich) unsere Freiheit gewonnen.

Ich hoffe, dass diese von Corona zugespitzte Krise so endet. Ich hoffe, dass viele Menschen gegen die im Aufbau befindliche Diktatur rebellieren werden. Ich hoffe, dass es so viele sind, dass wir unsere Freiheit wiedererlangen und verteidigen können.

Egal was diese künstliche Krise noch offenbaren wird oder welch dramatische Ausmaße innerhalb der nächsten Monate und Jahre noch auf uns zukommen werden: Wir sind der Souverän. Wir sind die entscheidende Macht, die bestimmt, ob wir die Angebote dieser machtgierigen Menschenfeinde annehmen oder nicht.

Die Beteiligung an Demonstrationen, die Unterstützung von Petitionen und das Verbreiten von Informationen sind wichtig und hilfreich. Noch wichtiger aber ist, dass wir keine faulen Kompromisse mehr eingehen, nicht mehr feige wegschauen, wenn uns immer wieder neue Lügen aufgetischt werden. Wir müssen die machtvolle Verkörperung unserer Wahrheit sein gegenüber allem und allen, die das Leben missbrauchen und vergewaltigen wollen. Wir müssen selbst die Verantwortung übernehmen für unser Leben auf diesem Planeten. Wir müssen aufwachen zu unserer lichtvollen Bestimmung, eine humane globale Zivilisation zu verwirklichen.

Literaturverzeichnis

Acemoglu, Daron; Robinson, James A.: *Why Nations Fail – The Origins of Power, Prosperity and Poverty*, Profile Books, London 2012.

Barnett, Thomas P. M.: *The Pentagon's New Map – War and Peace in the Twenty-First Century*, Berkley, New York 2004.

——: *Blueprint for Action – A Future Worth Creating*, Berkley, New York 2006.

——: *Great Powers – America and the World After Bush*, Berkley, New York 2010.

Beck, Friederike: *Die geheime Migrationsagenda*, Kopp, Rottenburg 2016.

Bluhm, Harald: *Die Ordnung der Ordnung – Das politische Philosophieren von Leo Strauss*, De Gruyter Akademie Forschung, Berlin 2002.

Brzeziński, Zbigniew: *Die einzige Weltmacht – Amerikas Strategie der Vorherrschaft*, Kopp, Rottenburg 2016.

——: *The Choice: Global Domination or Global Leadership*, Basic, New York 2004.

Engdahl, F. William: *China in Gefahr – Wie die angloamerikanische Elite die neue eurasische Großmacht ausschalten will*, Kopp, Rottenburg 2014.

——: *Amerikas heiliger Krieg – Was die USA mit dem Krieg gegen den Terror wirklich bezwecken*, Kopp, Rottenburg 2014.

——: *Mit der Ölwaffe zur Weltmacht – Der Weg zur neuen Weltordnung*, Kopp, Rottenburg 2014.

——: *Die Denkfabriken – Wie eine unsichtbare Macht Politik und Mainstream-Medien manipuliert*, Kopp, Rottenburg 2015.

——: *Russland und die neue Vernetzung Eurasiens – Wer mischt die Karten in der Geopolitik?*, Kopp, Rottenburg 2016.

Engels, David: *Auf dem Weg ins Imperium – Die Krise der Europäischen Union und der Untergang der Römischen Republik: Historische Parallelen*, Europa, Berlin/München 2014.

Friedman, George: *Die nächsten 100 Jahre – Die Weltordnung der Zukunft,* Campus, Frankfurt a. M./New York 2009.

——: *Flashpoints – The Emerging Crisis in Europe,* Doubleday, New York 2015.

Greenhill, Kelly M.: *Massenmigration als Waffe – Vertreibung, Erpressung und Außenpolitik,* Kopp, Rottenburg 2016.

Haisenko, Peter; von Brunn, Hubert: *Die Humane Marktwirtschaft,* München 2015.

Hamer, Eberhard und Heike (Hrsg): *Wie kann der Mittelstand die Globalisierung bestehen?,* Aton, Unna 2005.

Hardt, Michael; Negri, Antonio: *Empire – Die neue Weltordnung,* Campus, Frankfurt a. M. 2002.

——: *Multitude – Krieg und Demokratie im Empire,* Frankfurt a. M./Main (Campus) 2004.

Hirn, Wolfgang: *Der nächste Kalte Krieg – China gegen den Westen,* S. Fischer, Frankfurt a. M. 2013.

Huntington, Samuel P.: *Kampf der Kulturen – Die Neugestaltung der Weltpolitik im 21. Jahrhundert,* Europa, München/Wien 1996.

Jacques, Martin: *When China Rules the World,* Penguin, London 2012.

Kagan, Robert: *Macht und Ohnmacht – Amerika und Europa in der neuen Weltordnung,* Siedler, Berlin 2003.

——: *Die Demokratie und ihre Feinde – Wer gestaltet die neue Weltordnung?,* Siedler, Berlin 2008.

Kissinger, Henry: *Die Herausforderung Amerikas – Weltpolitik im 21. Jahrhundert,* Propyläen, Berlin 2002.

***Le Monde diplomatique,* Stefan Mahlke et al. (Hrsg.):** *Atlas der Globalisierung, taz,* Berlin 2012.

Maier, Michael: *Die Plünderung der Welt – Wie die Finanz-Eliten unsere Enteignung planen,* FinanzBuch, München 2014.

——: *Das Ende der Behaglichkeit,* FinanzBuch, München 2016.

Mitterer, Hermann H.: *Bevölkerungsaustausch in Europa,* Kopp, Rottenburg 2019.

Obama, Barack: *Hoffnung wagen – Gedanken zur Rückbesinnung auf den American Dream,* Goldmann, München 2007.

Orzechowski, Peter: *Der Dritte Weltkrieg – Schlachtfeld Europa,* Kopp, Rottenburg 2014.

——: *Der direkte Weg in den Dritten Weltkrieg*, Kopp, Rottenburg 2016.

——: *Durch globales Chaos in die Neue Weltordnung*, Kopp, Rottenburg 2016.

Orzechowski, Peter; Thiele, Robert B.: *Der Staatsstreich*, Anderwelt, München 2016.

Quigley, Carroll: *Tragödie und Hoffnung*, Kopp, Rottenburg 2016.

Rachman, Gideon: *Nullsummenwelt – Das Ende des Optimismus und die neue globale Ordnung*, Edition Weltkiosk, London / Berlin 2012.

Reichel, Werner: *Der deutsche Willkommenswahn – Eine Chronik in kommentierten Zitaten 2015-2016*, Kopp, Rottenburg 2019.

Rétyi, Andreas von: *George Soros – Der Multimilliardär, sein globales Netzwerk und das Ende der Welt, wie wir sie kennen*, Kopp, Rottenburg 2016.

Rickards, James: *Währungskrieg – Der Kampf um die monetäre Weltherrschaft*, FinanzBuch, München 2012.

Rinke, Andreas; Schwägerl, Christian: *11 drohende Kriege – Künftige Konflikte um Technologie, Rohstoffe, Territorien und Nahrung*, C. Bertelsmann, München 2012.

Risen, James: *Krieg um jeden Preis – Gier, Machtmissbrauch und das Milliardengeschäft mit dem Kampf gegen den Terror*, Westend, Frankfurt a. M. 2015.

Roberts, Paul Craig: *Amerikas Krieg gegen die Welt … und gegen seine eigenen Ideale*, Kopp, Rottenburg 2015.

Roth, Jürgen: *Der stille Putsch – Wie eine geheime Elite aus Wirtschaft und Politik sich Europa und unser Land unter den Nagel reißt*, Heyne, Münche 2014.

Rügemer, Werner: *Die Kapitalisten des 21. Jahrhunderts – Allgemeinverständliche Notizen zum Aufstieg der neuen Finanzakteure*, PapyRossa, Köln 2018.

Sandschneider, Eberhard: *Globale Rivalen – Chinas unheimlicher Aufstieg und die Ohnmacht des Westens*, Hanser, München 2007

Sauermann, Ekkehard: *Neue Welt-Kriegs-Ordnung – Die Polarisierung nach dem 11. September 2001*, Atlantik, Bremen 2002.

Schmidt, Helmut: *Die Mächte der Zukunft*, Siedler, München 2004.

Scholl-Latour, Peter: *Russland im Zangengriff – Putins Imperium zwischen Nato, China und Islam*, Propyläen, Berlin 2006.

200   Anhang

——: *Der Fluch der bösen Tat – Das Scheitern des Westens im Orient*, Ullstein, Berlin 2015.

Schubert, Stefan: *Die Destabilisierung Deutschlands – Der Verlust der inneren und äußeren Sicherheit*, Kopp, Rottenburg 2018.

Schulte, Thorsten: *Kontrollverlust – Wer uns bedroht und wie wir uns schützen*, Kopp, Rottenburg 2018.

Susbielle, Jean-Francois: *China-USA – Der programmierte Krieg*, Propyläen, Berlin 2007.

Talbott, Strobe: *Das Zeitalter des Terrors – Amerika und die Welt nach dem 11. September*, Propyläen, Berlin 2002.

Teusch, Ulrich: *Der Krieg vor dem Krieg – Wie Propaganda über Leben und Tod entscheidet*, Westend, Frankfurt a. M. 2019.

Trump, Donald J.: *Great Again! – Wie ich Amerika retten werde*, Plassen, Kulmbach 2016.

Ulfkotte, Udo: *Vorsicht Bürgerkrieg! – Was lange gärt, wird endlich Wut*, Kopp, Rottenburg 2011.

——: *Unruhen in Europa – Der Vorsorgeplan für Staatsbankrott, Zwangsenteignung und Bürgerkrieg*, Kopp, Rottenburg 2014.

——: *Mekka Deutschland – Die stille Islamisierung*, Kopp, Rottenburg 2015.

——: *Die Asyl-Industrie – Wie Politiker, Journalisten und Sozialverbände von der Flüchtlingswelle profitieren*, Kopp, Rottenburg 2015.

Vine, David: *Base Nation – How US Military Bases Abroad Harm America and the World*, Metropolitan Books, New York 2015.

Wendt, Rainer: *Deutschland in Gefahr – Wie ein schwacher Staat unsere Sicherheit aufs Spiel setzt*, riva, München 2016.

Wertz, Armin: *Die Welt-Beherrscher – Militärische und geheimdienstliche Operationen der USA*, Westend, Frankfurt a. M. 2015.

Zinn, Howard: *Amerika, der Terror und der Krieg* – Herder, Freiburg 2002.

Zumach, Andreas: *Die kommenden Kriege – Ressourcen, Menschenrechte, Machtgewinn: Präventivkrieg als Dauerzustand?*, Kiepenheuer &Witsch, Köln 2005.

Verzeichnis der zitierten Websites

alles-schallundrauch.blogspot.com
anderweltonline.com
anonymousnews.ru
augengeradeaus.de
bundeswehr-journal.de
chinadaily.com
forbiddenknowledgetv.net
gdib.eu
gegenfrage.com
geheimpolitik.de
globalresearch.ca
heise.de/tp/
imi-online.de
info-welt.eu
journalistenwatch.de
konjunktion.info
kopp-report.de
krisenfrei.de
mmnews.de
nachdenkseiten.de
netzwerk.org
news.siteintelgroup.com
nrhz.de
politaia.org
rubikon-news.com
sciencefiles.org
de.sputniknews.com
strategic-culture.org
unser-mitteleuropa.com
unzensuriert.de
voltairenet.org
watergate.tv
wissensmanufaktur.net
zerohedge.com

Quellen und Anmerkungen

Sämtliche Links in den Quellenangaben waren bei Redaktionsschluss online zugänglich.

Für Links, die nach der Veröffentlichung von den Seitenbetreibern gelöscht oder verändert wurden, übernehmen Autor und Verlag keine Verantwortung.

Manche verlorene Links können mithilfe der Wayback Machine im Internet Archive aufgefunden werden: https://archive.org/web/.

[1] *https://www.c4isrnet.com/industry/2020/04/07/ how-past-investments-positioned-darpa-to-take-on-coronavirus/.*

[2] Zitiert in: *https://www.thelastamericanvagabond.com/ bats-gene-editing-bioweapons-recent-darpa-experiments-raise-concerns-amid-coronavirus-outbreak/.*

[3] Ebd.

[4] Ebd.

[5] *https://www.stripes.com/news/us/us-military-is-interested-in-bats-as-possible-defenders-against-bioweapons-1.542849.*

[6] *https://www.washingtonpost.com/news/national/wp/2018/12/13/feature/ these-bats-carry-the-lethal-marburg-virus-and-scientists-are-tracking-them-to-try-to-stop-its-spread/.*

[7] *https://www.newsweek.com/darpa-biological-weapons-insects-scientists-warn-1152834.*

[8] *https://www.centerforhealthsecurity.org/event201/.*

[9] *https://www.youtube.com/watch?v=wGaWg2rgQ7A.*

[10] *https://www.wolfgang-schaeuble.de/die-pandemie-ist-eine-grosse-chance/.*

[11] *http://web.archive.org/web/20200605202559/https:// veritasliberabitvos.info/aufruf/.*

[12] *http://epo-mediawatch.blogspot.com/p/ zehn-empfehlungen-fur-den-umgang-mit.html.*

[13] Peter Orzechowski: *Durch globales Chaos in die Neue Weltordnung,* Kopp Verlag, Rottenburg am Neckar 2016.

[14] *http://www.bmz.de/de/themen/2030_agenda/.*

[15] *http://www3.weforum.org/docs/ WEF_The_Great_Reset_AM21_German.pdf.*

204   Anhang

16 https://www.theguardian.com/politics/2020/mar/26/
gordon-brown-calls-for-global-government-to-tackle-coronavirus.

17 Ebd.

18 https://www.faz.net/aktuell/gesellschaft/gesundheit/
coronavirus/un-generalsekretaer-guterres-groesste-herausforderung-
seit-weltkrieg-16706349.html.

19 https://www.ft.com/content/c0178836-7274-11ea-90ce-5fb6c07a27f2.

20 https://www.zeit.de/news/2020-07/18/
neues-globales-abkommen-guterres-will-weltordnung-aendern.

21 Ebd.

22 https://de.wikipedia.org/wiki/Neue_Weltordnung_
(Verschw%C3%B6rungstheorie).

23 https://clubofrome.org/publication/the-limits-to-growth/.

24 https://sites.google.com/a/evizay.press/ennagwenda/
die-erste-globale-revolution-ein-bericht-des-rates-des-club-of-rome.

25 https://www.telegraph.co.uk/news/earth/paris-climate-change-conference/
12035401/Farewell-to-the-man-who-invented-climate-change.html.

26 https://www.deeperwatersapologetics.com/?p=8314.

27 Ebd.

28 https://apps.who.int/gpmb/assets/annual_report/
GPMB_annualreport_2019.pdf.

29 Ebd.

30 https://dipbt.bundestag.de/dip21/btd/17/120/1712051.pdf.

31 https://wits.worldbank.org/trade/comtrade/en/country/ALL/year/
2017/tradeflow/Exports/partner/WLD/nomen/h5/product/300215. Über der
Grafik ist eine kleine rote Zeile, wo man die verschiedenen Parameter
abfragen kann. Inzwischen hat WITS seine Website »korrigiert«. Sie
haben »Covid-19 Test Kits« ersetzt durch »Medical Test Kits«. Allerdings
ist das Original (noch) einsehbar im Web-Archiv:
https://web.archive.org/web/20200501025647/https://wits.worldbank.org/
trade/covid-19-medical-products.aspx.

32 http://oecd.org/coronavirus/policy-responses/
trade-interdependencies-in-covid-19-goods-79aaa1d6/.

33 https://www.datamyne.com/hts/38/382200.

34 https://www.technologyreview.com/2020/03/17/905264/
coronavirus-pandemic-social-distancing-18-months/.

35 https://www.banking.senate.gov/newsroom/minority/
brown-introduces-new-legislation-to-help-hardworking-americans-
in-the-coronavirus-relief-package.

Quellen und Anmerkungen   205

[36] *https://obamawhitehouse.archives.gov/the-press-office/2015/07/28/ fact-sheet-global-health-security-agenda.*

[37] *https://www.fr.de/politik/coronavirus-sars-cov-2-daenemark-notfalls-militaer-13598503.html.*

[38] *https://www.kuow.org/stories/bill-gates-ask-me-anything-about-covid-19.*

[39] *https://www.heise.de/tp/features/Ueber-Impfstoffe-zur-digitalen-Identitaet-4713041.html?seite=all.*

[40] *https://www.youtube.com/watch?v=5vXmTrB7rj8.*

[41] *https://www.bild.de/politik/inland/politik-inland/exklusiv-im-bild-interview-bill-gates-ueber-corona-und-die-folgen-72909742.bild.html.*

[42] *https://www.youtube.com/watch?v=wGaWg2rgQ7A.*

[43] *https://www.whitehouse.gov/presidential-actions/executive-order-blocking-property-persons-involved-serious-human-rights-abuse-corruption/.*

[44] *https://www.govinfo.gov/content/pkg/DCPD-201800129/pdf/ DCPD-201800129.pdf.*

[45] *https://www.youtube.com/watch?v=Di1jYe4H5O4.*

[46] *https://www.washingtonpost.com/news/morning-mix/wp/2017/03/06/ mark-levin-has-warned-before-of-obamas-silent-coup-now-he-has-a-follower-in-the-oval-office/.*

[47] *https://orf.at/v2/stories/2390886/2390889/.*

[48] *https://www.youtube.com/watch?v=CAdzZDIIf1U.*

[49] *https://www.diepresse.com/5250741/ trump-grosste-hexenjagd-in-politischer-geschichte.*

[50] *https://meedia.de/2017/05/23/harvard-studie-keiner-berichtete-negativer-ueber-donald-trump-als-die-ard/.*

[51] *https://www.bild.de/politik/ausland/donald-trump/ warum-eine-amtsenthebung-gefaherlich-waere-51833146.bild.html.*

[52] *https://www.bild.de/politik/ausland/donald-trump/ zu-guttenberg-glaubt-an-amtsenthebung-51814180.bild.html.*

[53] *https://www.dailymail.co.uk/news/article-8445097/Bizarre-conspiracy-theories-George-Soros-fueling-unrest-owning-Antifa-soar-online.html.*

[54] *https://indivisible.org/.*

[55] *https://front.moveon.org/.*

[56] *https://www.im.nrw/verfassungsschutzbericht-verschwoerungsideologien-sind-gefahr-fuer-die-demokratie.*

[57] *https://www.heise.de/tp/features/Als-Entwickler-dieser-Biowaffe-werden-zumeist-vermeintliche-Protagonisten-einer-demokratisch-4847381.html.*

[58] Ebd.

206 Anhang

[59] Ebd.

[60] Ebd.

[61] *https://www.jpost.com/opinion/our-world-soross-campaign-of-global-chaos-464770.*

[62] FAZ vom 23. Februar 2017.

[63] *https://de.wikipedia.org/wiki/Peter_Orzechowski.*

[64] *https://www.heise.de/tp/features/Als-Entwickler-dieser-Biowaffe-werden-zumeist-vermeintliche-Protagonisten-einer-demokratisch-4847381.html.*

[65] *https://jungefreiheit.de/politik/deutschland/2020/terrorgefahr-corona-proteste/.*

[66] *https://gruene-fraktion.berlin/ein-neues-berliner-versammlungsfreiheitsgesetz-so-staerken-wir-das-recht-auf-friedliche-demonstrationen/.*

[67] *http://www.gesetze-rechtsprechung.sh.juris.de/jportal/?quelle=jlink&query=VersammlFrhG+SH&psml=bsshoprod.psml&max=true&aiz=true.*

[68] *https://gruene-fraktion.berlin/ein-neues-berliner-versammlungsfreiheitsgesetz-so-staerken-wir-das-recht-auf-friedliche-demonstrationen/.*

[69] *https://www.cdc.gov/flu/symptoms/flu-vs-covid19.htm#table.*

[70] *https://www.fda.gov/media/136151/download.*

[71] *https://www.fda.gov/media/134922/download,* S. 2.

[72] *https://www.globalresearch.ca/coronavirus-why-everyone-wrong/5718049.*

[73] *https://www.globalresearch.ca/covid-19-closer-to-the-truth-tests-and-immunity/5720160.*

[74] Weitere Details finden Sie hier: *https://www.globalresearch.ca/spinning-fear-and-panic-across-america-analysis-of-covid-19-data/5706785.*

[75] Ebd.

[76] *Infektionsschutzgesetz § 30, Abs. 2; https://www.gesetze-im-internet.de/ifsg/__30.html.*

[77] *https://www.rubikon.news/artikel/der-verzweiflungsschlag.*

[78] *https://www.facebook.com/1262122037143567/posts/2874286085927146/.*

[79] Pia Lamberty/Roland Imhoff: »Powerful Pharma and its Marginalized Alternatives? Effects of Individual Differences in Conspiracy Mentality on Attitudes Toward Medical Approaches«, Mainz, April 2018.

[80] *https://idw-online.de/de/news?print=1&id=753014;* siehe auch: *https://www.researchgate.net/publication/343736403_Die_Verengung_der_Welt_Zur_medialen_Konstruktion_Deutschlands_unter_Covid-19_anhand_der_Formate_ARD_Extra_-Die_Coronalage_und_ZDF_Spezial.*

Quellen und Anmerkungen   207

[81] *https://idw-online.de/de/news?print=1&id=753014.*

[82] Ebd.

[83] Ebd.

[84] Laut einer Blitz-Umfrage von infratest dimap für den ARD-Deutschland-Trend vom 23. März 2020 befürworteten 95 Prozent der Deutschen die zuvor von der Regierung beschlossenen Kontaktverbote. Nur 3 Prozent der Befragten lehnten diese ab.

[85] Im ARD-Text vom 23. März 2020 war zu lesen: »Drei Viertel der Bundesbürger sprechen sich für weitergehende Maßnahmen aus.«

[86] Gustave Le Bon: *Psychologie der Massen*, Hamburg 2009, S. 69.

[87] Le Bon, a. a. O., S. 71.

[88] Gustave Le Bon: *Psychologie der Massen*, Hamburg 2009, S. 118.

[89] Medizinische Universität Wien: »Weltweit bis zu 650.000 Influenza-Todesopfer pro Jahr«, 3. Januar 2018.

[90] Robert Koch-Institut: »Bericht zur Epidemiologie der Influenza in Deutschland«, Saison 2018/19, S. 46 f., Tab. 3, S. 47.

[91] Gustave Le Bon: *Psychologie der Massen*, Hamburg 2009, S. 118.

[92] Ebd.

[93] Le Bon, a. a. O., S. 72.

[94] *https://medienwoche.ch/2020/04/21/fuer-den-journalismus-als-geschaeft-sieht-es-immer-schlechter-aus/*

[95] *https://www.rubikon.news/artikel/der-autoritare-planet.*

[96] *https://www.rubikon.news/artikel/fassadendemokratie-und-tiefer-staat.*

[97] *https://www.rubikon.news/artikel/der-autoritare-planet.*

[98] Rubikon-Betriebsgesellschaft: *Die Öko-Katastrophe. Den Planeten zu retten, heißt die herrschenden Eliten zu stürzen*, e-book 2019.

[99] *https://www.rubikon.news/artikel/der-autoritare-planet.*

[100] Ebd.

[101] Ebd.

[102] Rainer Mausfeld: *Warum schweigen die Lämmer?*, Frankfurt (Westend) 2018.

[103] *https://www.rubikon.news/artikel/der-autoritare-planet.*

[104] Dirk Müller: *Machtbeben: Die Welt vor der größten Wirtschaftskrise aller Zeiten*, München (Random House) 2018.

[105] *https://www.sueddeutsche.de/wirtschaft/dirk-mueller-aktien-dax-1.4219743?reduced=true.*

[106] *https://www.cashkurs.com/beitrag/Post/dirk-mueller-wenn-journalisten-rufmord-begehen-eine-fallstudie-in-eigener-sache/.*

208   Anhang

[107] https://www.sueddeutsche.de/wirtschaft/
dirk-mueller-aktien-dax-1.4219743?reduced=true.

[108] https://www.umweltinstitut.org/fileadmin/Mediapool/Downloads/
01_Themen/07_Sonstiges/191111_Offener_Brief_NH_Hotels_EIKE.pdf.

[109] https://www.german-foreign-policy.com/news/detail/8359/.

[110] https://www.youtube.com/watch?v=1CwK2IMvT2w.

[111] https://apps.derstandard.at/privacywall/story/3286311/
ein-plaedoyer-fuer-die-strategie-des-mutes und https://www.faz.net/aktuell/
feuilleton/debatten/bernard-henri-levy-auf-dem-majdan-europa-muss-
euch-helfen-12829745.html.

[112] https://www.anti-spiegel.ru/2020/meldung-aus-italien-hat-der-iwf-
lukaschenko-900-mio-im-gegenzug-fuer-lockdown-geboten/.

[113] https://www.imf.org/en/Topics/imf-and-covid19/COVID-Lending-Tracker.

[114] https://www.imf.org/external/index.htm.

[115] https://www.weforum.org/videos/prince-charles-says-we-need-a-global-
marshall-plan-to-save-the-environment.

[116] http://www3.weforum.org/docs/
WEF_The_Great_Reset_AM21_German.pdf.

[117] https://www.globalshapers.org/.

[118] https://www.bing.com/videos/search?q=Christine+Lagarde%3a+
Reset+2014&docid=608029054189830341&mid=D3B41C8F6F
AD41138575D3B41C8F6FAD41138575&view=detail&FORM=VIRE.

[119] https://www.technocracy.news/
sustainable-chaos-when-globalists-call-for-a-great-reset/.

[120] https://resilientcaribbean.caricom.org/documents/paris-agreement/.

[121] https://www.weforum.org/about/the-fourth-industrial-revolution-
by-klaus-schwab und https://www.foreignaffairs.com/articles/2015-12-12/
fourth-industrial-revolution.

[122] https://www.weforum.org/agenda/2018/11/
globalization-4-what-does-it-mean-how-it-will-benefit-everyone/.

[123] https://docplayer.org/
190131472-Systemfrage-der-kurze-weg-zum-grossen-neustart.html.

[124] Ebd.

[125] https://stevenguinness2.wordpress.com/2019/10/23/
innovation-bis-2025-a-route-towards-an-economic-new-world-order/.

[126] https://www.betterthancash.org/.

[127] https://www.ecb.europa.eu/pub/pdf/scpwps/ecb.wp2351~c8c18bbd60.en.pdf.

[128] Ross Clark: *The War Against Cash*, London (Harriman House) 2017.

Quellen und Anmerkungen 209

129 *https://clubofrome.org/impact-hubs/climate-emergency/ planetary-emergency-plan-2-0/.*

130 Roland Benedikter: »Neuroscience and Neuroethics: How They Will Impact Human Futures«, 2015.

131 *https://www.weforum.org/about/our-partners.*

132 *https://www.technologyreview.com/2020/03/17/905264/ coronavirus-pandemic-social-distancing-18-months/.*

133 *https://www.weforum.org/about/our-partners.*

134 Ebd.

135 Ebd.

136 *https://www.weforum.org/ about/the-fourth-industrial-revolution-by-klaus-schwab.*

137 Ebd.

138 *https://www.weforum.org/about/world-economic-forum.*

139 *https://www.mobilegeeks.de/artikel/event-201-ueber-die-uebung-einer-pandemie-und-ueber-youtube-schwurbler/.*

140 Ebd.

141 *https://www.youtube.com/watch?v=QYmViPTndxw.*

142 *https://www.handelsblatt.com/politik/international/gasversorgung-sanktionen-gegen-sassnitz-wie-nord-stream-2-doch-noch-gestoppt-werden-soll/25919816.html?ticket=ST-424004-sEps1eRc2rTuG2cI127U-ap4.*

143 *https://www.wsws.org/de/articles/2018/10/05/iran-o05.html.*

144 *https://www.nachdenkseiten.de/?p=62056.*

145 *https://www.nachdenkseiten.de/?p=51908.*

146 *https://www.reuters.com/article/ us-pakistan-mine-military-idUSKCN1U80GT.*

147 *https://www.acerislaw.com/ the-covid-19-pandemic-and-investment-arbitration/.*

148 *https://latinlawyer.com/article/1225491/peru-warned-of-potential-icsid-claims-over-covid-19-measures?utm_source=emailmarketing&utm_medium=email&utm_campaign=bretton_woods_news_lens_30_april_2020&utm_content=2020-04-30.*

149 *https://longreads.tni.org/pandemic-profiteers.*

150 *https://investmentpolicy.unctad.org/news/hub/1644/20200407-unctad-isds-navigator-update-investment-treaty-disputes-hit-1-000-mark.*

151 *https://ips-dc.org.*

152 *https://www.goldseiten.de/artikel/455873--Der-Lockdown-ist-ein-Umverteilungs-Karussell-das-die-Volkswirtschaften-aermer-macht.html.*

153 Ebd.

154 Ebd.

155 https://www.goldseiten.de/artikel/455873--Der-Lockdown-ist-ein-Umverteilungs-Karussell-das-die-Volkswirtschaften-aermer-macht.html?seite=2.

156 Ebd.

157 https://www.tagesschau.de/ausland/gates-corona-101.html.

158 https://www.dok-leipzig.de/film/20191112/das-fieber.

159 https://www.infosperber.ch/Gesundheit/Malaria-Novartis-WHO-und-Stiftung-Bill-Gates-mitschuldig.

160 https://www.theglobalfund.org/en/private-ngo-partners/resource-mobilization/goodbye-malaria/.

161 https://www.medicusmundi.ch/de/advocacy/publikationen/med-in-switzerland/einem-geschenkten-gaul.

162 https://www.cepi.org.

163 https://www.darpa.mil/about-us/about-darpa.

164 http://ir.inovio.com/news-releases/news-releases-details/2020/INOVIO-Announces-Initiation-of-Phase-2-Segment-of-its-Phase-23-Clinical-Trial-for-its-COVID-19-DNA-Vaccine-Candidate-INO-4800-Trial-Will-Be-Funded-by-the-U.S.-Department-of-Defense/default.aspx.

165 https://www.inovio.com/about-inovio/partnerships/government/.

166 http://ir.inovio.com/news-releases/news-releases-details/2013/Inovio-Pharmaceuticals-DNA-Vaccine-Against-Ebola-and-Marburg-Filoviruses-Provides-Complete-Protection-in-Preclinical-Challenge-Study/default.aspx.

167 https://www.modernatx.com/ecosystem/strategic-collaborators/mrna-strategic-collaborators-government-organizations.

168 https://www.pharmazeutische-zeitung.de/ausgabe-212018/impfen-mit-genen/.

169 https://www.who.int/publications/m/item/draft-landscape-of-covid-19-candidate-vaccines (tabellarische Information durch den Download-Button zugänglich).

170 https://www.schildverlag.de/2020/06/17/wolfgang-wosarg-gentechnik-am-menschen-unter-falscher-flagge-impfstoffindustrie-und-politik-wollen-uns-wegen-covid-19-genetisch-veraendern/.

171 Ebd.

172 Ebd.

173 Ebd.

174 https://www.youtube.com/watch?v=IfnJi7yLKgE&feature=youtu.be.

Quellen und Anmerkungen   211

175 Ebd.

176 Das Office of Special Masters of the U.S. Court of Federal Claims, umgangssprachlich als »Impfgericht« – Vaccine Court – bezeichnet, wurde in den USA 1986 gegründet und ist seitdem mit der Rechtsprechung in Fällen von Impfschäden betraut.

177 *https://violationtracker.goodjobsfirst.org/prog.php?parent=glaxosmithkline, https://violationtracker.goodjobsfirst.org/prog.php?parent=sanofi, https://violationtracker.goodjobsfirst.org/prog.php?parent=pfizer, https://violationtracker.goodjobsfirst.org/prog.php?parent=merck.*

178 *https://about.fb.com/news/2019/03/combatting-vaccine-misinformation/.*

179 *https://www.cbsnews.com/news/anti-vaxxer-fear-coronavirus-vaccine/.*

180 *https://www.law.com/newyorklawjournal/2020/05/28/state-bar-calls-for-mandatory-covid-19-vaccinations-regardless-of-objections/.*

181 *https://www.cdc.gov/vaccines/hcp/conversations/conv-materials.html.*

182 *https://www.diagnose-funk.org/publikationen/artikel/detail?newsid=982.*

183 Ebd.

184 *https://www.transparency.de/aktuelles/detail/article/ spahn-ernennt-pharmalobbyisten-zum-chef-einer-gesellschaft-mit-sensiblen-elektronischen-patientendat/.*

185 *https://www.lobbycontrol.de/2013/01/ ein-abgeordneter-mit-lobbyagentur-jens-spahn-antwortet-nicht/.*

186 *https://www.spiegel.de/consent-a-?targetUrl=https%3A%2F%2Fwww. spiegel.de%2Fwissenschaft%2Fmedizin%2Fcoronavirus-jens-spahn-spricht-von-veraenderter-lage-nach-covid-19-ausbruch-in-italien-a-7205adce-faed-4247-aaad-43c30e475d88.*

187 *https://www.who.int/news-room/detail/12-09-2019-vaccination-european-commission-and-world-health-organization-join-forces-to-promote-the-benefits-of-vaccines.*

188 *https://ec.europa.eu/health/sites/health/files/preparedness_response/docs/ ev_20191211_flash_en.pdf.*

189 *https://ec.europa.eu/health/sites/health/files/vaccination/docs/ 2019-2022_roadmap_en.pdf.*

190 *https://ec.europa.eu/health/sites/health/files/vaccination/docs/ 10actions_en.pdf.*

191 *https://ec.europa.eu/health/sites/health/files/vaccination/docs/ 2019-2022_roadmap_en.pdf.*

192 Ebd.

193 *https://corona-transition.org/IMG/pdf/ 20191005_eu_commission_roadmap_vaccination_deutsch.pdf.*

212 Anhang

[194] https://eu-jav.com/.

[195] https://www.ecdc.europa.eu/sites/default/files/documents/
immunisation-systems.pdf.

[196] https://www.vaccineconfidence.org/covid-19.

[197] https://ec.europa.eu/health/sites/health/files/vaccination/docs/
2019-2022_roadmap_en.pdf.

[198] https://ec.europa.eu/health/vaccination/ev_20190912_en.

[199] https://ec.europa.eu/health/sites/health/files/vaccination/docs/
10actions_en.pdf.

[200] Ebd.

[201] https://www.nomonoma.de/die-eu-impfverschwoerung/.

[202] https://www.bbc.com/news/world-europe-39983799.

[203] https://www.laverita.info/
dopo-lobbligo-i-vaccini-costano-il-62-in-piu-2626188778.html.

[204] https://www.who.int/influenza_vaccines_plan/resources/
session_10_kaddar.pdf?ua=1.

[205] https://www.standard.co.uk/news/crime/
met-police-terrorism-coronavirus-anti-vaxxers-b73161.html

[206] https://www.who.int/docs/default-source/coronaviruse/
novelcoronavirus-landscape-covid-194eb79ebd8d044863b4d4bcedbb14a3ce.
pdf?sfvrsn=7fb3d610_6.

[207] https://www.fr.de/wissen/corona-virus-impfstoff-curevac-deutschland-
forschung-hopp-zr-13752083.html.

[208] https://www.manager-magazin.de/finanzen/boerse/
curevac-boersengang-an-der-nasdaq-bringt-mehr-als-200-millionen-dollar-
a-6affe421-6dd1-48d1-93f3-dbc0a960b484.

[209] https://www.rki.de/DE/Content/InfAZ/N/Neuartiges_Coronavirus/
Situationsberichte/Archiv_Juni.html.

[210] https://web.archive.org/web/20201118231740/https://www.hrsa.gov/sites/
default/files/hrsa/vaccine-compensation/data/data-statistics-report.pdf.

[211] Ebd.

[212] https://www.youtube.com/watch?v=d30_Pk7uSRE.

[213] https://www.supremecourt.gov/opinions/10pdf/09-152.pdf.

[214] https://www.law.cornell.edu/uscode/text/42.

[215] Ebd.

[216] https://www.politico.eu/article/bill-gates-who-most-powerful-doctor/.

[217] https://papersplease.org/wp/category/freedom-to-travel/page/5/.

Quellen und Anmerkungen   213

[218] Ebd.

[219] https://www.tutorialspoint.com/application-programming-interface-api#:~:text=Uses%20of%20Application%20Programming%20Interfaces%20
1%20Operating%20Systems.,server%20side%20or%20client%20side.%20
Mais%20itens...%20; https://www.osce.org/files/22.01.2019%20secgal0014%20
API-PNR%20systems%20in%20the%20OSCE%20Area%202019.pdf.

[220] https://www.osce.org/files/22.01.2019%20secgal0014%20API-
PNR%20systems%20in%20the%20OSCE%20Area%202019.pdf.

[221] https://www.osce.org/secretariat/terrorism.

[222] http://unscr.com/en/resolutions/2396.

[223] https://eur-lex.europa.eu/legal-content/DE/ALL/
?uri=CELEX%3A32016L0681.

[224] https://www.spiegel.de/consent-a-?targetUrl=https%3A%2F%2Fwww.spiegel.
de%2Fnetzwelt%2Fnetzpolitik%2Ffluggastdaten-speicherung-aktivisten-
wollen-eu-richtlinie-mit-klagen-kippen-a-1267331.
html&ref=https%3A%2F%2Fwww.bing.com%2F.

[225] https://www.osce.org/secretariat/409638.

[226] https://www.wfp.org/.

[227] https://www.tsa.gov/.

[228] https://www.cbp.gov/.

[229] https://de.wikipedia.org/wiki/United_Nations_Police_Support_Group.

[230] https://www.sueddeutsche.de/digital/
pnr-ueberwachung-eu-zuege-schiffe-busse-1.4526751.

[231] Ebd.

[232] Ebd.

[233] https://www.weforum.org/reports/the-known-traveller-unlocking-the-
potential-of-digital-identity-for-secure-and-seamless-travel.

[234] Ebd.

[235] https://www.weforum.org/agenda/2020/06/
immunity-passport-quarantine-work-covid-19/.

[236] https://endzeit-reporter.org/2020/07/12/vorboten-der-truebsalzeit-teil-40/.

[237] https://fortune.com/2017/06/19/id2020-blockchain-microsoft/.

[238] https://www.biometricupdate.com/201909/id2020-and-partners-launch-
program-to-provide-digital-id-with-vaccines.

[239] https://www.accenture.com/ca-en/
company-news-release-canada-test-advancements.

[240] https://www.rockefellerfoundation.org/
national-covid-19-testing-action-plan/.

214   Anhang

[241] https://www.prisonplanet.com/2010-rockefeller-foundation-document-envisions-pandemic-police-state-scenario.html.

[242] Ebd.

[243] https://www.rockefellerfoundation.org/wp-content/uploads/2020/04/TheRockefellerFoundation_WhitePaper_Covid19_4_22_2020.pdf.

[244] https://newspunch.com/after-clintons-cuomo-newsom-call-army-contact-tracers-monitor-citizens-dc-posts-trace-force-job-openings/.

[245] https://www.rockefellerfoundation.org/national-covid-19-testing-action-plan/.

[246] https://augengeradeaus.net/2020/03/bundeswehr-und-coronavirus-pandemie-vorbereiten-auf-eine-lange-krise/.

[247] https://www.swp.de/politik/inland/coronavirus-soeder-fordert-einsatz-der-bundeswehr-im-kampf-gegen-corona-44603608.html.

[248] https://www.rf-news.de/2020/kw14/mobilmachung-von-15-000-soldaten-fuer-einsatz-im-inneren-geplant.

[249] https://www.stuttgarter-zeitung.de/inhalt.coronavirus-in-baden-wuerttemberg-kommt-der-einsatz-von-soldaten-mit-polizeiaufgaben.549faca8-aab0-4f63-b52a-31345354c09a.html.

[250] https://augengeradeaus.net/2020/03/coronavirus-pandemie-und-bundeswehr-sammler-29-maerz/.

[251] Ebd.

[252] Ebd.

[253] https://krisenfrei.com/gezielte-einschraenkung-der-grundrechte/.

[254] http://www.politonline.ch/index.cfm?content=news&newsid=3009.

[255] https://vera-lengsfeld.de/2020/09/22/mit-maske-in-die-corona-diktatur/.

[256] https://greatgameindia.com/new-zealand-quarantine-camps/; https://www.bloomberg.com/news/articles/2020-08-13/forced-isolation-may-be-the-only-way-to-stop-resurgence-of-virus; https://www.stuff.co.nz/life-style/love-sex/122542549/i-discovered-his-affair-during-lockdown-is-your-relationship-at-risk-in-a-covid-world.

[257] https://www.bloomberg.com/news/articles/2020-08-13/forced-isolation-may-be-the-only-way-to-stop-resurgence-of-virus.

[258] https://greatgameindia.com/new-zealand-quarantine-camps/.

[259] Zitiert nach https://greatgameindia.com/new-zealand-quarantine-camps.

[260] https://theconversation.com/protecting-lives-and-livelihoods-the-data-on-why-new-zealand-should-relax-its-coronavirus-lockdown-from-thursday-136242.

[261] Nach *Badische Neueste Nachrichten*, 5. Mai 2020, S. 10.

Quellen und Anmerkungen   215

262   https://www.theguardian.com/world/2020/aug/13/covid-19-may-have-been-circulating-in-new-zealand-for-weeks-as-fresh-case-emerges.

263   https://www.theguardian.com/world/2020/aug/14/new-zealand-covid-19-cases-all-linked-to-single-cluster-with-more-cases-expected.

264   https://www.theguardian.com/world/2020/jun/28/new-zealands-covid-19-isolation-facilities-under-extreme-stress-review-finds.

265   https://timesofindia.indiatimes.com/videos/city/delhi/covid-19-outbreak-life-in-indias-biggest-quarantine-camp/videoshow/74607290.cms.

266   https://eu.usatoday.com/story/news/factcheck/2020/08/09/fact-check-quarantine-sites-real-covid-19-claim-stretches-truth/5499196002/.

267   https://tienphongnews.com/145-hotels-in-vietnam-register-to-serve-as-quarantine-camps-15140.html.

268   https://vovworld.vn/en-US/sunday-show/life-inside-vietnams-armyrun-quarantine-camps-854748.vov.

269   https://www.reuters.com/article/us-health-coronavirus-vietnam-quarantine/vietnam-quarantines-tens-of-thousands-in-camps-amid-vigorous-attack-on-coronavirus-idUSKBN21D0ZU.

270   https://de.wikipedia.org/wiki/COVID-19-Pandemie_in_Nepal.

271   https://www.rrh.org.au/journal/article/6240.

272   https://web.archive.org/web/20200525204351/https://www.covipass.com/

273   Ebd.

274   https://www.gatesnotes.com/Health/Pandemic-Innovation.

275   https://vstenterprises.com.

276   https://web.archive.org/web/20200525204351/https://www.covipass.com/

277   https://greatgameindia.com/covi-pass-biometric-rfid-enabled-coronavirus-digital-health-passports/; https://www.itp.net/news/92402-vst-enterprise-signs-deal-to-provide-50m-digital-health-passports-to-15-countries.

278   https://healthcare-in-europe.com/en/news/sold-50-million-digital-health-passports.html.

279   https://www.gatesnotes.com/Health/Pandemic-Innovation.

280   https://www.arabnews.com/node/1693066/business-economy.

281   https://www.zeit.de/2020/27/eu-fluechtlingspolitik-jean-ziegler-manfred-weber.

282   https://www.hasepost.de/evp-fraktionschef-raeumt-scheitern-der-eu-fluechtlingspolitik-ein-197646/.

283   http://www.faz.net/aktuell/politik/inland/stephan-harbarth-zum-un-migrationspakt-15888990.html, 14. 11. 18.

284   https://derstandard.at/2000010102927/Eine-Voelkerwanderung.

216   Anhang

[285] https://derstandard.at/2000082834084/
Wir-heisst-wir-Europaeer?_blogGroup=1&ref=rec.

[286] https://archive.org/details/PraktischerIdealismus1925/page/n3/mode/2up

[287] https://jungefreiheit.de/kultur/gesellschaft/2017/
wulff-multikulturalismus-ist-reformation-des-21-jahrhunderts/.

[288] https://www.epochtimes.de/politik/welt/der-unbemerkte-niedergang-
eine-zivilisation-gibt-sich-auf-a2349583.html

[289] https://www.thesocialcontract.com/artman2/publish/tsc0904/
article_805.shtml.

[290] Ricardo Díez-Hochleitner im ZDF am 24. Januar 1999.

[291] Thomas P. M. Barnett: Drehbuch für den 3. Weltkrieg – Die zukünftige Neue
Weltordnung, J-K-Fischer Verlag, Gelnhausen 2006, S. 21 f.

[292] UN-Studie vom 21. März 2000.

[293] Radiomeldung des SWR2 am 29. Juli 2008 um 11:00 Uhr.

[294] http://www.geolitico.de/2018/04/28/massenmigration-als-strategie/.

[295] Ebd.

[296] Friederike Beck: Die geheime Migrationsagenda – Wie elitäre Netzwerke
mithilfe der EU, UNO, superreichen Stiftungen und NGOs Europa zerstören
wollen, Kopp Verlag, Rottenburg am Neckar 2016.

[297] https://www.dailymail.co.uk/news/article-2163969/UN-migration-chief-
calls-EU-force-member-states-multicultural-says-Britains-quota-legal.html.

[298] http://xn--jrgen-damm-nachrichtenverteiler-oid.de/
jouwatch-wir-importieren-fuer-die-naechstenliebe-89-dauerhafte-
sozialfaelle-herr-bedford-strohm/

[299] https://www.faz.net/aktuell/politik/europaeische-union/
bootsunglueck-vor-lampedusa-europa-diskutiert-ueber-umgang-mit-
migranten-12604909-p2.html

[300] https://jungefreiheit.de/politik/deutschland/2015/
gauck-verwirklichung-der-einwanderungsgesellschaft-braucht-zeit/.

[301] http://www.politonline.ch/index.cfm?content=news&newsid=2429.

[302] http://www.spiegel.de/spiegel/print/d-139000005.html –
Printausgabe 40/2015 vom 26. 9. 15.

[303] https://web.archive.org/web/20181215045553/
https://www.journalistenwatch.com/2018/02/22/ard-tagesthemen-
verkuendet-umvolkung-laeuft-mit-martin-sellner-video/.

[304] https://unser-mitteleuropa.com/vizeprasident-der-eu-kommission-
monokulturelle-staaten-ausradieren/.

[305] https://www.faz.net/aktuell/politik/ausland/un-generalsekretaer-guterres-
verteidigt-den-migrationspakt-gegen-unwahrheiten-15934131.html.

Quellen und Anmerkungen 217

[306] https://www.wallstreet-online.de/nachricht/
9853979-eu-innenkommissar-fluechtlinge-afrika-umsiedeln.

[307] http://europa.eu/rapid/press-release_SPEECH-17-3165_en.htm.

[308] https://www.politico.eu/article/europe-migration-migrants-are-here-
to-stay-refugee-crisis/.

[309] http://www.politonline.ch/index.cfm?content=news&newsid=2846.

[310] https://www.welt.de/politik/ausland/article175742982/
UN-Fluechtlingskommissar-Grandi-trifft-Merkel-in-Berlin.html.

[311] https://conservo.wordpress.com/2016/05/19/kriegserklkaerung/.

[312] http://europa.eu/rapid/press-release_IP-16-2434_de.htm.

[313] https://www.un.org/depts/german/gv-71/band1/ar71001.pdf.

[314] https://bayernistfrei.com/2017/09/19/sutherland-merkel/.

[315] https://www.konjunktion.info/2018/11/un-fluechtlingspakt-der-vollkommen-
unverbindliche-aber-weit-wichtigere-pakt-als-der-un-migrationspakt/.

[316] Ebd.

[317] https://www.epochtimes.de/politik/deutschland/sarrazin-im-et-interview-
zum-un-migrationspakt-durch-viele-kleine-faeden-werden-wir-am-ende-
bewegungsunfaehig-gemacht-a2722625.html.

[318] https://www.theguardian.com/world/2018/apr/26/
isis-trying-to-foment-a-wave-of-migration-to-europe-says-un-official.

[319] https://www.heise.de/tp/features/US-Kriege-seit-9-11-Mindestens-
37-Millionen-Fluechtlinge-4889620.html.

[320] https://investigativereportingworkshop.org/news/displaced-news/.

[321] https://watson.brown.edu/costsofwar/files/cow/imce/papers/2020/
Displacement_Vine%20et%20al_Costs%20of%20War%202020%2009%2008.
pdf.

[322] Ebd.

[323] https://fas.org/blogs/secrecy/2019/07/forces-abroad-crs/.

[324] https://fortune.com/global500/.

[325] https://deutsche-wirtschafts-nachrichten.de/2015/04/26/princeton-studie-als-
warnung-an-europa-usa-sind-keine-demokratie-mehr/.

[326] Ebd.

[327] Ebd.

[328] https://www.peterdalescott.net/.

[329] Unter anderem in meinem Buch *Besatzungszone*.

[330] https://www.gutzitiert.de/
zitat_autor_eric_schmidt_thema_privatsphaere_zitat_27040.html.

[331] https://de.statista.com/statistik/daten/studie/74364/umfrage/
umsatz-von-google-seit-2002/.

218   Anhang

332   *https://www.nakedcapitalism.com/2015/03/techs-four-horsemen-of-the-apocalypse-amazon-facebook-google-apple.html.*

333   Carroll Quigley: *Tragödie und Hoffnung*, Kopp Verlag, Rottenburg am Neckar 2016.

334   *https://de.usembassy.gov/de/nationale-sicherheitsstrategie/.*

335   *https://weltexpress.info/kontinuitaet-amerikanischer-weltmachtplaene-us-praesident-trump-stellt-neue-nationale-sicherheitsstrategie-vor/.*

336   *https://www.sipri.org/media/press-release/2020/global-military-expenditure-sees-largest-annual-increase-decade-says-sipri-reaching-1917-billion.*

337   *https://www.welt.de/politik/ausland/article154824243/Das-Interesse-Amerikas-wird-ueber-allem-stehen.html.*

338   *https://www.gegenfrage.com/drohnenangriffe-unter-trump-vervierfacht/.*

339   *https://www.derstandard.de/story/2000062425503/chinausa-zwei-supermaechte-auf-kollisionskurs.*

340   *https://nolteweb.wordpress.com/2017/08/26/amerikas-zeichen-des-verfalls/.*

341   Voraussichtliche Zahl – für 2020 liegen bei Drucklegung des Buches noch keine offiziellen Zahlen vor.

342   *https://publications.armywarcollege.edu/pubs/3730.pdf.*

343   Peter Orzechowski: *Durch globales Chaos in die Neue Weltordnung*, Kopp Verlag, Rottenburg am Neckar 2016.

344   *https://www.bpb.de/politik/hintergrund-aktuell/243279/nato-einsatz.*

345   *https://web.archive.org/web/20200807034846/https://de.sputniknews.com/kommentare/20190620325273819-nato-im-osten-auf-jedem-fleckchen-erde-ein-manoever/.*

346   *https://web.archive.org/web/20200713094027/https://de.sputniknews.com/kommentare/20200709327478930-nato-russlands-grenzen/.*

347   Ebd.

348   *https://www.nato.int/cps/en/natohq/official_texts_25468.htm?selectedLocale=de.*

349   *https://www.abendblatt.de/politik/article213751781/Poroschenko-Ukraine-tritt-in-kommenden-zehn-Jahren-Nato-bei.html.*

350   Ebd.

351   *https://tradingeconomics.com/ukraine/government-spending.*

352   *https://www.infosperber.ch/Politik/Ukraine-USNavy--Navy-Basis-Ochakiv.*

353   *https://www.tagesspiegel.de/politik/ukraine-us-armee-bildet-soldaten-aus/11658520.html.*

354   *https://www.heise.de/tp/features/Westernization-der-ukrainischen-Armee-4789647.html.*

Quellen und Anmerkungen   219

355 https://thehill.com/opinion/national-security/
424511-managing-russias-dissolution.

356 https://cepa.org/about/.

357 https://www.atlanticcouncil.org/event/nato-2030-secretary-general-
jens-stoltenberg-on-strengthening-the-alliance-in-a-post-covid19-world/.

358 Ebd.

359 https://www.tagesschau.de/ausland/nato-gipfel-151.html

360 https://augengeradeaus.net/2019/11/
dokumentation-grundsatzrede-der-verteidigungsministerin/.

361 https://www.zdf.de/nachrichten/heute-journal/
heute-journal-vom-4-dezember-2019-100.html.

362 https://www.atlanticcouncil.org/event/nato-2030-secretary-general-
jens-stoltenberg-on-strengthening-the-alliance-in-a-post-covid19-world/.

363 https://uncut-news.ch/wp-content/uploads/2020/06/NATO-2030-
Wie-man-eine-schlechte-Idee-noch-schlimmer-machen-kann..pdf.

364 https://www.kas.de/c/document_library/
get_file?uuid=4fe35189-5b15-dca6-a065-2f7a4c3bfebe&groupId=252038.

365 https://apps.dtic.mil/dtic/tr/fulltext/u2/1020463.pdf.

366 http://de.china-embassy.org/det/sgyw/t1611809.htm.

367 https://www.bbc.co.uk/news/resources/idt-sh/China_hidden_camps.

368 https://www.rferl.org/a/human-rights-watch-assails-chinese-treatment-of-
muslim-uyghur-minority/29481221.html.

369 https://jungefreiheit.de/politik/deutschland/2018/
chinas-uiguren-problem-ist-jetzt-auch-ein-deutsches/.

370 https://www.rferl.org/a/human-rights-watch-assails-chinese-treatment-
of-muslim-uyghur-minority/29481221.html.

371 https://unpo.org/article/20322; siehe auch: https://www.businessinsider.com/
what-is-life-like-in-xinjiang-reeducation-camps-china-2018-5 und http://
www.jpolrisk.com/brainwashing-police-guards-and-coercive-internment-
evidence-from-chinese-government-documents-about-the-nature-and-
extent-of-xinjiangs-vocational-training-internment-camps/.

372 http://www.xinhuanet.com/english/2019-03/18/c_137903952.htm und
https://www.theguardian.com/world/2018/aug/13/china-state-media-defend-
intense-controls-xinjiang-uighurs.

373 https://deutsche-wirtschafts-nachrichten.de/2018/08/21/
syrien-reibt-soeldner-im-sueden-von-idlib-auf/.

374 https://web.archive.org/web/20200814175702/https://de.sputniknews.com/
kommentare/20190304324193007-kaschmir-konflikt-usa-china-rolle/.

220   **Anhang**

[375] Ebd.

[376] Ebd.

[377] *https://www.hasepost.de/*
scharfe-eu-kritik-an-chinas-neuer-seidenstrasse-78846/.

[378] *https://www.nachdenkseiten.de/?p=44352#h03.*

[379] *https://zuerst.de/2018/07/05/neue-seidenstrasse-russland-und-china-bauen-*
arktis-seeweg-nach-europa-aus/.

[380] *https://www.defensenews.com/land/2020/02/25/army-wants-364-million-*
to-put-on-defender-pacific-in-fy21/ und *https://www.businessinsider.com/*
army-planning-defender-europe-21-exercise-after-covid-
cancellation-2020-7.

[381] *https://www.rnd.de/politik/defender-2020-das-signal-ist-die-nato-ist-in-der-*
lage-einen-krieg-zu-fuhren-TH3BO5UW5RAUXNSZC6NXSKNPOA.html.

[382] *https://www.swp-berlin.org/publikation/verteidigung-nach-corona-die-*
uebung-defender-europe-20-muss-nachgeholt-werden/.

[383] *https://www.faz.net/aktuell/politik/inland/deutschland-sollte-*
interventionsfaehig-sein-neue-strategische-lage-16938806.html.

[384] *https://www.bmvg.de/resource/blob/26546/*
cae384dbb1bbc8588bb3fed2969ee355/20180731-broschuere-konzeption-der-
bundeswehr-data.pdf.

[385] *https://www.bmvg.de/resource/blob/228940/*
8ed9503058718376a774edcc3ae6a484/2020-03-12-Rede-Maritime-
Akademie-12pt.pdf.

[386] *https://www.presseportal.de/pm/67428/4309302.*

[387] *https://diefreiheitsliebe.de/politik/die-militarisierung-der-ostsee/.*

[388] *https://www.biologicalweapons.news/2020-02-04-transcript-dr-francis-*
boyle-interview-coronavirus-biological-weapon.html.

[389] *https://www.supplychaindive.com/news/supply-chains-coronavirus-*
disruption/571312/.

[390] *https://www.bimco.org/news/market_reports/dry-cargo-reports/2020/*
20200501-weekly-dry-cargo-report.

[391] *https://www.dhl.com/global-en/home/global-news-alerts/global-messages/*
coronavirus.html.

[392] *https://geopoliticalfutures.com/the-geopolitics-of-the-novel-coronavirus/.*

[393] *https://www.globalresearch.ca/*
secretary-state-mike-pompeo-admits-covid-19-live-exercise-president-
trump-comments-i-wish-you-would-have-told-us/5707223.

Quellen und Anmerkungen 221

[394] https://www.bloomberg.com/opinion/articles/2020-04-22/
the-military-can-help-win-the-fight-against-pandemics.

[395] https://www.foreignaffairs.com/issues/2019/98/3.

[396] https://www.bloomberg.com/opinion/articles/2020-04-22/
the-military-can-help-win-the-fight-against-pandemics.

[397] Ebd.

[398] https://tnsr.org/2020/03/one-war-is-not-enough-strategy-and-force-
planning-for-great-power-competition/.

[399] https://corona-transition.org/sentinel-meldungen-an-rki-kein-einziger-
sars-cov-2-fall-ab-13-april-bis-20-juni und https://influenza.rki.de/.

[400] Ebd.

[401] https://de.wikipedia.org/wiki/Epidemie#Arten_von_Epidemien.

[402] https://www.cdc.gov/flu/pandemic-resources/basics/about.html.

[403] https://www.welt.de/regionales/hamburg/article207086675/
Rechtsmediziner-Pueschel-In-Hamburg-ist-niemand-ohne-Vorerkrankung-
an-Corona-gestorben.html.

Besatzungsmacht USA: das Märchen von der Souveränität Deutschlands

Wie frei und souverän ist Deutschland? Über 70 Jahre nach Ende des Zweiten Weltkriegs verhalten sich die USA noch immer wie eine Besatzungsmacht. Durch die nach wie vor gültigen Besatzungsrechte besitzen die Amerikaner eine Fülle von Sonderrechten, die sie in Anspruch nehmen.

Beispielsweise können sie mit Truppen in Deutschland einmarschieren und die Soldaten dort beliebig stationieren. Die Bundeswehr ist wiederum verpflichtet, die USA bei deren völkerrechtswidrigen militärischen Interventionen zu unterstützen.

Warum regt sich in Deutschland keinerlei Widerstand?

Seit 1945 wird unser Denken durch Propaganda im Sinne Amerikas beeinflusst. Peter Orzechowski enthüllt diese groß angelegte Manipulation. Eine wichtige Rolle spielen dabei US-amerikanische Denkfabriken und NGOs.

Doch der Autor geht noch weiter und zeigt, dass die USA Deutschland auch auf anderen Ebenen zusetzen: Sie fügen dem Land mit der Waffe der Massenmigration schweren Schaden zu und führen Krieg gegen die deutsche Wirtschaft. Dabei bedienen sie sich der NSA und CIA, die deutsche Unternehmen ausspionieren und schädigen.

gebunden
240 Seiten
ISBN 978-3-86445-709-8

Kopp Verlag
Bertha-Benz-Straße 10
D-72108 Rottenburg
Telefon (0 74 72) 98 06 10
Telefax (0 74 72) 98 06 11
info@kopp-verlag.de
www.kopp-verlag.de

Depression, Pleitewelle, Währungsreform, Lastenausgleich
Was Sie jetzt tun müssen, um morgen nicht zu den Krisenverlierern zu gehören

Wir stehen unmittelbar vor dem größten Wirtschafts- und Finanz-Crash aller Zeiten.

Zwar haben viele Anleger die Gefahr erkannt und die Empfehlungen von Crash-Beratern umgesetzt. Doch auch sie werden einen Großteil ihrer Ersparnisse verlieren. Denn die Empfehlungen der meisten Anlageberater basieren auf zwei Kardinalfehlern: Die Experten gehen zum einen davon aus, dass der Absturz nur von kurzer Dauer sein wird. Zum anderen leiten sie ihre Absicherungsmaßnahmen aus der Preisentwicklung verschiedener Anlageklassen in der aktuellen Hochkonjunktur ab: Sie ignorieren jedoch deren Entwicklung speziell in Krisenzeiten.

Volker Nied bereitet Anleger und Unternehmen systematisch auf den finalen Crash vor. Dabei nutzt er seine Erfahrung als Banker, Teilhaber einer Immobiliengesellschaft und Unternehmenssanierer.

Erfahren Sie jetzt von den drei Anlagen, die Ihr Geld in der »Großen Depression« am besten schützen werden. Noch bleibt Sparern ein kleines Zeitfenster, Geld in diese Anlagen umzuschichten.

gebunden
239 Seiten
zahlreiche Abbildungen
ISBN 978-3-86445-772-2

Kopp Verlag
Bertha-Benz-Straße 10
D-72108 Rottenburg
Telefon (0 74 72) 98 06 10
Telefax (0 74 72) 98 06 11
info@kopp-verlag.de
www.kopp-verlag.de

KOPP VERLAG

Bücher, die Ihnen die Augen öffnen

In unserem kostenlosen Katalog finden Sie Klassiker, Standardwerke, preisgünstige Taschenbücher, Sonderausgaben und aktuelle Neuerscheinungen.

Viele gute Gründe, warum der Kopp Verlag Ihr Buch- und Medienpartner sein sollte:

✔ **Versandkostenfreie Lieferung** innerhalb Europas
✔ **Kein Mindestbestellwert**
✔ **30 Tage Rückgaberecht**
✔ **Keine Verpflichtungen** – kein Club, keine Mitgliedschaft
✔ **Regelmäßige Informationen**
   über brisante Neuerscheinungen und seltene Restbestände
✔ **Bequem und einfach bestellen:**
   Wir sind von 6 bis 24 Uhr für Sie da – 365 Tage im Jahr!

Über 1,5 Millionen zufriedene Kunden vertrauen www.kopp-verlag.de

Ein kostenloser Katalog liegt für Sie bereit. Jetzt anfordern bei:

KOPP VERLAG

Bertha-Benz-Straße 10 • 72108 Rottenburg a. N.
Telefon (0 74 72) 98 06 10 • Telefax (0 74 72) 98 06 11
info@kopp-verlag.de • www.kopp-verlag.de